U0711692

全球热播
综艺节目解析

QUANQIU REBO
ZONGYI JIEMU JIEXI

主　编◎杨　璐
副主编◎李　倩　　王云东　　李昆蔓
撰稿人◎杨　璐　　李　倩　　王云东
　　　　李昆蔓　　夏　添　　王甦民
　　　　王　舒　　曹斌贤　　张天箫
　　　　李　奇　　甘　清　　冀　萱
　　　　黄书丹　　吴　桐

中国政法大学出版社

2018·北京

声　明　1. 版权所有，侵权必究。

　　　　2. 如有缺页、倒装问题，由出版社负责退换。

图书在版编目（ＣＩＰ）数据

全球热播综艺节目解析/杨璐主编. —北京：中国政法大学出版社，2018.11（2022.8重印）
ISBN 978-7-5620-8648-2

Ⅰ. ①全…　Ⅱ. ①杨…　Ⅲ. ①文娱活动—电视节目—研究—世界　Ⅳ. ①G222.3

中国版本图书馆CIP数据核字 (2018) 第247276号

出　版　者	中国政法大学出版社
地　　　址	北京市海淀区西土城路 25 号
邮　　　箱	fadapress@163.com
网　　　址	http://www.cuplpress.com (网络实名：中国政法大学出版社)
电　　　话	010-58908435(第一编辑部) 58908334(邮购部)
承　　　印	固安华明印业有限公司
开　　　本	720mm×960mm　1/16
印　　　张	18.25
字　　　数	280 千字
版　　　次	2018 年 11 月第 1 版
印　　　次	2022 年 8 月第 3 次印刷
定　　　价	56.00 元

序 言

　　作为影视艺术的重要组成部分，综艺节目一直备受各界关注。据中国广视索福瑞媒介研究（CSM）对 2017 年各类节目播出与收视状况的调研数据显示，电视剧、综艺和新闻依然是拉动收视的三驾马车，占据总收视量的 57.1%。进入 2018 年以后，中国的综艺节目更是全面爆发、四处开花。具体表现为综艺节目的题材更加多元，选题范围打破了既有的圈层，一些小众题材也成为喜闻乐见的大众节目；节目类型日益丰富，呈现出不断细分和垂直化发展的格局；综艺衍生话题热度高；文化类综艺与慢综艺逐渐兴起等。同时，随着视频平台的迅速崛起和用户的持续迁移，选秀类网络综艺热度不减，自 2017 年以来不但话题不断刷屏，还缔造了许多现象级爆款节目。总体来看，我国综艺节目的发展呈现出欣欣向荣的态势。

　　然而，要维持这样良好的发展势头，需要加强对国内外热播节目模式的研究、加深对节目研发规律的理解，进而促进综艺节目的进一步创新升级。《全球热播综艺节目解析》一书策划和写作的初衷也在于此。

　　该书精选了来自中、美、韩三个国家制作的 14 档有代表性的综艺节目，涉及明星"婚姻"生活真人秀、实境生活体验型真人秀、视觉竞技类真人秀、户外竞技真人秀、科学竞技真人秀、经营类真人秀、亲子互动类真人秀、整容类真人秀、烹饪类真人秀、音乐选秀类真人秀十种不同类别。针对每一档综艺节目，该书均从节目概况、成功因素、可借鉴性及存在的问题和改进建议四个大方向入手，进行了全面深入的剖析。

　　从内容而言，该书内容涉及范围广、节目类别多样，可以让读者更为全面地了解不同类别的综艺节目模式。在风格方面，该书层次清晰，由浅及深。虽然综合运用了新闻传播学、影视美学、受众心理学等学科理论进行评析，但文笔并不晦涩难懂，符合读者的语言习惯和思维方式。不仅如此，该书还结合文字内容添加了大量图片、表格及数据进行辅助说明，有助于读者更生动、直观、全面地认知和理解每档节目。

总之,《全球热播综艺节目解析》这本书将带领读者打开深入认识各类综艺节目的大门。无论对于影视传媒的初学者还是专业人士,都具有一定的借鉴价值。

欧阳宏生①

2018 年 5 月 30 日

---

① 中国高校影视学会副会长,四川大学二级教授、博士生导师。

目　录

烹饪类真人秀节目

《小小厨神》

音乐选秀类真人秀节目

《中国有嘻哈》

明星"婚姻"生活真人秀节目

《我们结婚了》

——假想夫妻的真实生活

作者：王云东　夏　添　杨　璐

第一部分：节目概况

图1　节目海报

中文名称：我们结婚了

英文名称：We Got Married

发行时间：2008 年 3 月 16 日

地区：韩国

频道：韩国文化广播公司（MBC）

节目类型：真人秀

节目时长：60 分钟/集

    《我们结婚了》是韩国文化广播公司（MBC）全力打造和推出的一档由明星、偶像假想结婚成为夫妻，模拟真实的家庭环境和家居生活空间，全程记录这对假想夫妻在"婚姻生活"中的点滴，以及在假想夫妻生活中所展现的言行、情感、心理和隐私的节目。真实的记录和明星的本色出演，给观众一种生活上的视觉体验，同时也拉近了观众和偶像的距离，并在一定程度上提高了明星的知名度。原本不被观众喜欢或不为观众知道的明星，因为在节目中的本色出演而展现出自身的人格魅力和闪光点可能会使受众瞬间被感染而成为其粉丝。MBC 选择的这个创意视角在当时尚不存在同类节目，所以《我们结婚了》在韩国播出后，立刻在韩国国内引发了广泛的关注，在海外也广受好评。MBC 看到了新节目的优势、内在强大的生命力和广阔的市场，于是在 2013 年 4 月 5 日推出《我们结婚了》世界版，以期抢占海外市场并为节目寻求更广阔的生存空间。

    中国的一些知名传媒媒介也看到《我们结婚了》节目在中国的发展空间和潜在受众，于是在 2010 年 2 月，优酷率先宣布与韩国电视台 MBC 达成合作，将《我们结婚了》引入中国。该节目在国内点击率超高，大受欢迎，不仅拥有固定的收视群体而且收视群体还在不断扩大。

    韩国综艺节目的发展是随着韩国偶像明星的日益增多而发展的。据统计，在韩国平均每四个人中就有一个人是跟娱乐圈有关或直接从事演艺工作的。韩国的综艺节目是明星复出、将要出道或推发新专辑等最好的平台和选择，因为其不仅可以展示个人魅力，也能让明星重新散发魅力。《我们结婚了》的舞台推出的生菜夫妇、亚当夫妇、红薯夫妇、维尼夫妇、初恋夫妇、鲸鱼夫妇、俊美夫妇等，在这里都重新被认识。

一、版块设计

区别于许多其他类型的真人秀综艺节目，《我们结婚了》并不是单纯的明星互动真人秀，它融合了诸多其他电视节目的表现方式，如新闻专题节目中的当事人采访、演播室讨论和人性化、悬念化的情节叙事。新闻与综艺两者的嫁接，带给《我们结婚了》不一样的魅力与活力，独特的创意与策划也成为其收视率的有力保障。

（一）参演嘉宾的选择

近年来，"韩流"在世界大行其道，韩国明星文化不仅仅在亚洲的汉文化圈国家风靡，也逐步在西方建立起自己独特的文化影响力，成为世界公认的流行词汇。作为整个亚洲明星基数最大的国家，想要在韩国成为超级明星，仅仅靠一张姣好的面容、一首耳熟能详的歌曲或者一部名导拍摄的电影是不够的。在激烈的竞争环境下，明星艺人的个人素养和良好的机遇成为必不可少的两项要素。大多数偶像团体在出道之前都在自己所属的娱乐公司进行过多年的训练和学习，他们大多在精通音乐、舞蹈等明星偶像应具备的基本条件的情况下，还要在主持和演艺方面拥有扎实的基本功。可以说每个明星从出道开始就是一个艺术领域的全才，这就为韩国的明星真人秀类节目提供了良好的明星备选库，同时大量具有号召力的青春偶像也保证了节目在开播时能够吸引足够的眼球，保证节目的收视率。

从明星偶像的角度来说，大多数参演《我们结婚了》的偶像明星并不是当时最具影响力的国际巨星，但也在娱乐圈有一定的影响力。他们大多以娱乐团体或者演员的形式出道，有的是刚刚在业界小有名气的新人偶像，有的是出道多年却一直不温不火的歌坛或影坛前辈。苦于韩国"造星"模式的压力，仅仅靠几首歌曲或者一两部电影很难让大部分观众记住自己，或者说在取得了一定的影响力之后，面临角色定位单一化的窘境。恰巧电视台制作真人秀类节目又不可能向大牌明星支付高额的出演费用，因此双方一拍即合，合作共赢。偶像明星们通过编导富有用意的夫妇组合成功地为自己赢得了大量忠实的粉丝，成为新生代的"大势"明星，如尼坤与宋茜组成的"维尼夫妇"、赵权与孙佳仁组成的"国民夫妇"以及宋再临和金素恩组成的"精灵夫妇";而电视台也通过"造星"的手段让自己节目的收视率再次攀升到一个新的高度。

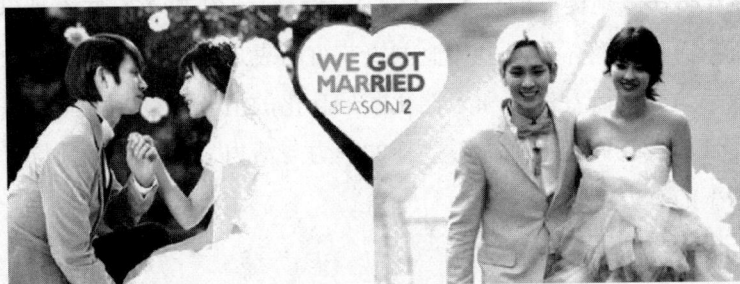

图2　节目海报

（二）节目拍摄环境和内容的选择

《我们结婚了》对于拍摄环境和场地的选择十分考究，这点我们从风靡亚洲的韩剧中就可以看到。韩剧中唯美的场景比比皆是，这种带有韩式小清新的唯美风格不仅满足了观众对完美爱情故事的憧憬，也为韩国的旅游服务产业带来了巨大的经济利益。以第二季的"维尼夫妇"为例，两人一共出演了64期节目，其中与美食相关的场景就出现了46期。因为两人都是远离故乡来到韩国发展的外国人（尼坤是泰国人、宋茜是中国人），在外国也拥有大量粉丝，节目组就利用了两人身份的特殊性为他们量身定制了充满韩式风格的深度约会。辣炒年糕、糖醋肉、烤五花肉、海带汤等带有浓郁韩式风格的饮食在节目中比比皆是。对于观看节目的外国观众来说，这是一次韩国饮食文化的盛宴；而对于本国观众来说，节目组无意之中也为韩国各地的餐饮店打了软性广告，可谓一举多得。

在场景选择方面，节目组为了提高节目整体的播出质量，也花费了较大成本选择自然、人文风光中的美景来拍摄，让整个节目看起来就像一本精致编排的韩国旅游图册。"维尼夫妇"的第一次见面就在鼎鼎大名的63层大厦，蜜月旅行在韩国著名的旅游胜地济州岛。平时也在许多热播韩剧的拍摄地点留下了足迹的鹤洞公园、南山塔、溪谷民宿以及汉江公园等，都是韩国政府针对本国及外国游客重点推荐的旅游线路。而尼坤作为泰国的旅游形象大使，更是为节目组博得泰国国家旅游局的赞助，成功地带着假想妻子宋茜圆了回乡探亲的美梦，也将《我们结婚了》的国外知名度提升到了一个新的高度。

从此《我们结婚了》不再是仅在韩国当地播出的真人秀节目，随着影响力的增加它也渐渐走出国门，被更多的外国电视观众熟知，盈利渠道也从单纯的收视率发展到播出版权销售上。在最新一季的《我们结婚了》当中，出国旅行度蜜月已经成为各对假想夫妇的常态化项目，旅行地点也不再仅限于亚洲各地，如"精灵夫妇"就像他们的名字一样插上了翅膀飞往了远在亚欧交界的土耳其。

（三）把握节目发展节奏

区别于国内的真人秀类节目，韩国的真人秀类节目总是能够在很短的时间之内制造更多的"包袱"，抓住大部分观众的眼球和兴趣点，最大限度地抑制观众的换台欲望。这离不开节目制作方精密的剧本策划。作为婚恋类明星真人秀节目，《我们结婚了》中确实有明星们自己的真情流露和演技发挥。但是不得不说其中很多搞笑的细节其实都是节目编剧事先安排好的，而且婚姻生活的具体情境设定也都是经过编导们精心设定的。

从整体的节目结构上看，《我们结婚了》中每对假想夫妇的情境设定大致可以按照男女初见、拜见亲友、拍摄婚纱、布置新房、蜜月旅行和结婚纪念的过程来安排。而在平时的婚姻生活中，又会为假想夫妇们安排诸如义务劳动、恋人庆生、照看孩子和互相帮忙等真实婚姻生活中的繁杂琐事，力求最大限度地贴近现实生活中的婚姻状态。

在假想夫妇的组合上，也不是一味地追求俊男美女的组合，也有十几岁差距的老夫少妻组合（如少女时代金泰妍和搞笑艺人郑亨敦）；也有严厉姐姐和调皮弟弟的姐弟恋（如孙佳仁和赵权组合的国民夫妇）；还有好脾气的宽容丈夫和坏脾气的刁蛮妻子的搭配（如宋再临和金素恩组合的精灵夫妇）。几对男女之间虽然性格上动静搭配，思想上大相径庭，却能够擦出许多不一样的火花，引发广泛的社会讨论。在编导的精心编排下，假想夫妇们一系列类似情景剧式的假想婚姻生活让真实生活中的人们对婚姻生活有了更加直观的认识，不管是对夫妇们的赞同还是批评，从节目策划者的角度来说，这种讨论都是节目成功的表现。

（四）穿插式的节目编排

从节目的剪辑上看，编导使用了大量穿插和交错式的剪辑方式，把几对假想夫妇的婚姻生活剪辑成段落穿插播放，这样就能解决观众在收看韩剧时经常出现的审美疲劳现象。几对夫妇各自有独立的性格、独立的特点和不同的婚姻生活，将这些本就有趣的故事再穿插剪辑到一起。演播室点评、"小黑屋"采访与外景真人秀相结合的剪辑方式也能够最大限度地贴近观众的心理，引发情感共鸣。

图3　节目中牵手成功的嘉宾

二、舞美设计

（一）直播间里的舞台美术

作为一档制作成本相对较低的真人秀节目，《我们结婚了》虽然没有国内同类型婚恋类综艺节目那样动辄上千万预算的演播室场景设计，但在编导精巧的构思下，极具节目主题内涵的演播室布置也能够做到让观众赏心悦目，在观看节目的同时感受浓浓的人情味。

1. 极具家庭氛围的演播室陈设。演播室是《我们结婚了》重要的第二现场，在这里，不同年龄层的嘉宾坐在一起探讨对于婚姻和恋爱的不同见解，形式很像我们平时生活中家庭聚会时亲人间的闲谈。因此演播室的整体陈设趋向于温馨的暖色调风格，带有家庭气息的场景布置配合聚光灯的亮调打光，更给人明丽之感。嘉宾们分为几波围坐在日常家庭中常见的长沙发上，观看偶像明星们的幸福时刻，向我们模拟出了一个普通家庭共同观看电视时的状态，仿佛电视中的他们本就是我们自己，无形中拉近了与观众的距离。

2. 心与心的交流（明星私密采访空间）设置。很多真人秀节目并不是很重视采访空间的布置，编导为了节省人力物力通常会在节目录制之后就地取材，却无形之间让节目整体的情感表现都下降了不少。《我们结婚了》在设置采访空间时，主打私密、亲切的情感表现。为了能够让明星们没有顾忌地讲出自己的真实感受，整个采访空间被布置为环境全黑的封闭空间，只有几束灯光将采访人物打亮。明星们通常会换下平时工作的正装，穿上温馨舒适的休闲服装来接受采访，环境与人物相结合，观众也被拉入到了角色的内心世界中。这种置景方式被参演明星们戏称为"小黑屋"，因为在录制结束后他们本身也会收看节目，所以在出演节目时假想夫妇们经常会相互调侃对方在"小黑屋"中的真实想法，因此不仅仅是观众的内心，假想夫妇们也会因为这种心与心的沟通而逐步拉近与对方的距离，同时也能够化解"夫妻"生活中的误解。

（二）直播间外的舞台美术

1. 真实生活化的外景营造。电视婚恋真人秀节目与电视剧最大的不同之处就在于其带有的"真实"属性，在艺术创作之中，符合真、善、美的艺术品才是艺术家们一直追求的至极目标。电视剧中的爱情故事固然好看感人，但是观众在收看之前就会带着"看戏"的眼光去审视剧情，认为这是只有梦想世界或者童话世界中才会出现的故事，所以很多爱情题材的韩剧都被冠以"狗血"的称谓。《我们结婚了》以真人秀节目的形式打破了观众对于电视爱情故事的思维定势，没有刻意地去选择唯美却不切实际的拍摄场景，而是选择了生活中情侣们经常会出现的约会场地。节目中出现的场景、环境、人物都以真实的名字参与进来，让观众仿佛在观看身边朋友的感人爱情故事，并能感同身受的体验爱情的温馨。

2. 贴近生活的场景布置。《我们结婚了》的道具师们运用自己多年对于真人秀节目的制作经验，针对婚恋类真人秀节目制定了一套完整的道具方案。除了摄像师们在节目中运用大量无人针孔摄影机外，节目组也最大限度地限定了跟随摄影师的数量。在场景布置上，也更贴近生活化。节目组会选择与明星偶像们长期合作并相熟的道具师，许多需要用到的特殊环境都是节目组在假想夫妇们到来之前事先拍摄完成的素材。

三、人员设计

从镜头中看，该节目只是两个人生活中的点点滴滴，但从深层次来看，

图4　节目片头海报

是不同明星夫妇之间的故事，也是演播室和现场的故事，是导演和夫妇之间的故事。两个人配对成功后，要接受各种各样的生活挑战，在挑战之中，两个人会彼此了解，提升对生活的体验和感悟。对于真人秀类节目来说，嘉宾大多数都被定义为直接参演节目的参与者，或者是对游戏参与者有决定权或者否决权的主宰者。而在《我们结婚了》中，嘉宾被编导别出心裁地分为了两部分：一部分是参演真人秀节目正片的明星偶像，另一部分则是在室内演播室进行点评的客座嘉宾。这种结合了新闻专题片模式的综艺节目录制方法，在《我们结婚了》中不仅没有让人感觉到生硬和突兀，反而在编导们独特的剪辑和编排下相得益彰。本部分就从嘉宾选择和节目编排上分析《我们结婚了》的成功之处。

（一）观众视角——旁观化的参与者

从命题角度看，本节的小标题似乎本身就是一个伪命题，在我们约定俗成的观念之中，旁观者和参与者应该是两个矛盾的个体，他们不可能同时出现在一类人的定义之中。旁观者既包含了不同年龄段、不同教育背景的男女，也包含了在相同年龄段却有不同历程、不同婚姻经历和不同感受的男女，当他们每一个人在看婚恋节目时，都会结合自己的体验和感悟来理解荧幕里的爱情。《我们结婚了》作为韩国一档成功的明星婚恋节目，敢于打破常规一直是编导们进行节目策划的核心理念。他们重新界定了电视综艺节目中嘉宾的定义，从主观和客观的角度把对于节目的看法融入其中，才有了今天我们看到的区别于以往婚恋节目的形式。

在《我们结婚了》中，演播室嘉宾是一个很特殊的存在，他们也会像观众一样在演播室的大屏幕前观看参演明星偶像们的表现，看到他们约会时的甜蜜而露出会心的微笑；看到他们因为某些生活琐事产生争论而默默捏一把汗；看到男女双方在处理"婚后"生活的方式时以过来人或者旁观者的身份进行点评。他们既是观众又是嘉宾，既与旁观者感同身受，又以点评和解说的方式参与节目的发展。王国维在《人间词话》中曾说过："诗人对于宇宙人生，须入乎其内，又须出乎其外。入乎其内，故能写入。出乎其外，故能观之。入乎其内，故有生气。出乎其外，故有高致。"大意是说，当作家积极进入写作对象，达到"物我同一"，就能够把握写作对象的活动轨迹和生命脉络，使自己的艺术形象生气勃勃；而当你站在对象的本身之外，超越观察对象的本身，就能够产生诗意的发现。《我们结婚了》中的演播室嘉宾的设置正是实现了这样的艺术体验。观众收看婚恋类综艺节目，也会不自觉地产生情感上的共鸣，却苦于没有能够诉说的途径；而当遇到自己没有经历过的问题感到不解时，又没有人以过来人的身份进行解答。《我们结婚了》中演播室嘉宾旁观化参与者的设置正是满足了观众在这两方面的渴求，最大限度地照顾到了受众观看的情绪，也将节目从单纯的生动好看提高到了指导生活的经验哲理高度。

在嘉宾的年龄选择上，《我们结婚了》也是极具巧思，因为节目的播出时间是在韩国当地时间周六晚间，正是韩国人家人团聚享受天伦之乐的时光，所以代表观众心声的演播室嘉宾也被分为了家庭式的三大年龄段。常驻嘉宾阵容中有代表中年层的朴美善和金正民，代表轻熟人群的金娜英和洪真英以及代表年轻一代明星偶像的驻场嘉宾（大多是参演偶像明星组合团体的艺人），他们对婚姻的理解各不相同，也像一个大家庭一样围坐在演播室中其乐融融地聊天点评。所以不管你是哪个年龄层中的观众，只要你收看《我们结婚了》，你就一定能够在嘉宾中找到归属感从而引发共鸣。

（二）主观角度——"明星夫妇"的采访补充

电视真人秀节目发展到今天，集百家之长，融合和吸取各种电视节目形态的优质精髓已经成为未来制作的主要理念和手段。对于表现参与者的感想方面，电视新闻中的采访就是一种被嫁接而来的表现形式。遍观如今的各色真人秀节目，采访已经被广泛用于其中，但是使用手法还都比较简单，大多是参与者本身的随感，没有经过节目编导精心策划的编排，仅仅是对之前节目的总结和补充说明。而在《我们结婚了》中，对于参演嘉宾的采访已经成为节目本身的一种叙述手段，它不只是明星偶像们对于录制节目后的心得体会，也直接参与节目的进程。《我们结婚了》的节目粉丝们将这种私密式的采访模式戏称为"小黑屋"，背景全黑和三点布光的置景给人带来一种综艺节目少有的祥和安宁的亲近感，这种更贴近"唠家常"的采访模式更能够走进明星偶像们的内心世界，而节目组和观众则共同扮演家中长辈和朋友的角色，在采访中感同身受地体验他们"婚后"的酸甜苦辣。"小黑屋"的采访录制通常都会在明星们一天假想结婚的录制之后，编导根据录制全天明星的"婚后"表现询问很多情感类的话题，同时也使白天有误会的夫妇之间有公开沟通和交流的机会，促使解释自己的行为用意，公开自己的真实想法，说出自己在白天因为害羞而不敢言明的对于"另一半"的爱意。在之后播出的正片之中，导演通过蒙太奇的时空交叉手法，独具用意地把"小黑屋"采访和真人秀拍摄结合在一起，让观众随时随地了解假想夫妇的内心想法，满足受众的好奇心和求知欲，同时也为之后故事情节的发展埋下线索和伏笔。

图5　节目配对成功的恋人写真

第二部分：节目成功因素分析

一、介于真实与虚构之间的节目策划

从早期恩德莫公司的《老大哥》到后来的《生存者》《阁楼故事》《学徒》等，再到如今日韩的明星偶像真人秀。电视真人秀节目可以说是经历了由西方到东方，由纯粹追求"真实"到如今"真实"与合理"虚构"并存的发展轨迹。在亚洲，韩国综艺节目可以称得上是亚洲综艺的开山鼻祖，韩国媒体对于综艺节目的研发一直都走在亚洲的前列，也一直都是我国与其他各国媒体竞相模仿与借鉴的对象。作为一档明星婚恋类真人秀节目，《我们结婚了》又是怎样在当今竞争如此激烈的电视综艺圈内获得成功的呢？

（一）明星偶像与平民身份的转换

在以往的真人秀节目当中，参与者大多会被节目定性为两大类，要么是以普通人视角为主的"草根"选秀节目，要么就是以明星视角为主的游戏竞技节目。"草根"通过个人努力向公众展示自己的才华，最终成为明星；明星通过出演真人秀节目提高自己的知名度，让观众了解自己更多的艺术才能。在这样一个传统的模式下，所有人都被披上了带有"演绎"性质的外衣，与聚光灯和舞台始终交织在一起，观众们看到的永远是舞台上的参与者，无法更多地了解生活中的人和事，这就与真人秀中"真"的本质内涵渐行渐远。

《我们结婚了》打破了"作秀"成分严重的舞台惯例，虽然参与者还是我们耳熟能详的韩流明星，但将他们安排到真实的场景中去，还原明星光环下的真实的人。在节目中我们可以看到，在假想夫妇临时的"家"中，他们和普通人的生活无异，柴米油盐酱醋茶样样需要自己去料理，而当他们走出假想生活开始工作则重回明星风采。节目策划者巧用了瑞士著名心理学家布洛的"心理距离说"，使观众在这种"远在天边近在眼前"的审美体验中欲罢不能，同时精心挑选的人气偶像组合与观众反馈的去留机制也能够保证观众"期望破坏"后的正向评价。

（二）最小的节目干预和个性化的夫妇任务

为了最大限度地为观众展现真实的婚姻恋爱故事，节目编导大胆地将故事交由各位参演的明星自由发挥。这不仅仅体现在摄像机机位的设置上，"以人为本"的节目制作理念也让明星们能够有更大的发展空间。《我们结婚了》虽然也会有剧本式的节目大纲，但是编导们会更多地考虑"假想夫妇"们的生活建议。如在节目发展到一定阶段时假想妻子大多会向丈夫提出自己的蜜月愿望，而节目组就会以游戏竞技的方式让夫妻二人通过努力获得蜜月旅行的费用；当恋爱中的一方想要为另一方制造惊喜时，节目组也乐得做这个"顺水人情"，为其提供场地和条件的便利。

当然也不是所有假想夫妇的约会都是一帆风顺的，没有恋爱就直接"结婚"的节目设定也让很多偶像明星在节目录制的早期十分尴尬。当遇到这种情况时，节目组就会根据每对夫妇的性格特点为他们安排专属的约会任务，通过短信和邮寄信封的方式送上，辅助他们在约会中更快地与对方相熟，进入"婚后"的生活状态。个性化的任务设置在帮助夫妇们了解对方的同时，也丰富了节目内容。

图6　节目中的配对情侣

（三）受众反馈式的节目策划模式

《我们结婚了》参演嘉宾的选择，通常会最大限度地尊重观众意愿。节目组在录制前会首先调查观众对于偶像明星的关注热度，在其中选择合适的对象组成假想夫妇，满足观众们对于偶像明星的"恋爱期待"，同时还会在官方网站设立投票区域以便于广大观众发表自己的意见，搜集对于节目制作的看法与建议。官方网站的工作人员甚至会引导网民进行讨论，集中解决节目中出现的问题。多种形式的互动将受众至上的宗旨发挥得淋漓尽致。而参与节目的假想夫妇们也会时常上网回复观众们的留言，及时了解大家的看法，这种明星与观众之间的互动又进一步加强了观众与节目和明星之间的关系，稳定了电视收视群，更丰富了明星之间的粉丝文化。

二、寓教于乐的偶像真人秀

（一）信息时代对于传统家庭婚恋类节目的需求

随着经济社会的繁荣发展，信息技术在为情侣们提供便利的同时也逐渐改变了现代人情感联络的纽带。日记、信封、情书等象征着传统爱情观的信物逐步被短信、微信等现代科技下诞生的廉价情感交友工具所取代。现代的年轻人用快餐式的恋爱方式取代了一封封浪漫的情书，也丢弃了许多情人间该有的美丽回忆。在《我们结婚了》中，明星之间被严格限制短期内相互交换联络方式，这不仅有效防范了明星之间因为过密联系而给节目和自身带来的负面影响，也能够让双方之间保持足够的新鲜感。每次进行节目录制时，年轻的假想夫妇们都会体验到时间给双方带来的恋人间的思念，因此他们更愿意花费时间与精力为两人的相聚准备代表传统婚恋观的创意性惊喜。在偶像明星的带动下，年轻观众看到了爱情的纯真与可贵，学会了珍惜；而中年观众们也从童话般的爱情故事中找寻到了年轻时的影子，勾起过去的美好回忆。

（二）婚恋价值观的引导和东方礼仪思想的传承

古希腊哲人贺拉斯在他的《诗艺》中曾提到：诗应带给人乐趣和益处，也应对读者有所劝谕、有所帮助。明确地指出了艺术寓教于乐的功能。作为一档综艺类的真人秀节目，《我们结婚了》在娱乐大众的同时，也通过明星夫妇们假想的婚姻生活帮助现代年轻人树立了正确的婚姻观和价值观，以传统婚礼和拜会家族长辈等婚姻中必不可少的礼节程序传承东方儒文化背景下的礼仪思想。

三、接受模式的革新——多渠道传播方式的广泛运用

（一）走出国门的网络平台投放

由于网络技术的进步和移动终端的发展，今天的人们已经越来越习惯

通过视频网站点播下载电影和电视剧，利用手机等电子产品随时随地收看。以网络为依托平台，影视作品的传播广度和深度都在进一步加强。韩国是世界上最先提供手机电视服务的国家之一，有了技术的前期支持，韩国电视文化的传播更是如鱼得水。《我们结婚了》在中国能够得到广泛的传播，除了节目本身的吸引力外，根本还是得益于信息全球化带给不同国家之间的跨文化传播的方便和迅速。通过向外国销售节目版权，越来越多的外国观众能够通过网络收看到最新一期的节目，这种超前的营销模式在带来巨大经济效益的同时，也扩大了韩国媒体文化的影响力，帮助韩国走向文化强国的康庄大道。

（二）放眼国际的节目制作理念

随着《我们结婚了》在全球的热播，其在亚洲和国际上的影响力也日益增加。MBC 在 2012 年和 2013 年分别推出了《我们结婚了——世界篇》和《我们结婚了——中国版》，节目由韩国 MBC 与其国外的合作伙伴（如中国 SMG 公司）共同制作，邀请韩国当红偶像明星与中国和日本等多国明星们组成跨国情侣来假想夫妻生活，节目一经播出就在各国引发了广泛的好评，也赚足了观众的眼球。这种超前且具有国际化视野的节目运营模式，不仅仅是跨国媒体间合作的成功典范，也是一种跨文化地域的交流。各国观众在收看自己共同热爱的节目时，也怀揣着求同存异的交流理念。这种多文化背景的交流与融合也是当今媒体应该借鉴与学习的先进理念。

第三部分：可借鉴性

一、本土化与节目形式多样性的嫁接

遍观如今花样多变的韩国综艺节目，它们结合了大量的本国特色和本国文化，比如《我们结婚了》中就大量出现了韩国著名的饮食、风景名胜和旅游胜地。不仅如此，编导们还把本国优良的道德文化传统融入其中，再辅以当今先进的网络传播模式，在为观众提供娱乐消遣的同时也潜移默化地进行了良好价值观的树立，宣扬了自己的文化。中国想要打造"带有中国特色的

图7　镜头中男女主人公在电话聊天

情感类真人秀节目"，除了关注人们现实中的情感问题之外，还需要挖掘和包容人类共有的普世价值观，将能够真正体现中国文化精髓的中国元素与具有现代生命力的传播方式相结合，让这种节目形式在构建中国国家文化中发挥其自身的作用，使其成为国家文化软实力发展中重要的组成部分。随着全球化大时代的到来，文化的差异性越来越得到肯定，只有拥有优秀民族文化的国家才能长久屹立于世界民族之林。因此，与时俱进、兼容并蓄才能够跟上日新月异变化着的时代步伐。

二、悬念式的情节制造

《我们结婚了》以记录假想夫妇的真实情感婚姻生活为主要内容，从初次见面，到经过熟知成为甜蜜恋人，再到婚姻生活，最终以告别的方式结束。节目本身就像一部浪漫却又真实的电视连续剧，而且每期节目会出现两到三对假想夫妇，没有重复的情节，没有无聊的繁琐，观众非但不会产生审美疲劳，反而会有赶快观看下一期的欲望。反观国内的大多数记录式真人秀节目，因为缺少戏剧性的细节而经常面临尴尬的境地，总给观众带来一种强颜欢笑

图8 节目海报

的"作秀"感，这就是策划团队在节目故事性上的缺失。因此如何在真实的
环境下讲故事、讲好故事，也是当前我国媒体从业者需要迫切考虑和解决的
问题。

三、从观众角度出发客观点评

如今的电视产业，早已不再是媒体单一引导市场的模式，"受众至上，观
众导向"的策划理念已经逐步成为节目制作的主要理念。《我们结婚了》作为
韩国一档老牌婚恋情感类真人秀节目，人性化的制作理念是其能够长期领跑
竞争激烈的韩国综艺娱乐圈的有力保障。家庭式的演播室设置，观众角度的
节目点评，都让整个节目能够跳出主观的圈子来审视自身的优缺点，制定未
来改良的方向。而充满温情的节目互动和以观众意愿为出发点的嘉宾选择也

为《我们结婚了》赢得了良好的口碑和声望。对比如今抄袭如潮、炒作当道的某些真人秀节目，这种充满了用心与诚意的策划理念就显得尤为可贵。

图9　两位恋人的对白场景

四、借助娱乐形式、承载公益价值

虽然《我们结婚了》在策划之初就是地地道道的娱乐节目，但是"结婚"的主题是离不开人们对于婚姻观、爱情观和家庭观的看法的。这类涉及价值观、人生观等主流思想的真人秀节目，不仅能够为我们带来娱乐还能够适当地承载正确的价值取向，很容易实现社会效益与经济效益的双赢，因此备受各年龄层观众的喜爱。《非诚勿扰》作为国内最具影响力的婚恋节目，在改版之后，加强了对于正确的传统婚恋观的宣传。除原有的孟非、黄菡之外，也大量邀请不同行业的客座嘉宾。他们会在男女嘉宾出现不当言论和非主流婚恋观时，给予适当的提醒和指导。值得肯定的是，他们并不去断言男女嘉宾的思想正确与否，也不强加自己的观念于他人，而是善意地提出自己的看法，软性地劝导青年男女的婚恋价值观。这种充满了人情味和价值观引导的改良，就是当前娱乐节目发展改变的成功案例，也是我们应该学习的方向。

《新婚日记》

——真实夫妻引领综艺"CP"热潮

作者：李昆蔓　杨　璐

第一部分：节目概况

图1　节目海报

中文名称：新婚日记

发行时间：2017 年 2 月 3 日始至今（第二季仍在筹备当中）

地区：韩国

频道：韩国 TVN 电视台

导演：罗英石

节目类型：情感类真人秀

节目时长：75 分钟/集

内容：真实艺人夫妇婚后生活

    《新婚日记》是由韩国 TVN 电视台打造和推出的一档记录明星夫妇真实婚姻生活的真人秀节目。《新婚日记》继《我们结婚了》之后播出，再创韩国情感类综艺节目的收视佳绩。《新婚日记》不同于其他情感类综艺节目——模拟和假想情侣或者夫妻生活的创作模式，而是邀请真实的明星夫妇安宰贤和具善惠出演，截至 2017 年 7 月，该档综艺节目共播出 12 期，首播平均收视率达到 5.6%，首播最高收视率高达 7.3%。

    《新婚日记》是由韩国著名编剧、导演罗英石一手策划、包装、打造的。罗英石曾经是韩国 KBS 电视台的王牌综艺节目制作人之一，著名的韩国综艺节目《两天一夜》《明星金钟》《女杰 6》都是由他参与制作的。由王牌编剧亲手打造，加之邀请的明星夫妇本身具有超高人气值，使得《新婚日记》在策划阶段就有无数观众愿意为之"买单"。在播出的第一季中，安宰贤与具善惠在江原道度过了新婚后的幸福时光，在 6 周内获得了观众们的高度评价与喜爱追捧。从评析综艺节目的三要素——收视率、话题性、占有率来看，《新婚日记》第一季交出了一张令人满意的成绩单。

一、版块设计

    《新婚日记》是一档记录真实明星夫妇的情感类真人秀节目，也是情感类综艺节目的完全创新。《新婚日记》在节目版块设计上大体分为三个部分：第一部分是片头，用实景和动画相结合的方式将观众引入安宰贤和具善惠夫妇的甜蜜生活中；第二部分是主人公夫妇在演播室内分别对上期节目做一个简单的内容回顾，包括对一些事件的讨论、对对方的看法等；第三部分是真实乡村生活版块，主人公夫妇在生活的同时接受节目安排的一些主题任务，任务的设计大多与日常生活有关，包括亲手摘柿子、准备餐食等。

（一）采访版块

演播室没有出镜的主持人，节目组会提前设定好问题，由夫妻双方轮流回答，内容包括夫妻双方在相处时遇到的一些问题及各自看法。这种新的节目开场也是一种新的尝试，通过这种方式可以了解艺人当下最自然的反应，充满真实感。

（二）真实乡村生活版块

《新婚日记》由固定的一对夫妇出演，记录该对夫妇婚后的生活。真实的夫妻搭档改变传统"CP"类综艺节目的模式，使情感综艺节目带来的美好和甜蜜不只是存活在荧屏上短暂的 75 分钟，而是使观众可以真切地感知到婚后的甜美生活，并可以看到艺人褪去"明星光环"，面对爱人、面对日常生活的真实模样。另一方面，当今社会离婚率不断攀升，恐婚一族的年轻人越来越多，"不相信爱情"的言论时有出现。节目通过安宰贤和具善惠夫妇面对问题耐心解决，出现矛盾相互理解包容，以及对彼此的关系和爱意，呼吁当下的年轻人树立正确的爱情观。

二、舞美设计

《辞海》中对"舞台美术"有比较详细的解释："所谓'舞台美术'，是指戏剧和其他舞台演出的一个组成部分，包括布景、灯光、化妆、服装、效果、道具等。其任务是根据演出要求，在统一的艺术构思下，运用多种造型艺术手段，创造剧中环境和角色外部形象，渲染舞台气氛。"《新婚日记》属于纪实性的真人秀节目，在舞美设计上与室内舞台类型的真人秀节目有比较大的差别，体现在布景、灯光、道具、服装等各个方面。

在室内舞台类真人秀节目中，布景和道具占同样重要的地位，需要制定道具来适应表演的需求。但是在《新婚日记》中，道具的需求就显得不那么重要，只需要根据安宰贤和具善惠的喜好，任由他们布置他们在乡间的小屋，没有任何剧本的设定，此时观众所关注的也是主人公本身的好恶，甚至可能会引发一些粉丝购买"明星同款"的潮流。道具和布景对纪实性真人秀节目来讲更多的是起到辅助剧本的作用，而室内舞台类真人秀节目的道具与布景确实决定着剧本的走向。

在灯光、服装、化妆等的设定上也同样类似，《新婚日记》中具善惠的妆容和服装都是本人自己准备的，相对比较随意，甚至在清早起床的镜头与夜晚睡觉之前的镜头中，具善惠还会素颜出镜，以达到纪实性的真实感。在室内舞台类真人秀节目中，妆容和服装造型同样是不可或缺的因素，根据剧本的需求装扮造型也需要有明确的目的性，从而能使观众一目了然地明确节目内容。《新婚日记》这类户外纪实性真人秀节目对舞美设计的要求也着重于纪实性和真实感，通过舞美设计能够达到对人物生活中性格和形象的展示，表现安宰贤和具善惠的生活状态。

三、人员设计

《新婚日记》不同于其他情感类真人秀节目的一大特点就是只固定一对新婚夫妇作为主人公，带领观众对他们这对新婚夫妇的生活进行深入了解。固定一对新婚夫妇的人员设定可以让观众有更多时间去了解安宰贤和具善惠，观众的关注点会比较集中，不会出现众多主人公同时瓜分节目时长的问题，而有些观众非常喜欢但是又出镜较少的明星就会让一部分观众有一种意犹未尽的感觉，甚至产生遗憾。长时间对安宰贤和具善惠的记录，使观众对他们在生活中的状态有一个深入的了解，也会促使一部分观众从"路人甲"转换成明星夫妇的铁杆粉丝。

第二部分：成功因素

一、节目设计成功因素

（一）真实的婚后生活

《新婚日记》有一个非常特殊之处就在于主人公夫妇是真实的夫妻身份，在节目中的展示也是真实的婚后生活状态，相对于其他的"假扮"夫妻的情感娱乐节目来说，这种甜蜜的新婚夫妻生活更能使观众感到真实。节目中既没有特殊嘉宾也没有安排的观众，给新婚的夫妇留下足够的生活空间，这种私密的空间感甚至使观众可以感受到恋人相处时的亲切自然。而安宰贤和具善惠在节目中也将节目组安排的"家"按照自己原来的家进行布置，一些生活用品也是由自己家带到节目当中的。

图2　具善惠将自己家中物品搬到节目中的"家"

同时两个人养的小动物也成为亮眼的"家庭成员"，吸引了不少观众。安宰贤和具善惠在节目中的言行举止没有因为摄像机和诸多镜头而变得夸张拘谨，节目中经常出现日常生活中大部分家庭都会经历的生活场景，例如安宰贤会非常贴心地帮具善惠吹头发，称呼老婆为"具大人"，两人在节目中还会有一些亲昵的动作，并频频展现亲吻和拥抱的镜头。

真实且不做作的表现风格更容易与观众的内心产生共鸣。对爱情的向往、对婚姻生活的感慨、自我解嘲和调侃等因素，会使观众不同程度地在安宰贤和具善惠身上找到自己的"影子"，拉近与观众的距离。

图3　安宰贤、具善惠夫妇饲养的部分宠物介绍——小狗土豆

图4　安宰贤、具善惠夫妇饲养的部分宠物介绍——小狗栗子和米肠

（二）任务与悬念作为吸睛点

《新婚日记》节目除了给观众带来满满的幸福感之外，也具备了真人秀的节目特征，如更兼戏剧性和矛盾冲突等。每一期节目开始之初都会给主人公设定需要完成的任务，任务完成的过程中会有一定"阻碍"。比如给安宰贤、具善惠夫妻很少的生活费用，无法满足他们的日常生活用度，观察两人在面临"财务"问题时，是如何交流解决的。

图5　节目给安宰贤、具善惠夫妇设置生活障碍，给予极少的生活费用

婚姻或生活中，认知上的差异会给双方带来冲突，男女双方站在各自不

同的角度看待问题也会产生矛盾。例如在某期节目中，节目组给两个人的生活费非常有限，购买蔬菜的钱需要具善惠仔细计算如何分配，而安宰贤还想购买一些其他的生活物品，两个人需要在有限的财力情况下，合理计划生活中的各项分配，这些设定的条件增加了节目的趣味性，同时也增加了生活的"矛盾点"，从而吸引更多的观众乐于知晓明星是如何应对生活的琐碎的，抑或者在完全封闭的山村生活，任何事都需要亲力亲为的情况下，安宰贤和具善惠夫妻双方对家务活的分配是怎么安排的，等等。这些日常生活的冲突，会产生悬念感，吸引观众持续关注节目。

图6 安宰贤和具善惠对资金的使用和分配

节目设定的一些条件也会造成两人生活中的"小问题"。比如节目中蔬菜不够，具善惠就会想尽办法尽量满足安宰贤的口味，做一顿可口的饭菜。这些冲突在现实的家庭生活中是真实存在的，能否在节目中圆满的解决，就给观众营造了悬念，节目也更具可看性。

二、电视语言设计成功因素

（一）多元化的拍摄地点和手法

真人秀节目最大的吸睛点并不是纯粹的娱乐性，而是节目主体的真实性。真人秀电视节目的一个很大的影像和镜语特点就是大量运用近景和特写，打造爱情类的综艺节目更是如此。郑稳稳在《悬念＋细节＝强势吸引力》中提出："细节能使故事变得立体丰满。"他认为，多角度拍摄和慢镜头回放，可以打造精彩瞬间。《新婚日记》当中，不再使用固定的机位和镜头，而是运用多角度机位拍摄，并且允许后期制作时对画面影调进行美化，但是镜头下的画面必须是真实的，必须捕捉节目中主人公面对不同境遇时真实的细微表情和动作，传达人物真实的内心情感。另一方面，为了使画面背景显得不单调，《新婚日记》选择了众多拍摄地点，除了大量的室内镜头，韩国的公路美景、金色麦田、乡村雪景等都成了刻画的经典镜头，丰富了画面内容，提升了节目质量，吸引了不少观众。

（二）精妙运用"BGM"音乐

电视的音乐也是一种有效的编辑手段。在电视中出现次数最多的是各种各样的栏目片头音乐和广告音乐，它在节目中起到渲染气氛的作用，同时也能使节目系统、连贯、有序，是一种最佳的过渡方法。音乐的美感效应能够渲染环境，使电视节目具有极强的艺术表现力，传达信息深入，表现能力强。[①]《新婚日记》对背景音乐也着实下了一番功夫，"Reboot""冬日日记"等歌曲受到了广大观众的喜爱，网络上也有极高的下载量。

音效作为除声音语言外一种比较独特的形式，在节目当中也能起到烘托气氛、表达感受、加强印象的效果。音效恰到好处地在节目中运用，能使电视节目想传达给观众的感受达到一个高潮点，声画结合的丰富表现给人带来完美的艺术感受，从而加深印象，也丰富电视节目的表现力和感染力。在《新婚日记》中，音效就得到了广泛的应用，例如，在具善惠与安宰贤和具善惠爸爸一起摘柿子的过程中，具善惠的爸爸先教安宰贤如何使用竹竿摘下柿子，之后安宰贤成了摘柿子能手，而摘不下柿子的具善惠爸爸却将柿子连枝折断，这时画面定格在具善惠爸爸连枝折断的镜头上，出现了调皮的音效，烘托了愉悦的气氛。之后三人在地上发现了一堆掉落腐烂的柿子，因为可惜，具善惠有点生气和心疼，出现了搞怪的音效，使观众注意到具善惠节俭的性格。可见，音效处理得出彩，可以满足许多观众，甚至有不少观众认为恰到好处的音效能把故事情节展示得更加清晰顺畅，把节目中主人公所有的情绪都放大了一倍。

---

① 陈连生："浅谈电视节目中声音的录制和话筒的使用"，载《现代电视技术》2004年第3期。

图7　具善惠、安宰贤一起摘柿子

（三）后期的娱乐化处理

现在大多数的真人秀节目都是以录播的形式播出，《新婚日记》采用的也是录播形式，因而在后期处理上有更大的发展空间。《新婚日记》在字幕、解说词、内心独白的后期制作处理上都有许多亮点。

字幕已经被视作与画外音、解说词同样重要的"第二解说"。通过后期处理的字幕会放大主人公的情绪，更极致地烘托气氛。例如在节目中，具善惠和安宰贤给狗剃毛时，字幕会打出狗的内心独白——"拜托剪漂亮点"。狗的镜头加上调皮的字幕将一个美好的下午生活的气氛就营造出来了。之后字幕出现，将安宰贤和具善惠比喻成宠物"美容师"，通过后期BGM的润色加工，幸福愉快的生活氛围立即烘托了出来。

图8　小狗的内心独白——"拜托剪漂亮点"

安宰贤在夸赞具善惠披着头发非常漂亮时，黑色的宠物小猫从桌子上跳了下来，画面立即出现"哔~"的字幕，并同时配上"哔~"的音效，具善惠站在安宰贤面前故意搞怪，两人愉快地在房间打闹，配乐也在此刻同时响起，甜蜜就这样从家中的所有角落散发出来。通过后期的娱乐化处理，综艺节目的娱乐性和趣味性大大提高。

解说词、内心独白，甚至家庭宠物的内心独白在《新婚日记》中的运用都是非常值得国内的综艺节目借鉴的。《新婚日记》中的解说词起到了推波助澜的作用，同时解说词又极尽俏皮可爱的风格，将安宰贤和具善惠的甜美生活展示得淋漓尽致。节目中的另外一大亮点就是通过想象安宰贤和具善惠的宠物的内心独白，来侧面表现家庭的生活氛围，比如安宰贤和具善惠在打闹时，小猫就会出现"他们在干什么""别理他"等内心活动，利用宠物的内心独白给节目带来另外一番乐趣。

图9　将安宰贤和具善惠比喻成宠物美容师

录播的节目往往会通过后期的剪辑处理，将录制过程中"NG"的场景或者表演时出现失误的地方剪去，最后在屏幕上呈现给观众经过剪辑、非常流畅的节目内容。这样虽然达到了节目制作的高标准和要求，但是过于严谨的节目内容会使真人秀节目缺少一点真实感。《新婚日记》就故意将这些笑场的、错误的地方呈现给观众，大大提高了节目的真实感。用传播学中关于"两面说"的理论来解释，就是如果只把好的方面呈献给观众，反而会使观众失去信任感。观众需要的不是完美无缺的节目，而是真实的、能够娱乐身心的节目。因为人无完人，适当地出现笑场、错误更能拉近观众与节目的距离。

三、节目运营策略成功因素

（一）紧抓情感综艺的"CP"热潮

事实上，一档节目能否吸引观众很大程度上取决于其实时性、娱乐性和参与性，而真人秀就是这三者相融合的节目形态。身在信息时代，在与同样三性皆强的互联网相结合后，其必然成为综艺节目的制作首选。然而，真人秀节目层出不穷，市场竞争不断加剧。聚焦某类题材，既是对现有资源的深度挖掘，也是综艺节目深耕分众市场的需要。"CP"热潮的细分市场将进一步加剧，在保持既有题材的热度与开发，如旅游类、美食类等的同时，加大对新领地的拓展亦至关重要。

其实近几年，在中国现象级真人秀中，CP 组合也是节目吸睛的一大利器。比如《我们相爱吧》第二季中大受观众追捧的"大叔萝莉"组合周冬雨和余文乐；《我们相爱吧》第三季中"无尾熊"CP 组合吴昕和潘玮柏；《中国好声音 3》中的"金童玉女"刘珂和陈永馨等节目中的著名 CP 代表都成功地炒热了情感类真人秀节目，也炒热了爱情的话题，进一步扩大了节目的影响力和知名度，达到了一定的宣传效果。之前，我们国内的"CP"组合热潮大多存在于电视剧当中，而韩国的《我们结婚了》中一系列 CP 风靡带动了中国 CP 的热潮从电视剧转向综艺。

假扮夫妇的"CP"组合在节目结束之后的分别令观众难以接受，节目结束往往会打破观众对喜爱的 CP 的幻想，在节目中 CP 组合给观众营造的甜蜜、愉快的氛围，使观众希望他们可以在真实生活中真正在一起。一改以往的"假扮 CP"模式，《新婚日记》中货真价实的真实夫妻 CP 使得观众对婚后生活充满了期待与向往。

自《新婚日记》播出以后，中国也出现了类似的情感类真人秀综艺节目，2017 年 10 月 7 日起湖南卫视开播的《亲爱的客栈》，在选择 CP 组合时，同样选择了生活中真实在一起的情侣或者夫妻来做节目的主人公，包括刘涛、王珂、阚清子和纪凌尘等明星参演，以期达到与《新婚日记》相类似的节目效果。当下综艺节目热点不断变化，爱情元素逐渐成为真人秀的重要组成部分，只有抓住了市场的脉搏，方能在激流中成功突围。

（二）巧妙运用多样化的媒体平台

粉丝化、互动化、类型化、细分化是节目获取高收视率的四大优势。《新婚日记》在开播之前就受到了万众瞩目，不得不让我们在此探究这档节目的营销宣传手段。细细剖析不难发现，《新婚日记》的宣传团队注重的四个方向使节目的宣传与造势变得容易。

有针对性的粉丝细分，清楚地知道年轻观众已成为消费主群市场，各大网络平台利用其先天的互联网优势抓住主流受众，从而牢牢抓住了观众的兴趣点。快节奏的社会生活状态使 20～40 岁的适婚年龄层人士每天都处于繁忙的工作中，大多数人无暇安静下来感受生活、享受爱情。《新婚日记》恰好是给人心灵安慰的一剂良方——遥远乡村，一袅炊烟，二人世界。人们在快速浏览网络新闻讯息的同时，也希望在网络上看到一些恬淡宁静的生活气息。

安宰贤和具善惠在节目之余，利用自己的社交网络账号与粉丝们的互动让明星与粉丝之间的联系更加紧密，使粉丝在节目中的话语权变得更加重要，增加了观众对节目的关注度。

（三）节目制作策略

1. 别致的片头片尾制作。一部制作精良的综艺节目往往在片头就可以第一时间抓住观众的眼球，为节目的整体风格奠定基础，也对节目的形象有画龙点睛的作用。《新婚日记》的片头就十分新颖：以卡通动漫的形象勾勒出安宰贤和具善惠的甜蜜生活，其中包括两人牵手依偎的画面、安宰贤单膝跪地求婚的画面等，直奔主题。这种片头制作方法为实景动画，动画的片头应用在我国综艺节目制作案例中并不多见，这也使片头一开始就成为一人亮点脱颖而出。在片尾，往往会有一天甜美生活的结束感，使观众沉浸其中难以自拔，并适当向观众抛出下一期安宰贤和具善惠夫妇会面临的问题，悬疑的设置又牢牢牵动观众的心，使观众对下一期的节目也满怀期待。

2. 后期制作策略。《新婚日记》的后期剪辑非常值得在制作综艺节目时学习。在后期剪辑上，节目整体的内部节奏和外部节奏都非常紧凑，不拖沓。节目剪辑在各个笑点、哭点和感动点的穿插上也衔接得十分合理，使节目不至于显得冗长且更容易突出真性情。娱乐化的后期处理手法也使综艺节目变得更加有趣，引人入胜。无论是在字幕的处理、解说词的编写，还是声音音效上，《新婚日记》的后期制作都增强了节目的娱乐性。例如，安宰贤晚上睡觉之前会再看一下自己的宠物们是否已安排妥当，并会对宠物说晚安，这时候字幕就会出现爱心与可爱的图案，突出了人物的性格特点。

第三部分：可借鉴性

一、根植中国文化和地域特色

《新婚日记》节目中出现了非常多带有韩国标签的事物，本土化的节目特点在《新婚日记》中表现得极为突出。节目中展现了许多韩国的特色美食和具有韩国本土特点的乡村风景，如韩国泡菜、辣白菜、味噌汤、红顶乡村房子、金色田野等。

图 10　美丽的韩国乡村公路

满眼的"韩国美"穿插于节目中，如同植入式广告，在播放综艺节目的同时，侧面对韩国文化进行了宣传和推荐，并且可以使很多其他国家的观众加深对韩国的认识和了解。在这一点上，无论是韩国的偶像电视剧还是韩国的综艺节目，都十分重视，是韩国对外文化输出的一个重要举措。

图11　静谧的乡村红顶小屋

图12　通过宠物表现室内室外的和谐氛围

中国地大物博、人文隽永、风景绮丽，各地方、各民族特色美食与名胜古迹、标志性建筑更是不胜枚举，中国版情感类真人秀节目完全可以来到户外、融入自然。事实证明中国真人秀综艺完全可以更好地运用本土化元素，比如《爸爸去哪儿》曾有一期在云南普者黑地区拍摄，节目一经播出，秀美的景色吸引了全国各地的游客，使普者黑成为著名的旅游景区；中国版《奔跑吧兄弟》每一期都会更换一个新的城市进行拍摄，在杭州拍摄时，将秀美的杭州城推给了全国各地的观众，杭州城同清爽别致、讲究精致的杭帮菜一起出现在大众面前，使更多的观众也希望可以一览杭州的风采。《奔跑吧兄弟》摄制组所到之处都会引起相当的轰动，使之成为著名景点。由此可见，如果中国考虑引进《新婚日记》之类的情感类真人秀节目，在节目中也可加入大量的本土元素，既能深受中国观众的喜爱，又能对拍摄地点形成更佳的文化推广，两全其美。

本土化作为真实综艺秀的关键元素，能否恰当地运用对节目的成败至关重要。本土化的节目设置动机要更贴近中国观众的日常生活，使观众内心产生共鸣。节目还应关注社会热点，形成品牌效应以及良好的观众基础。

本土化创新，首先应建立在良好的电视播出机制上。机制的设立应以贴近民众为基调。在韩国，一档新节目的推出要经过一个试播阶段，因为不是所有的节目推出后必然是成功的、和本地文化相符的。其次，还要进行结合社会热点的观众调查。例如 TVN 于 2013 年 7 月推出的新综艺《花样爷爷》就是根据社会热点开发的。据韩国统计厅公布的《2010 韩国社会指标》显示，2010 年韩国人口的平均年龄为 38 岁，预计 2050 年将增加到 53.4 岁。2010 年韩国总人口为 4821 万，65 岁以上老年人口约为 530 万，占总人口的比例为 11%。预计到 2050 年韩国人口将达到 4400 多万，65 岁以上老年人口占总人口的比例将上升为 38.2%，到时平均每 1.4 个劳动年龄人口（15～64岁）要赡养 1 位老人。老龄化带来了许多问题，老年人的赡养、独居老人等已然成为韩国的社会问题。导演罗英石正是根据这一社会现象推出了这样一档节目，希望通过节目中老人的背包旅行，引起人们对于老年人的关注。节目播出后，收视率节节攀升，最高的一次收视率达到了 9%。[①]

二、加强模式研发和剧本设计

有人认为，观众对综艺节目的审美疲劳渐渐凸显，电视综艺市场进入了青黄不接的真空期。但仔细观察不难发现，所谓的"审美疲劳"是建立在当下电视综艺节目同质化严重的基础上的。

"从完全依靠模式引进，到将引进模式作为参考和学习的对象，再到真正实现独立原创，进而输出节目模式，这是中国综艺节目行业必须踏实走好的

---

① 许乐天："真实综艺秀的本土化创新"，载《视听界》2014 年第 6 期。

路径。"① 由于国内电视综艺节目行业发展起步较晚，各家电视台和制作公司的节目研发和制作能力有限，对收视率和经济效益的疯狂追求则直接使引进国外模式成为业内风尚。经验不足、制作能力水平不突出，使中国电视综艺节目无法做出"原汁原味"的原创高水平综艺节目。中国综艺究竟何时才能得到锻炼和成长，一时成为社会议论的焦点。为了提高国内电视综艺节目的原创水平，要明确了解观众是"第一生产力"。从广大受众中汲取好的创作点，与此同时大力保护原创内容必须马上提上日程，创意与技术两者须同时进步与提升。②

韩国在推出一档新的综艺节目时，剧本的创作往往处于最重要的位置，经过一系列前期调研和精心雕琢的剧本，才会获得观众的最大认同和喜爱。中国的综艺一直没能像美国、韩国综艺那样受观众喜爱，甚至热门的综艺往往需要引进国外的节目形式，一部分原因可以归结为国内综艺剧本的创作不够出色，另一部分原因可以归结为后期制作不够精良，从而使节目效果大打折扣，造成观众不愿意买账的局面。

三、窥探心理

随着社会的不断进步，快节奏的生活方式使大多数人的压力越来越大，娱乐成了人们生活的必需品，观看娱乐节目成为大众的一种心理需求。节目内容倾向于甜美轻松的《新婚日记》正是抓住了观众这一欲望，除了给观众愉悦身心的精神调剂，参与其中的情感体验，还给了观众一种强烈的角色认同感，让他们在屏幕上获得一种虚幻的满足。观众很容易在很短时间内融入节目，把自己的想象投射在明星身上，获得角色认同。

真人秀节目越来越多地出现在屏幕上，唯有别具一格、不同以往的节目形式才能令人眼前一亮。《新婚日记》作为更新改版的全新情感类真人秀节目，在情感综艺节目的本质上做出了巨大的变化，满足了不同阶层的人对娱乐的追求与精神上的满足。同时，《新婚日记》对韩国本土文化的宣传做出了

---

① 刘阳："综艺节目原创之路如何走（深聚焦）"，载人民网，http://www.people.com.cn/，最后访问时间：2018 年 7 月 20 日。

② 刘阳："人民日报关注原创综艺节目：要了解观众想看啥"，载中国网，http://www.china.com.cn/guoqing/2016 - 11/17/content，最后访问时间：2018 年 4 月 5 日。

巨大的贡献，不仅推广了韩国美食，而且拍摄地也成为新的旅游胜地，隐形地提升了节目内涵，延伸了综艺节目的意义。

四、节目推广策略与营销策略两条腿走路

(一) 善于利用热点事件/话题营销推广

情感类真人秀节目已经占据了综艺节目的半壁江山，想要在众多的情感类真人秀节目中突围，就要不断地创新节目的内容与形式，更要找到合适的方式手段对节目进行营销推广。每一档成功的综艺节目背后一定有一个成熟的营销团队，营销推广需要利用特别事件或者话题，来吸引观众的目光。例如在江苏卫视的大型相亲节目《非诚勿扰》中，就出现了"宁愿坐在宝马车里哭，也不要坐在自行车上笑"这一观点。此观点一出，引起了社会的轩然大波，这不仅代表了一位相亲女嘉宾的个人观点，也反映了一部分人价值观取向的问题。虽然这些言论有"拜金"的倾向，但是这个热点事件将《非诚勿扰》节目推向了大众的视野，这档相亲节目在中国名声大噪。

安宰贤和具善惠2016年的求婚视频使不少网友大呼太甜蜜，当时安宰贤在后备厢准备了一大车荠菜花，对具善惠表白，而荠菜花的花语是"为你献上我的全部"。该求婚视频在中国也得到了众多的转载和评论。安宰贤和具善惠在《新婚日记》中由求婚视频开始，向对他们感情史充满好奇心的观众首次揭露其爱情经历，而且具善惠还在节目中用安宰贤向她求婚的方式，在后备厢准备了一车安宰贤爱吃的零食，这些片段的剪辑播放在网上为节目吸引了大量的观众。热点事件和话题不仅要能引起观众的关注，还应该具有一定的持久度，为节目达到最大的宣传效果。

(二) 借助社交媒体进行多渠道的营销

真人秀节目的真实性和娱乐性需要吸引更多的观众参与其中，与节目有较多的互动。在真人秀节目中，观众容易被互联网上的话题引导，因此借助当前的社交媒体平台进行多元化渠道的宣传，与网友形成互动讨论，是节目营销推广的上佳选择。在《新婚日记》的贴吧话题谈论中，许多的节目追随者都在贴吧讨论、分享节目内容与话题，这能够让更多的网友对这档节目持续关注。

在国内，许多明星在自己的节目播出之际或者播出过程中，会利用自身的社交媒体途径，在微信、微博或者 Twitter 等众多公共平台上，通过分享录制节目的趣事进行宣传，从而迅速引起观众的关注。真人秀节目应当借助互联网的信息传播与分享的方式，通过社交媒体进行多渠道的营销，增加节目与观众之间的互动，让节目拥有广泛的观众基础。

第四部分：存在问题及改进建议

一、存在的问题

（一）人员设置

上文提及《新婚日记》在人员设置上只选取一对新婚夫妇作为主人公，尽管有其优点，但长时间记录一对夫妇的生活这种单一的人员设定会使一部分对他们不感兴趣的观众没有其他可选择的空间，很有可能因此会失去一部分观众对节目的关注。一对明星夫妇的剧本设定同时会使节目缺少很多尖锐的矛盾与冲突，真人秀节目的戏剧性特点相对弱化，间接使节目缺乏一定的趣味性。

（二）版块设计

真实的夫妻模式会使节目在模块设置上区别于假想情侣类的情感综艺节目，《新婚日记》让主人公在节目中自由发挥的空间达到了一个极致，节目版块没有过多的环节设置和情境安排，一些任务的设计也只涉及日常生活方面，虽然这样的板块设计可以呈现给观众更多明星真实的生活状态，但是也缺乏一定的娱乐性和冲突性。

二、改进建议

（一）节目可以考虑不只一对新婚夫妇的设定

例如国内情感类综艺节目《亲爱的客栈》在人员设定上类型比较多样，既有真实的明星夫妇，也有真实的明星情侣，还有假扮的"CP"组合，多样化的人员设定也丰富了节目的内容。

（二）节目设计可以考虑增加更多版块

在不同的版块设计中可以有不同的任务和游戏环节，同时可以考虑加大嘉宾需要完成的任务量和任务难度，从而激发更多的矛盾点和冲突，节目的观赏性会更高。

实境生活体验型真人秀节目

《三时三餐》

——饮食文化与乡土情怀的一次旅行

作者：王甦民　杨　璐

第一部分：节目概况

图1　节目海报

中文名称：三时三餐

外文名称：삼시세끼

别名：一日三餐

地区：韩国

节目类型：真人秀

导演：罗英石

主要嘉宾：李瑞镇、玉泽演、车胜元、刘海镇、孙浩俊

制作公司：韩国 TVN 电视台

首播时间：2014 年 10 月 17 日

播出频道：TVN TV

播出时间：每周五晚 9 点 50 分（韩国时间）

节目时长：约 70 分钟/集

　　《三时三餐》是一档由韩国 TVN 电视台制作播出的餐饮类节目。节目由王牌综艺节目策划人罗英石一手促成，节目素材新颖、拍摄写实，在韩国的收视率一路长虹。《三时三餐》作为一档定义为有机、自给自足的农村生活的饮食类真人秀，主题是在韩国农村用当地种植的有机食材制作一日三餐，鼓励忙碌的人们放下生活的重担，远离城市，贴近自然，在朴素的乡村中辛劳付出，为一顿饭而努力，显示一顿普通饭菜的不凡价值。

　　在《三时三餐》中，李瑞镇和玉泽演远离城市的喧嚣，在偏远的乡下为解决三餐问题费尽周折，整个格调平淡却充满趣味，明星大哥化身为农夫大叔，在节目中观众可以看到明星们自己犁地、播种、浇水施肥、收割高粱并加工为可用的食材，最终完成一顿美味的三餐，与邀请的嘉宾一同品尝劳动果实。节目整体节奏非常缓慢，充满了田野生活般的闲适与美好，与现实社会的匆忙格格不入，然而却通过劳动、友情和回归自然等主题传达出别有滋味的温馨和幽默。

　　罗英石作为《三时三餐》节目的策划人和导演，曾参与《两天一夜》《明星金钟》《女杰 6》等优秀综艺节目的制作，故被称为韩国王牌制作人。离开韩国广播公司电视台（KBS）后，罗英石加入了 CJEM 电视台，制作了全新的综艺节目《花样爷爷》，获得了巨大的成功。李瑞镇正是由于在《花样爷

爷》中扮演四个老演员的"导游"角色，而在节目播出后人气大涨，进而被罗英石相中，邀请其参与《三时三餐》的演出。

同样是明星户外旅行、饮食、生存类的节目，《三时三餐》不同于《两天一夜》，该节目的一大特色就是参演人员的极大自由度，而其他人员只是"观察者"。也就是说，节目追求真实，不干涉出演者的一举一动，也不会随意剪辑他们的行为，观众可以直接看到参演人员的好与坏。没有类似《花样爷爷》中特别值得提出的魅力，没有瑞士的大自然，秘鲁的历史，也没有"爷爷"、音乐家和青春的组合，《三时三餐》以慢节奏著称，却迅速地俘获了大批粉丝，引领了新趋势。

一、版块设计

《三时三餐》第一季于 2014 年 10 月 17 日起播出，在节目策划之初就以春、夏、秋、冬四季作为四个独立但相互关联的结构谱系，从而不断地拓展每一季的内容。第一季的《三时三餐》以"秋"为符号，具有四季中"收获"的象征意味，以传统的农村生活开启了《三时三餐》系列的首篇。

作为"秋"的代表，第一季《三时三餐》拍摄地点选在韩国江原道南部的旌善郡农村，剧组特别设置了一个种有生菜和茄子的宅旁地，绿色的房檐、朴素的民居、稍微宽点的玉米田、一片高粱地，这就是所有的风景。在秋天这个丰收季节的农村，一片怎么也收割不完的高粱地在节目中反复出现，也预示着秋意浓浓的农家生活始终萦绕在丰收、收获和取用之间。

在版块设计方面，《三时三餐》以非常清新自然的方式过渡，整体来看，每一集都大致设计了三个板块，即三餐、劳作、访友，以一天 24 小时作为切割标准，日升而作，日落而息。三个板块在一日中相互交替运行。虽然每个板块不会相对独立，模块化看似不清晰，但因其反映了真实农家生活的日常状态，具备普世的人文观念，观众对于这样的叙事节奏没有理解上的障碍，所以从整体上看，每个环节都有明显的推进度，使得整个节目并不会显得乏味和混乱，反而生动有趣，真实真诚。

（一）一日三餐

在这个既没有嘉宾互动游戏，又没有明确的单集任务的饮食类真人秀里，三餐就是节目制造冲突的核心，所有的劳动、娱乐、交流都围绕一日三餐来进行。节目中，不但要做最传统的韩国料理，而且还要做最具当地特色的农家小菜、山蓟菜饭、萝卜饭、高粱饭、高粱饼、葱油饼等具备韩国农村特色的日常美食，都是两位明星演员和一众来访嘉宾的必修课。

图2　嘉宾一同制作韩国传统食物

《三时三餐》最终还是要在三餐上做文章的。不同于一般饮食类真人秀，《三时三餐》的自由度非常的高，所有的剧本基本依照演员的即兴发挥，但是只有每日三餐的菜色是由剧组出题的。三餐的题目，节目组围绕着节气、农时来做文章，处处体现着三餐与文化的关系，例如节目中提示霜降前要把所有的菜都收割完毕，否则会冻坏；还比如腌萝卜的时间、做辣白菜的周期等，都需要按照一定的农时规律来进行，否则根据当地气温的变化就无法成功酿制出美味的腌菜。

（二）劳作

《三时三餐》的劳作必须围绕一日三餐的基本要求来进行，比如收割高粱为了做成高粱米、做鸡窝为了养鸡获得鸡蛋、做羊圈为了获得羊奶等。通过劳动获得食材是节目关于"自给自足"这个概念化的生活方式的最基本要求，也是传达节目本身具备的朴素价值观的方式，即通过明星的双手劳作获取食物，从上一顿饭到下一顿饭，这个劳动的系统是无限循环的。

也许有机的美食和惬意的环境可以传达出一种田园牧歌的美好意向，但是劳动的乏味和疲惫是真实存在的。节目通过一系列对食材的要求，迫使李瑞镇和玉泽演不断地进行劳动，从最初的以高粱饭为早点到挤羊奶做奶酪，都是节目组通过一些刺激手段，迫使演员不断劳动，制造冲突，进而推进节目的进行。

在劳动的环节有一个很特别的设计就是"三餐博士"，即用一系列镜头加文字和动画的方式传达正确、传统的食材加工过程及注意事项。明星来到农村体验自给自足的生活肯定会有很多不适应，比如从来没听说过的萝卜饭、没有亲手用过的农具、不知道怎么去壳的高粱原料等，这些生活经验的匮乏造成了很多糗事，增加了节目的笑点和可看性。比如在节目第一集中，玉泽演去拔山蒜，只拔取了蒜苗部分，而真正的蒜还在土里，所以最终的山蒜大酱汤只有蒜苗却没有山蒜，节目也饶有趣味地打出字幕调侃玉泽演为"傻子"。每当明星的操作出现失误时，"三餐博士"会适时地以动画或字幕的形式来演示正确的操作方法，比如第一集农具的使用以及高粱米的制作等。

"三餐博士"能够起到引导教育的目的，不至于让整个节目流于简单的娱乐，而是传达自然纯朴的文化基调，教育人们正确使用农具和加工食材，这本身就是农耕文化传承的一种方式。对远在城市中生活的明星来说，这种冲突是在所难免的，而利用冲突形成笑料、利用笑料进行知识普及，实现了节目寓教于乐的目的。

图3　"三餐博士"环节关于有机食品制作步骤

（三）访友

成功的饮食节目都会以文化作为核心要素，饮食是文化的桥梁，饮食不仅可以拉近人与人之间的关系，还可以传达由于生活状态不同而产生的多元文化形态。《三时三餐》在每集中都会给李瑞镇和玉泽演安排两天的劳动生活，这期间会有客人来访，这些客人都是观众熟悉的明星，有和李瑞镇一同出演《花样爷爷》的前辈演员申久、白一燮，有和李瑞镇和玉泽演一同出演电视剧的尹汝贞、崔华静，还有电影明星如有"智友公主"之称的崔智友等，他们的到来让本来平静的"农户"变得异常精彩。本来就因为不适应农村生活而忙碌的李瑞镇和玉泽演，却还要用最热情的方式来迎接他们的老师、前辈、朋友，这期间的手忙脚乱和笑料百出自然可以博得观众的喜悦。当然，一众朋友也毫不吝啬地加入到了他们的生活之中，帮助两个主人做好三餐的工作，比如崔智友帮助收拾屋子和烤紫菜，尹汝贞、崔华静帮助腌萝卜，李胜基帮助割高粱等。

图4　在"访友"环节来访的嘉宾和主角之间的互动

"有朋自远方来，不亦乐乎"，友人的加入让这个家庭气氛变得热烈，让两个主人本身开朗的性格得以施展，让劳动和分享变得可贵而温馨。另一方面，建立在这种主客之间的关系实际上就是韩国传统文化及道德涵养中对于长辈的尊敬和小辈的爱护。埋锅做饭、扫榻相迎，最简单的甚至有些简陋的条件，却换来了最真诚的人与人之间的沟通，平实可信的言谈之间，仿佛回到了那个没有电脑、没有网络、没有手机的时代，人们通过"走访"建立桥梁，交流感情。通过请友人在家吃饭、留宿，实现感情的递增。在现在繁华的都市之中，人与人的交流越来越方便，甚至变得越来越"便宜"，变得不值一提，人情冷漠成了每个都市人的心病。所以，呼唤纯粹的友谊，唤醒人们心底关于沟通和爱的表达，成了节目最可贵的精神内核。

二、舞美设计

（一）空间设计

真实朴拙的韩国农家住宅、简练粗放的装修风格、整洁的陈设，一个在田间劳动的人并不需要太多的物质欲望，平凡的空间架构是构建整个节目视觉呈现的基础。

《三时三餐》选择的韩式农宅具有很强的韩国农耕文化的特点，通过多重符号化的叠加，一座普通民宅即重构了关于礼仪、审美、功用等多重含义。比如屋内抬高的"榻榻米"，人们进屋就需要脱鞋，晚上则直接睡在抬高的地板上；到了早晨，晚辈要先爬起床干活等，传达着礼仪、行为等传统文化范式；还有农村特有的炉火加热地板的方式，类似中国北方农村的"火炕"，则展现了原始的、朴拙的农家韩屋的功用。整个节目围绕屋里屋外的戏份非常多，秉着真实拍摄不干扰的原则，这种限定活动空间的方式也是必要的。

《三时三餐》通过每一集开篇的一个长镜头，非常巧妙地介绍了全部明星嘉宾活动的场所以及空间之间的关系，它穿越了整片菜地，以从屋内到屋外再回到空中的一个广角镜头做结束。农田、房屋、后厨，简单的搭配却形成了最基本的农村生活环境，而越凝练的环境设计就越可以明确地为主题服务——自给自足的有机农家生活。

当然，空间不是一成不变的，节目通过各种方式将已知空间进行了拓展。随着节目的进行，李瑞镇和玉泽演进入了自己农家主人的角色，开始改善自己的空间，增加生活空间的功能，比如给山羊 Jackson 制作羊圈、给小狗 Minky 制作新狗窝、做鸡窝、搭蔬菜大棚等。另一方面，空间的改造也是主观情感认同上的一种转化，一开始嘉宾都对劳动有抵制情绪，李瑞镇称为"为奴 12 个月"，而最后李瑞镇和玉泽演却开始怀念在一起种田、收获的日子，

图5　典型的韩国农村民居外景设计

两个明星逐渐真心的投入，主动积极地参与到虚拟生活空间的改善中来，使本身简单的农舍变得更加温馨自然。

（二）拟真舞台设计

《三时三餐》有一个明显的主舞台的设计，即房屋、灶台、田地以半圆弧形的摆放方式构成了一个半真实的舞台空间，节目则选取一个角度设有一个主要的广角镜头来拍摄这样的全景，在这个全景镜头里，观众能看到主角生活的房屋，需要做饭使用的灶台、柴火和工具，还有处理食物并且吃饭用的桌子，以及收获的食材和远方的还未收割的高粱地。当然，之所以说这是一个明显的设计，就是因为这个镜头不是真实地记录场面。舞台是存在边界的，与外界空间基本是闭塞的，而且主要镜头的朝向是固定不变的，这就要求所有的特写、中近景镜头都要依照舞台朝向来确立角度。

不得不说，这个空间设计并非一开始就是完美的。比如第一集中主演李瑞镇和玉泽演到达农家的第一顿饭，是在屋后的灶台完成的，其实，这个灶台有两个作用，一是做饭，二是用余热取暖，这是常见的农户家里取暖的方式。但是由于灶台受限，李瑞镇"决定"自己搭设一个简易灶台，升起炉火，架锅做饭，这个举动丰富了场景的变化，也一定程度上造就了后来拟真环境的完整实现。

　　在后来的节目中，摄制组模仿李瑞镇搭建了两个简易灶台，形成了上文所说的主舞台，更宽敞的空间利于多台摄影机调度，这一切不得不归功于演出嘉宾和摄制组的创造性发挥，给节目带来了更好的视觉效果。

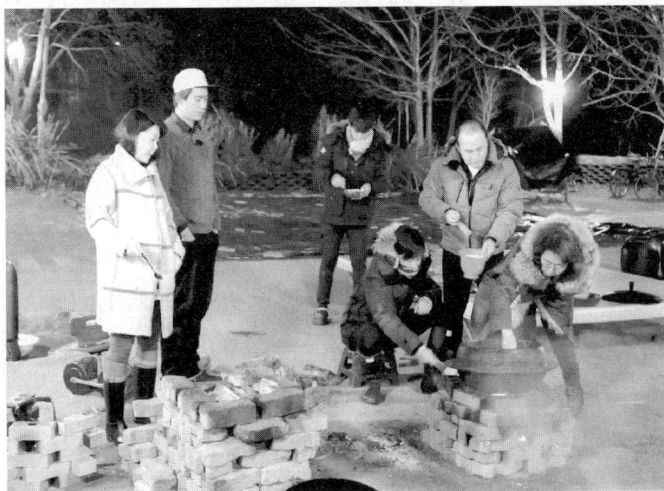

图6　嘉宾聚集在户外拟真厨房

　　利用拟真的舞台拍摄的原因有两方面：一是强调了制作美食的过程。谈及饮食不能忽略文化，作为一档饮食节目，《三时三餐》的最终目的是传习乡土文化，回归自然饮食。韩国的饮食有明显的特色，辣椒、大酱、泡菜、烤肉构建了一个基本的饮食体系，在这个体系内，明星如何操作炊具，如何在美食的制作中获得满足，并且传承这种自然淳朴的饮食文化，变得尤为重要。所以，在影视拍摄方面场景的搭建要做到简单、明确且富有表现力，各个镜头的组接可以非常流畅地看到明星是如何将原材料变为一桌丰盛的农家大餐的。二是实景拍摄必须基于影视美术的要求。影视是运动的，是关于空间与时间的视听与造型艺术；美术是静止的，是关于空间的造型艺术。可见，影视美术的目的是对影视空间进行造型设计。影视美术的主要作用是通过空间场景的设计与制作，为影片提供人物活动的典型场景，另外还包括人物造型设计。仅就场景需要来说，拟真舞台的设计很好地建立起一个以制作三餐为核心的立体空间。在这个空间里，包括了食物原料的来源——田地、菜地；制作三餐必需的两个炉堆、洗菜池、操作台；蓝绿色的房屋和青色的远山……最终呈现的场景在色彩、形态、构图等方面形成了一种拟真的自然环境，极具美感。

饮食类节目的发迹归功于厨艺料理节目，如 CCTV-1 的《天天饮食》、台湾地区的《健康新煮流》、韩国的《厨神当道》等都着眼于料理的过程和技巧，在拍摄过程中，有明确的舞台空间让厨师展示他们的厨艺，这样的好处是方便摄影机的调度、打光和后期制作，另外还可以提高现场做饭的真实性，将过程记录下来方便观众对菜品的制作步骤和精髓加以把握，起到了饮食文化传习的重要作用。

《三时三餐》的场景如同料理节目一般，两个灶台平行于摄影机的布置，很好地解决了后面厨房狭小以及与摄影机位成 90 度夹角的问题，而且与菜园更加接近，洗菜、切菜、炒菜可以在一个全景镜头中展示，既真实又充满趣味。因此，同样是制作饮食类节目，如何因地制宜进行环境改造和安排，并让观众既能学到饮食文化又可以接受这个和周围景物完美契合的拟真舞台，是摄制组是否具有创造性思维的重要考量点之一。

三、人员设计

（一）角色设定

1. 《三时三餐》角色设定原则。实景明星真人秀一般采取无主持人、无主角的叙事策略，在人物元素的运用方面，以将每个人物塑造丰满为最终诉求，从而消除"主角"概念。只有当这场真人秀中每个人物都有独特的性格特质时，观众才不会因为某个人物的"无聊"而把本该投注到该人物身上的注意力转移到别人身上。相反，观众往往会保持关注，并在感情上将多角色分为主要和次要的，例如《Running Man》《花样青春》《花样爷爷》《花样姐姐》《爸爸我们去哪》等节目。但是不同于传统实景真人秀的一般设定，《三时三餐》的导演罗英石期望用更真实的视角呈现农家生活，所以基本上采取了"不干预"明星活动的手法，给予明星的空间和自由度尽可能地做到最大。例如，牢骚很多的前辈和唯命是从的晚辈，被迫成为家人的动物们以及让人又爱又恨的嘉宾。

在角色方面，节目主体上采用了主人和客人的设定方式，李瑞镇和玉泽演作为乡村农家的主人，与来探望他们的客人形成了很好的传统对话方式，将饮食融入主客之间的接待、交流之中。

《三时三餐》以呈现最真实的明星在乡村自给自足的生活图景为原则，以尽可能"不干预"人物生存为手段，最终呈现出了带有一丝丝慵懒和松弛的节目效果，展现了角色身处于农村生活的真实状态。

2.《三时三餐》嘉宾设计。嘉宾也是该节目不可或缺的元素，尤其是明星嘉宾的加入已经成为该节目的亮点之一。到目前为止，尹汝贞、崔华静、申久等人以嘉宾身份出演过该节目。

在《三时三餐》中，嘉宾会以突然到访的形式，和李瑞镇、玉泽演一起度过两天一夜的时光。明星嘉宾意料之外的出现，常常让李瑞镇和玉泽演忙得不亦乐乎，比如韩国演艺界的知名演员申久、白一燮空降节目，吓坏了李瑞镇。由于曾经有一起拍摄《花样爷爷》的经历，李瑞镇对于前辈恭谦的态度让人记忆犹新，然而两位老人的到来也让整个剧组的气氛发生了变化：首先是字幕中展现了关于"阶级"的排序，两位"奴隶"李瑞镇和玉泽演在阶级的最低端，而剧组导演罗英石处于中间位置，两位老前辈理所当然地占据了最高点。其次，阶级上的压迫让"奴隶们"苦不堪言，李瑞镇甚至赌气，表示怎么能让老前辈来受罪。然而最终在玉泽演殷勤、周到的服务下，一顿丰盛的烤肉大餐终于完成，老前辈们也对小辈的服务和态度表示欣赏，传达了韩国民族对于尊卑礼教的重视和深藏在日常行为中的道德文化。

嘉宾的参与丰富了影片平铺直叙的格局，每个嘉宾都带有自己独特的属性和标签，善良的尹汝贞、搞笑的崔华静、让人尊敬到拘谨的前辈申久和白一燮、爱干净会干活的崔智友、不爱说话爱发呆的孙浩俊、甜美靓丽的高雅拉……从全篇来看，导演罗英石甚至也可以算是最大的嘉宾，影片幽默地定义他为奴隶主，他的经常出演也给片子带来了很多乐趣，比如申久和白一燮到来以后，他反复央求李瑞镇去帮忙做饭，但是李瑞镇赌气不去的桥段，让观众忍俊不禁；还有女嘉宾金芝昊一直烧烤一直吃，罗英石忍不住从画外说："对不起，请问这个晚餐要什么时候结束？目前这个晚餐已经持续了6个小时了"，事实上正是他的时时强势，逼得李瑞镇和玉泽演不得不充当劳力。

《三时三餐》强调贴近自然，与自然融为一体，朴实且不加雕琢，因此，朋友来到乡村的家里做客，主人做饭欢迎远道而来的客人才显得那样的纯粹。

对比之下，观众在都市的刻板与忙碌，人与人之间内心的冷漠，以及因刻意的攀比而产生的生活压力，都将在这里被一一洗涤干净。

3.《三时三餐》动物元素的加入。《三时三餐》创造性地加入了不少动物角色，它们作为农民养的动物，一方面展现了农村生活的真实面貌，另一方面在人与人之间不可转化的情感矛盾情景中杂糅了人与动物的关系，从另外一个角度增加了角色之间的复杂度和平衡感。比如在高雅拉作为嘉宾来到农村的那一集中，由于李瑞镇和玉泽演与高雅拉都不熟悉，使得气氛比较尴尬和紧张，此时高雅拉开始与动物交流，而动物们对于这位新来的朋友可没有一丝陌生，而且由于高雅拉本来就很喜爱动物，和动物们交流的桥段精彩而生动，让人心生暖意。带着这份暖意，主角们和高雅拉渐渐熟悉并最终成为好友，一同完成了旅程。

小狗 Minky，山羊 Jackson，母鸡 Elizabeth、Grace、Matilde、Olivia、Sofia，它们都是农村中最普通的动物，然而当它们被赋予名字时，一种拟人化的映射就在观众头脑中不自觉地形成了，再加上剧组后期的制作和编排，让这些动物很自然地成为大家庭的一员。甚至在山羊 Jackson 出场时，字幕组还会加上羊的心理活动，并在后面标注为"咩"，而 Minky 的心理活动会标注为"狗"。动物们自然的状态和表现还给整个节目增加了无数的亮点。起初 Minky 一步一摔倒的样子，让无数观众醉心，连李瑞镇都不得不表示："这个节目全靠 Minky 了。"而到了第 11 集，导演回顾了删减的段落，其中的"养鸡事变 2014"让人大跌眼镜。原来通过后期剪辑，节目组把鸡棚里发生的琐事整理成了一个充满故事性的小短片，在短片里，鸡仿佛具备了人性，在一个鸡棚里相互占地盘、抢食物，真是忙乱一团，比在外面劳动的主角也不遑多让。

狗、羊和鸡是农业生活中必不可少的家畜，然而它们的一举一动都可以用人性来诠释。在漫长的历史长河中，农耕文化从来都少不了家畜的身影，而它们天然地契合于农业生产之中并始终扮演着重要的角色，无论是生产、繁育、作为食物来源或是帮助人类，也许这些家畜本身就已经是农耕文化的一员，只是我们没有在日常生活中给予它们真正的"人性"。然而人性与文化是相通的，任何文化的沉淀到最后都归结于人性的内在本质，所以当一个以有机农业、自给自足为出发点的饮食节目出现时，不难想象，动物们在其中扮演了多少已经消失不见或者沉寂太久的本真与纯粹了。

图 7　嘉宾挤羊奶和动物互动

（二）角色属性

表 1　参与人员属性

人物	参演集数	人物属性	与主角关系
李瑞镇	全部	冷酷严厉但做事果决，可以很顺利完成大多数任务	主角之一，扮演哥哥的角色，"地位"高于其他主角
玉泽演	因2PM美国巡演缺席第七集和第八集	勤奋低调，开朗阳光，承担大部分体力劳动，负责做饭	主角之一，扮演弟弟的角色，"地位"最低
尹汝贞	第一集、第十集	善良、热心，话少但一语中的，幽默	和主角一起拍过戏，是主角的前辈老师
崔华静	第一集、第十集	能吃，开朗活跃，话很多，喜欢喝酒，爱开玩笑	和主角一起拍过戏的"姐姐"

人物	参演集数	人物属性	与主角关系
申久、白一燮	第二集	话不多，严肃，喜欢教导后辈并对后辈的表现提出自己的看法，起到督导的作用	两位老前辈与李瑞镇一起拍摄过《花样爷爷》，对主角们来说是演艺圈值得尊重的老前辈
金光圭	第三集、第四集、第九集	能够快速融入农村生活，喜欢田园牧歌的生活，把这次旅行当作度假来享受	和李瑞镇是十年的好友，业内同事，属于"哥哥"级别
金芝荷	第四集	开朗、健谈，擅长操持家务	在《真是好时节》中扮演李瑞镇的姐姐
柳承修	第五集	话多，爱开玩笑，积极乐观，不擅长农家劳动	在《真是好时节》里饰演李瑞镇的哥哥，节目中被李瑞镇压榨着进行了大量的劳动
高雅拉	第六集	活泼可爱，天真烂漫的年轻女孩，爱吃，喜欢动物，喜欢自言自语	和主角都不熟悉，但是年轻的她带来了一股清新的氛围，尤其是和玉泽演之间的"火花"很诙谐
崔智友	第七集、第八集	"智友公主"，温良贤淑，爱干净，会家务，会做饭，大方沉静	韩流女神，带领主角做泡菜，为朋友做饭，给大家的生活带来了幸福的气息
孙浩俊	第七集、第八集	有"古意"，面对长辈紧张，不善言辞，拘谨，认真干活，老实巴交	《花样青春》的一员，代班玉泽演，尊敬李瑞镇，见到他就会紧张，和崔智友一起做饭

人物	参演集数	人物属性	与主角关系
李顺载、金永哲	第八集	有爱心,喜欢谈及往事,善良温和,照顾小辈,开朗善谈	两位爷爷的到来让村庄更具人气,崔智友也因此再留宿一天
李胜基	第九集	埋头苦干,阳光帅气	作为后辈参与节目,遭到了主角们的奴役,收割了大量的高粱

图8 嘉宾收割高粱参与劳作

第二部分：节目成功因素分析

《三时三餐》是韩国有限卫视 TVN 播出的一档明星户外实景真人秀,节目播出以后掀起收视狂潮,尤其是 2014 年 12 月 19 日当天,节目收视率达到了 8.8%,创下开播后最高的收视纪录。据节目导演罗英石透露,《三时三餐》最初计划拍摄 8 集,但因为人气爆棚,最终拍成了 11 集,其中包括一集删减版合集。

《三时三餐》节目团队精良,有成功打造了《两天一夜》以及"花样"系列的金牌导演罗英石、作家兼编剧李祐汀、出演过《花样爷爷》且人气爆棚的李瑞镇，还有偶像组合 2PM 的成员玉泽演，整个团队的基础非常牢固。然而这样的组合却不一定是节目成功的主要因素。

一、饮食文化

《三时三餐》是"饮食类"节目的进化。它既不呈现色香味俱佳的菜肴，也不展现人们狼吞虎咽的样子，《三时三餐》中只有最平凡的白米饭、大酱汤、泡菜、拌菜等食物，而且经常会出现米饭蒸糊了、拌菜咸了等问题，但节目的有趣之处正是看明星们做饭菜的过程，至于结果如何似乎并不重要。

关心过程、展示过程是节目的一大亮点，展示一颗小小的种子如何破土而出，日复一日地吸收养分，最终成为粮食并且丰收的过程，才是这个节目作为一档全新的"饮食类"节目最热衷的事情——归于平凡，展现自然。从田间随手摘来的生菜、辣椒、茄子，洗一洗就可以端上餐桌，撒上酱料配上米饭，就可以满足地吃一顿午饭。虽然没有什么丰盛可言，但是这种对于食物的态度却比一般饮食类节目中的煎炸烹炒更让观众感到健康自然，使人们更贴近本真的生命体验。即使是最简单的菜，通过劳动、烹饪自给自足，都会让人觉得满足和欣慰。如此一般，在城市中忙碌了一天，习惯了嘈杂与油膏厚味的人们，期望坐在电视机前守候这种平淡安静的感觉也就不足为奇了。

《三时三餐》的这种模式本身其实不值得分析，该形式并不多么新颖或者具有创造性，也并不是没有过"解决"做饭问题的节目。然而，回归自然，用最淳朴的"有机"方式来完成"一日三餐"，在这个时代里，这种变得越来越"情怀化"的话题，波及的范围越来越大。换句话说，现代人们在享受生活之外的时光里是辛劳的，专注于"一日三餐"是件很困难的事情，专心做饭是一件幸福却复杂的事情，因此人们才会在"田边稻田"寻求共鸣。看着电视中熟悉的明星，观众不自觉地进行了自我代入，仿佛"自我"过着简单健康的生活，因而得到了满足。

二、有意识制造矛盾冲突

如果仔细感受《三时三餐》的节奏，可以感到在低沉萎靡的精神特质中散发出的一种对极端乏味工作的坚持，值得大书特书的是这样对事情坚持的态度和对劳动烦恼的独特冲突。冲突，是讲好一个故事的根本动力，无论是外部冲突还是内部冲突，只要是有冲突的地方，一切平常的东西都可以变得非凡。

《三时三餐》的编剧是作家李祐汀，她参与编剧的作品有《请回答1994》《请回答1997》《两天一夜》和"花样"系列，其实真人秀如电视剧一般都是基于一个固定剧本进行呈现，而一个会讲故事的编剧一定会把矛盾冲突充分地设置在其中，因而在解决矛盾和化解冲突之中，无论是真人扮演的还是实景再现的，其中富含的笑料、意味都会迸发出来。

（一）角色与环境的冲突

《三时三餐》刻意提供了一个典型的农村环境，与明星的都市生活大相径庭，由此产生了全剧最核心的冲突，很多状况和笑料都是围绕这个冲突展开的。比如第一集中不会烧火的玉泽演，第五集中也因为烧火搞得狼狈不堪的柳承修；为割不完的高粱地不断奋战的所有"劳力"；为不会做辣白菜、腌萝卜而烦恼；为山羊做羊圈，为鸡群做鸡舍等平常无法触及的手工活等。

农村的简单生活与习惯大城市生活的明星们格格不入。在农村，人们总是在发呆望着天空和远山，时间在不知不觉中被不断地拉长，仿佛不需要做什么，只需要享受时间的流逝，又或是不停地劳动却无法在一天之内做完所有的农活，这种种的内在冲突又都展现在人物的外在细节里，让观众也不禁产生疑问：人类对生活的追求，应该是田园牧歌般的纯真图景，还是现实生活中的急切拼搏？也许，真正的答案，已经在节目舒缓的节奏中不言自明了。

《三时三餐》力求通过表现一个真实的农村劳动的图景，展现远离都市回归自然的理想状态，环境的简陋与明星的"高贵"之间冲突不断，同时节目有意在淡化这种激烈的对抗感，不断地从人在环境中的不适应和轻度的焦躁切换到最淳朴的乡村实景中来，无论是群山环绕、田间地头的美景，还是小狗Minky、山羊Jackson的本性出演，都让观众乐在其中，享受时间，淡忘了一切烦恼和压力。

（二）饮食文化的哲学意义

节目呈现的一道道具有乡土气息的菜肴，实质上蕴含了整个韩国民族的生存智慧。比如腌制辣白菜，作为朝鲜族特有的腌菜种类，辣白菜在韩国人日常饮食中扮演着举足轻重的角色。"一日三餐"是人类对于饮食文明发展最为明确的概括，在节目中一切美食都必须以三餐供给为基础，淡化了美食的独特性，对于菜品不做过分的修饰，而是集中表现必须要完成的这"一日三餐"的基本诉求。比如每当明星嘉宾围坐在餐桌前，都会给予本餐一个全景的摇镜头，特指整顿饭的意义，而不单纯去表达一个菜品、一道美食的价值。《三时三餐》正是用这种技巧，来强调和关注一顿饭的制作过程和一顿饭的内涵价值，同为饮食却不再着眼于美食本身的色香味，而着重表现意境、人情和自然美好，与其他美食类真人秀相比，《三时三餐》真的是高妙许多。

另一方面，《三时三餐》在强调"三餐"的同时也强调"三时"。如今都市人已经很难按照三时的要求妥善地管理用餐时间了，相反，随时可以获取的食物、便当、小吃、零食、速食品比比皆是，由此也产生了更多的零碎时间，或称碎片化时间。都市的人们习惯了用各种途径解决碎片化时间，却忘记了享受生活。《三时三餐》正是从这种矛盾点出发，试图探讨人们生活的意义，所以特别规定了必须要完成三餐的任务。在节目中明星虽然时间观念混乱，没有办法完全按照传统三时（早中晚）的概念来吃饭，甚至中午吃早饭、下午三四点才吃中午饭、晚上很晚才做好晚饭已经变为节目的常态，但是却通过这种必须、必要、务必完成传达了节目的宗旨，即"日食只需三餐"的质朴理念。

三、韩国的明星"文化"

纵观韩国目前火爆的综艺节目不难发现，无论是以竞技游戏为内容的《Running Man》；以旅游观光为噱头的"花样"系列；还是以"萌娃""奶爸"为标志的《爸爸我们去哪》《超人回来了》等，明星群像的设置已经深入身心。

明星参演真人秀有诸多优势。例如，明星早已习惯摄像机的拍摄，在摄像机面前更加自如；明星喜欢表现自己，会有意识地曝光自己，增加节目的话题性；观众喜欢看明星，那些本来熟悉的面孔却做着很多可笑的事情，让观众感到新鲜有趣；每个明星都有自己的公司、人脉和背景，可以带动更多的明星产业的发展……所以，明星参演真人秀节目，已经成为当下最流行的制作电视节目的趋势。

韩国娱乐圈拥有一套非常实用的明星制度，明星如流水线一般被不断地生产出来。韩国娱乐圈有个名词叫"出道"，艺人们每年通过大量的选秀活动脱颖而出，再进入如 SM 这样的公司进行培养。众所周知，新人或新的组合被公司挖掘后，要经历 2～3 年的封闭训练再推给公众，但是由于培养需要付出成本，所以一旦确定了新人出道的名单，都不会做很大改变。可以说艺人就像商品，在流水线上经过一道道工序，"出道"则是最为重要的一环。

《三时三餐》的节目策划人罗英石非常善于制作明星群像类的真人秀节目，他策划并制作的《两天一夜》、"花样"系列都是利用大量的明星参演获得成功的，《三时三餐》也是如此。明星本身具备很高的人气，他们有自己的企业、团队、粉丝团，具备很高的推广能力，更多明星的加入同样让《三时三餐》魅力非凡。

在节目中出现的明星有著名的韩流美女崔智友、"国民弟弟"李胜基、"国民爷爷"李顺载、著名影星李瑞镇等，一众明星的加入让每一集节目都有独特的意味。例如，在崔智友做嘉宾来农家做客的时候，整整一集都用了大量的电影《冬日恋歌》的插曲，而崔智友正是早年凭借《冬日恋歌》的演出，获得了观众一致的好评。在《冬日恋歌》的影片里，崔智友美貌、善良的形象与如今清丽自然的状态相结合，让观众不禁在美好记忆与现实之间交织、回味，而每当音乐响起，曾经的浪漫回忆又会叠加到《三时三餐》节目中，充满了戏剧化的表现力。再比如当节目中孙浩俊"悲苦"地为三餐做准备时，节目响起《冬日恋歌》中悲伤的插曲，这一唱一和之间，在屏幕上还有时而出现的崔智友，整个感觉既怀旧又幽默，此时后期制作时还适时地插入了全新的李瑞镇、崔智友、孙浩俊《冬日恋歌》的海报，在逗乐观众们的同时，也展现了节目组丰富的想象力。

四、漫画式字幕

《三时三餐》的一大亮点是其后期制作的能力，最值得称道的是其在漫画式字幕的应用方面已经炉火纯青。在韩国的真人秀节目中，这种漫画式的表意形态随处可见，夸张的注释和标记无处不在，无论是字幕还是动画特效，都不断出现、持续地充满了画面，将人物的心理活动、内在的可能情绪最大限度地可视化。这正是韩国真人秀一贯追求的娱乐态度，以一种绝对轻松有趣的氛围，淡化利害关系、柔和冲突、减少负面情绪。

在《三时三餐》中，节目的字幕设计非常独到，其摒弃了传统字幕放置在屏幕下方的手法，而改用漫画式呈现字幕，用以显示画内人物的部分有声对白，表现画内人物或动物的情绪、内心想法、感情色彩。这样的处理，涉及更多纯粹的主观部分，使"虚构"的意态更加明显。《三时三餐》的字幕设计提供了很好的"虚构"形式，通过对字幕的编辑，对符号、标志的风格化处理，编导可以肆意地放大、扭曲、改变影像内角色的情绪、性格，来产生更加有娱乐意味的蒙太奇效果。比如用拟人化的手法处理家畜——小狗Minky、山羊Jackson，它们个性鲜明，活泼可爱，甚至有自己的想法，对人们的态度也不一样，这一切都来源于漫画式字幕的运用，在画面中小狗翻滚的同时加上一句"无忧无虑的午后时光"，在山羊的画面中加入"咩"表示羊的内心活动等。

图9　漫画式字幕标注了鸡的名字

漫画式字幕本身具备指引性，巧妙地运用可以很好地提示画面中的兴趣点，使得观众根据字幕的提示不断地集中注意力。在导演想要突出或者设置的包袱环节，指引性的字幕不但可以明确地表达画面的含义，而且可以很好地限制画面的多义性，开创"去影视化"的影像观赏模式，增强游戏性和娱乐性。比如"三餐博士"，利用影视画面与漫画的结合，以"博士"的口吻，讲述关于饮食的制作、农具的使用、节气的知识等正确的观念和知识。漫画式字幕的使用使观众能在欣赏节目并得到欢乐的同时，更容易接受节目想要传达的文化和正能量。

第三部分：可借鉴性

明星与美食的组合在韩国综艺谱系中并不少见，比如2013年《Master Chef》的韩国版，创造了以"饮食文化"为标志的韩国业余厨艺真人秀；韩国KBS电视综艺《Vitamin》，是针对嘉宾的身体状况，进行有趣的营养饮食搭配的综艺秀；这两年比较火爆的《拜托了冰箱》则邀请了明星嘉宾主持，通过开启明星嘉宾的冰箱挑选食材的形式，一方面为参加比赛的选手限定了食材的来源，另一方面也从侧面调侃了明星的"私生活"；还有韩国国民节目《两天一夜》的明星体验式冒险真人秀，也强调美食的元素。而《三时三餐》与其他同类型真人秀有所不同，因为它几乎是用白描的手法重现了真实生活图景，当然这个生活是乌托邦式的、理想化的，是编导构想出来的，也不是明星们熟悉的场所和领域，但是通过这种对真实农村生活的高度还原和模仿，从一个侧面体现了人与生存的原始关系，以及生命存在的本质意义。在物质高度发达的现代社会里，这样具备高级趣味的真人秀十分难得，它从一个哲学命题入手展现了编导源于生活却高于生活的认知能力和创作实力，在众多真人秀作品中独树一帜，十分值得中国的电视人借鉴。

一、从本真生活中寻找节目立意

《三时三餐》呼应了时下人们的热议话题，即在物质丰富的时代人们的健康问题。尤其是都市人，远离食物原产地，失去了与自然、土地、作物的接触，每天吃着加工过的精美食物，开始怀疑食物的健康和来源，于是更加期待有机、绿色的生活，还原事物本身的状态。

其实，关于类似健康、饮食的话题也同样是中国近几年的热议话题。改革开放四十年来，中国在物质文明方面取得了极大的成就，城镇化规模也突破了50%，越来越多的城市人开始关心乡村，关心食物的源头，关心自身的健康。而艺术题材始终应该来源于生活，中国电视人在当今业外资本横行的电视圈很容易迷失自我，资本正在左右创作者本身的风格和理念，从这几年IP剧的热播和明星的天价片酬就不难看出端倪。这是当前亟待改变的状况，应力求让创作者回归本专业，立足于现实社会需求，寻找人文主题，创作更优秀感人的艺术作品。

在这些方面，《三时三餐》颇具创新力。编导从都市人的内心浮躁和钢铁森林的表面浮华中参悟到了回归自然、寻找内心平静的核心主旨，用纪录片的手法缓慢地诉说着"采菊东篱下，悠然见南山"式的农耕生活，反传统"娱乐至死"的真人秀样态，却暗合了社会的文化潮流，以最朴实无华的风格和真切自然的表演赢得了观众的追捧。

二、人物角色的塑造

和故事片、剧情片一样，真人秀的制作也需要大量的故事线索和冲突矛盾，借以推动角色在具体场景中的活动，产生强烈的戏剧效果。但不同之处在于，故事片和剧情片是为了把一个故事或者主题表达完整，而真人秀的主要目的则是塑造人物。

《三时三餐》的主角李瑞镇是韩国著名的男演员，他没有普通综艺大咖那般的惬意和娴熟，反而表现了一种人物内在的"不适感"，比如经常"碎碎念"来吐槽节目组的安排；一有机会就偷懒；一副懒洋洋的样子，最擅长的是"招猫逗狗"；经常跟节目组要钱，用"欠债"（之后用农活来填补）的方式喝酒吃肉等。这样好吃懒做的角色形象显然和农村生活很不契合，甚至与编导对于"自力更生"的要求相差甚远，但就是这样的一个角色才让观众喜爱，因为他有趣且真实，他几乎把一个从都市来到农村的典型的精英分子形象表演的淋漓尽致，那种不按套路出牌的样子不就是每天沉浸在科技带来的便捷生活里的我们吗？于是，在整个片子的进程中，主角和（编导设计的）现实条件产生了非常激烈却很真诚的矛盾，丰富了节目的戏剧性，也让整个节目充满了故事性，生动而饱满。

三、剧情节奏与深层的价值观

《三时三餐》是一档罕见的慢节奏的真人秀栏目，与传统样式的"3分钟一个笑点，5分钟一个高潮"的快节奏综艺不同，它通过大量的长镜头的运用，把"时间"牢牢地锁在编导规划的村屋这个有限的时空里，无论角色是在起居、劳作、发呆、吃饭，还是在与其他进入到这个时空的角色面对面互动，都是一种如"雕刻时光"般的美好的时间记忆，而时间又具象化为一切琐碎的出现在每个个体记忆拼图中的画面，观众被这样的画面深深吸引，因为那就是每个人都存在过的对于某一个真实回忆的感觉，编导完整地记录了这些美好的却并不是那么精彩绝伦、紧张刺激的镜头，显然正是抓住了时间的感觉，让每一个有过美好回忆的观众都宛如置身于其中，一同感受那时候的朴素、温情、纯粹，直抵人心。

这些实际上也与都市人的生活节奏相反。人们在都市中迷失的自我甚至早已模糊的美好记忆，可以从一个质朴而轻松的节目中重拾，对于每天忙碌且乏味的生活来说未尝不是一种解脱。所以在这样的价值观体系中，慢和无所事事，反而成了享乐；偏僻的农村，反而成了世外桃源；主角与村民的交往，反而成了不可多得的人与人之间淳朴的信任。这些本来不值一提的概念在当今社会景观中成了最真切的人们的内心追求，编导正是通过升华这一主题价值观，借由美食和自然美景，重新审视了人与自然、人与社会之间的复杂又矛盾的关系。

第四部分：存在问题及改进建议

一、在平实纪录与戏剧冲突之间寻找平衡

作为韩国慢综艺的开篇之作，《三时三餐》无疑是现象级的作品，除了开创了综艺节目收视高峰以外，它更引导了电视受众对于慢综艺的审美与接受，而且在制作方式和传播方式上颇具开创性，其中最值得一提的是纯粹纪录手法的应用。

通过真实记录相对开放性的时空图景，完成一部有冲突、有笑点、有转折甚至有结局的综艺节目，《三时三餐》堪称首例。节目团队的"脑洞"之大让观众叹为观止，完美地把控了真实记录生活片段和寻找冲突点之间的平衡性，这当然与该团队多年的制作经验密不可分。但是这样的平衡对于一档需要收视率、需要盈利、需要用娱乐作为主要精神消费元素的电视综艺来讲，其必然存在一定的风险。据罗英石导演自己说，他本意只拍摄 8 集节目，结果因为收视火爆、观众反响热烈才延长拍摄至 11 集。换句话说，编导在构思之初就意识到了恰当把握故事性冲突和真实记录之间的平衡性是该真人秀能

否继续生存的原动力，而在这一点上他并没有十足的把握，可以说一开始的 8 集预算更像是一种个人式的纯粹经验主义的实验。

那么，对于观众来说，《三时三餐》一些内在混乱的剪辑和频繁的、缺乏吸引力的长镜头就不足为奇了，因为节目本身就是具备实验性的产品，并非按照韩国已经成体系的工业流程制作。尽管很多观众评价显示，那些缓慢的、缺乏逻辑线索的长镜头和剪辑经常被认为极富诗意，或者具备田园气息，具有开创性和先进性，但是作为综艺节目制作人来说，这样的尝试显然并不是一种类似电影语言移植到综艺节目的结果，而更可能的是导演团队在记录性和故事性寻求平衡时，难免出现的表意失误。

《三时三餐》其实已经很好地把控了这种平衡性，并通过字幕、动画、动物角色、嘉宾、乱入的村民等方式强化了其本身很弱的冲突。与其他真人秀相比，《三时三餐》没有单集任务，没有核心冲突，没有不间歇的、新鲜的场景和快节奏的剪辑，更缺少明星团的应接不暇和超越荧幕的对于明星私生活的窥探感。而恰恰相反，《三时三餐》吸引观众眼球的一个关键点就是乡村生活的陌生感和人物之间的冲突性，例如通过参与农事、制作美食、料理家务、修理农具、帮助乡亲劳动、参与农村的婚礼、修葺房屋以及更多元的事件，增加明星身处一个陌生场景的不适感，转化这种冲突性，营造近似传统电影三段式（因由、产生状况、解决矛盾）的叙事方式。通过这样的方式，也许可以优化由于没有更多冲突性而只能用镜头素材填补的过于缓慢的节奏。

二、开放式的结构体系

《三时三餐》的另一个问题是节目过于开放的结构。虽然整体上来看节目可以分为三餐、劳作和访友这三个不断循环的环节，但实际上这三个环节彼此交叉且没有很强的逻辑性，依靠的也仅仅是时间逻辑，即 24 小时为一日，一日分三餐。

这样的开放结构带来的问题必然是导演仍然需要刻意地安排一些任务，比如收割高粱地。可以说收割高粱在节目中期已经演变成了一种惩罚项目，角色被迫执行并很难获得相应的成长性或实际收益。从制作角度来看，刻意安排任务就是为了给角色"找麻烦"以制造矛盾和冲突，推进节目进程，避免无聊的画面反复叠加，给观众带来审美疲劳。然而如果缺乏逻辑的任务反复出现，同样会造成这种审美上的距离，让观众摸不着头脑，甚至错误地理解农村生活以及自给自足的意义。

另外，过于开放的结构体系还有一个致命的问题，就是过于依赖演员的表演。例如节目第七集和第八集由于玉泽演的缺席，孙浩俊作为代班"弟弟"扮演起第二主角。与玉泽演的活泼开朗不同，孙浩俊经常发呆和放空，缺少和其他角色（包括动物）的互动，导致这两集的效果与其他几集相差较大，虽然节目组已经卖力地通过字幕和动画强行加笑点，但实际上演员如果没办法主动地参与进来，节目就会流于平常的记录和琐碎镜头的堆叠，缺乏新意。在这一点上，节目的第一主角李瑞镇功不可没，他爱偷懒，讨厌这个地方，喜欢指挥别人，经常和导演吵架，喜欢与小动物说话，这些行为既显得荒诞可笑，又冲突十足，后期团队轻易地就可以标注各种漫画式字幕来增强李瑞镇的"心理戏份"，极大地增强了节目的可看性。

所以，慢综艺的核心之一就是演员的"综艺感"，《三时三餐》已经摸索出了一套适合慢综艺的演员角色属性，那么需要角色导演在选角和角色塑造方面更加的专业和创新，才可以在开放式结构中寻找到人物冲突的可能性，从而强化过于松散的叙事结构。

三、单一价值观导致主题缺乏延展性

《三时三餐》最大的开创性，无疑就是节目敏感地捕捉到了都市人在快节奏的生活压力下，难以疏解精神疲劳，从而通过一系列本来熟悉但美好和遥远的乡村图画，来疏导这种常见的大都市病。社会形态造就了一批具有话语权和欣赏能力的观众，他们渴望新颖的产品，厌倦了单纯的娱乐和快节奏的冲突。节目重塑了一种价值取向，即自给自足的有机生活，是都市人可望不可求的，是从内心层面进行人文关怀的方式。与其说观众是在猎奇，不如说是在疏导内心的焦虑。

这一点，可以说是《三时三餐》最吸引人的地方，美食仅仅作为一个美好符号融入"采菊东篱下，悠然见南山"的世外桃源之中，而与友人的交往、乡村式纯粹而美好的人际关系则更对比出了都市人冷暖自知的空虚与孤独。

但是，电视综艺能够传递的价值观毕竟是有限度的，再真实的表演也终究不可能替代受众多维度的体验。与其他节目不同的是，《三时三餐》的价值

体系过于单一，每集主题没有明显区别，即使之后再拍也难在价值观层面上做出突破，单一的场景、单一的关系、单一的劳动和供给模式，甚至单一的冲突来源，这些都是在整个价值体系里没有办法做出延展的。换句话说，观众出现审美疲劳很可能也只是时间问题。

所以，节目如果要继续突破和创新，没办法在主题层面做修改，只可能在节目宣传的"自给自足的有机生活"口号上面做文章，通过迥异的生产方式和生活图景做内容和形式上的延展，例如类比农村生活的渔民生活、山民生活、岛民生活以及草原游牧生活等。通过这样的方式造成更多奇观化的新鲜体验，再与其他性格迥异的明星角色相互碰撞和摩擦，借以生产内容。

《向往的生活》第一季

——打造现代人心中的田园梦

作者：王 舒 杨 璐

第一部分：节目概况

图1 节目海报

中文名称：向往的生活

英文名称：Back to Field

地区：中国

节目类型：大型生活服务纪实节目

导演：王征宇

制作公司：合心传媒

首播时间：2017 年 1 月 15 日

播出频道：湖南卫视

播出时间：2017 年 1 月 15 日至 2017 年 4 月 16 日

在线播放平台：芒果 TV

节目时长：约 80 分钟/集

2016 年湖南卫视推出综艺节目《向往的生活》，该节目一改大多数真人秀节目以"快速消费"的形式满足观众情绪的制作理念，把节目的重心更多地回归于生活的本真面目，以记录明星自给自足的乡村生活为内容，用一种平和缓慢的节奏展现一种在快节奏的现代化社会中已成奢求的生活状态。该节目自播出以来，收视一路飘红，让湖南卫视的周日晚间档收视得到整体提升。而在新媒体上，该节目的表现依然不俗，微博主题阅读量超过 17 亿，讨论量达到 132 万，前 6 期节目短视频播放量更是高达 8 亿次。① 本文将从节目设置、成功因素、可借鉴性三大因素分析节目的优势。

一、版块设计

《向往的生活》节目组在郊外租下一户民居院落，在民居周围种上玉米、豆角等农作物，请三位常驻嘉宾以民居院落作为居住地。随后三位嘉宾需要去农田采摘农作物作为居住地的房租，并且需要利用民居里的东西搭炉灶、劈柴点火，利用采摘的农作物自己做饭。如果需要更高级的食物，如牛肉、猪肉、可乐等，则需要采摘玉米换取。除此之外，还不断有嘉宾来这里做客。

---

① 李想："不一样的户外综艺节目《向往的生活》"，载传媒＋网，http://www. media－plus. cn/p/news/article/sec/8a2c5c525a8cb478015a8dc7c5cf0aa6，最后访问时间：2018 年 4 月 25 日。

图 2　可作为"货币"的玉米田

三位常驻嘉宾分别是何炅、黄磊以及大华，其中何炅和黄磊是多年好友，大华是加拿大籍歌手。所请的嘉宾大都是何炅和黄磊的圈内好友，他们会以客人的身份来民居做客。节目开始录制后，邀请的嘉宾会提前打电话给三位常驻嘉宾，随后会点一道或多道自己特别想吃且不容易做的菜，并且可以提出任何接待要求，三位常驻嘉宾必须无条件满足被邀请嘉宾的要求。在被邀嘉宾来到以后，三位常驻嘉宾可以要求他们帮忙做饭或者做一些农活，被邀嘉宾可以选择帮忙或者不帮忙。自然安逸的生活让明星们卸下光环，"不做节目，只过日子"的节目形式还会引出一些老友之间的趣事，如陈赫干活"偷懒"、孙红雷扔黄磊的拖鞋等。晚上吃过饭后，嘉宾们在睡前可以做一些有趣的活动，如打扑克牌、唱歌等，或是聊聊往事，十分惬意。第二天一早过后，被邀嘉宾离开，随后下一期开始。

二、环境设置

《向往的生活》自开播以来，就有不少观众打听节目的拍摄地点，他们都是被节目中山清水秀的乡村所吸引，想去实地参观一下。其实很多农村长大的观众或者其他观众都感觉，这农村里太干净了，环境和生活条件太好了。节目刚开播，就有不少观众爆料，后来节目组也透露，节目中的拍摄地点是北京密云区的一个乡村。

其实节目组把地点设置在这个地方是有原因的。密云区位于北京市东北部，属燕山山地与华北平原交接地，是华北通往东北、内蒙古的重要门户，

图3　拍摄地点

故有"京师锁钥"之称。① 而节目组所选的这个村子，正是位于密云区城郊的一处乡村，虽算不上深山老林，却也有些偏远了。据悉，节目组策划好节目后，在选择地点上也费了不少工夫。首先是选址，节目的要求是位置处在半山腰，而且远离城市喧嚣，并且需要独立院落，经过多方面考察和调查，才选定这个地方。其次，大家在节目中看到的漫山遍野的玉米、西红柿、辣椒等农作物也是事先种好的。为了保证整个蘑菇屋和其四周的农作物看起来丰盛，导演组提前了半年去"蘑菇屋"旁边种植农作物，期望所有的绿色植物都以非常自然的状态生长。于是在拍摄节目之前，导演组几乎成了半个农业专家团队。最后，租下"蘑菇屋"以后，导演组费尽心思整理，不仅生活工具准备得很齐全，而且各个屋内和院子中生活的环境也尽可能设计得舒适方便，目的就是让观众看了有"向往"的感觉。

三、人员设计

（一）常驻嘉宾

三位固定嘉宾分别是黄磊、何炅、大华，过去不在一个生活轨道的三个人，带着不同的生活习惯，在同一个屋檐下生活，恰恰是节目的一大看点。从其他节目可以了解到黄磊一直给人一种学识渊博的印象，在《向往的生活》节目中，他不仅能搭灶做饭，而且在平日生活里，大小事情处理得井井有条，

---

① 密云区政府："密云概况"，载密云区人民政府网，http://www.bjmy.gov.cn/mlmy/stmy/mygk/，最后访问时间：2018年4月25日。

更给人以一种无所不能的感觉，像小家庭的"父亲"。而何炅是一位资深主持人，主持综艺节目很多年，他的风格就是亲和且令人温暖，在《向往的生活》节目中，何炅做得更多的是协调各类嘉宾，或者有时候被邀嘉宾太紧张，就会协助嘉宾融入节目中。例如，女排队员来节目做嘉宾时，几个女孩显得很紧张、放不开，而何炅则一步步地进行引导，无形中几个女孩就显得自然了很多。何炅在节目中给观众的形象更像是一个小家庭中的"母亲"。大华作为新一代偶像，从小在国外长大，占据了节目中很大一部分笑点，萌萌的表情、似懂非懂的语言以及文化差异，造就了一系列笑料。在节目中，大华像是一个家庭中的"孩子"。正是三人的互动，造就了"传统中国式家庭"的生活形态，更能符合大众生活的心声，贴近观众的经历，更能给观众带来亲切感和幸福感。

图4　三位常驻嘉宾

（二）被邀嘉宾

节目的每一期都有不同的嘉宾被邀加入"蘑菇屋"做客，褪下明星的光环去完成多年不做甚至从未做过的农活，制造出来的反差效果为节目增添了亮点，满足了观众对明星祛魅化的要求，也满足了观众的窥私欲。节目邀请的嘉宾覆盖各年龄层受众群，"六〇"到"九〇"年代的嘉宾均有参与，特色各异，表现力十足。

被邀嘉宾都是三位常驻嘉宾的圈内好友，导演组为了召集他们也费了一番功夫。但是每个嘉宾来蘑菇屋之前，三位常驻嘉宾是不知道的，所以每次有人来需要提前给蘑菇屋的三位主人打电话以便提出对于食物的要求。由于好友之间关系密切，所以几乎每个将要来到的嘉宾都会在电话里恶搞一下三人，以便给三人一个"惊喜"。例如，第一期时，宋丹丹和儿子巴图在来做客的路上给三位常驻嘉宾打了两个电话。宋丹丹作为"老戏骨"瞬间飚了几波演技，第一次模仿香港经纪人的声音恶搞作为主人的三人，正当三人摸不着头脑猜是哪个朋友的时候，宋丹丹再次模仿阿姨的声音，又让三人准备冰西瓜，在三人处于一脸"懵"的状态时，车里的宋丹丹和儿子巴图乐开了花。

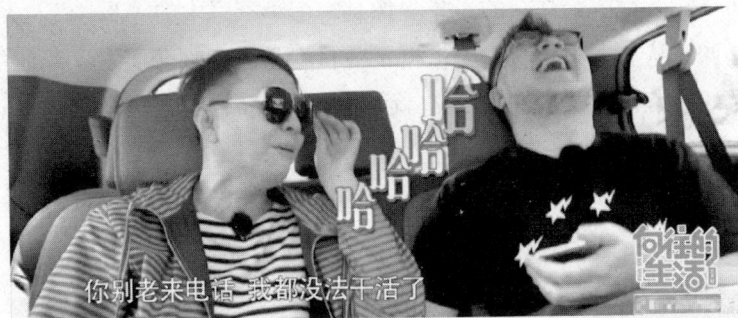

图5　宋丹丹母子在调侃三人

（三）动物加盟

动物的加入使得这个小家庭显得并不单调，一只狗、两只羊、三只鸡的设定不仅还原了农村生活的全貌，使得整个院子没那么冷清，并且把农村生活刻画得更为真实，而且制造了人与动物之间和谐与和睦相处的氛围，再加上后期给动物加上字幕作为旁白，使观众在无形中感到十分有爱。

图6　剧中宠物狗"小H"

其中，宠物狗"小H"是最受欢迎和喜爱的。作为一个"小萌物"，"小H"在节目中负责的除了吃，就是卖萌。从啃大华"脚趾头"开始，"小H"

一直是节目中的萌点，几乎所有的女嘉宾看到它都大呼"好可爱"，而后期加上了小表情以后，更是"萌到飞起"，想必在大院子养萌宠也是大部分人"向往的生活"吧！除了狗，院里还养了两只羊，被后期加上字幕后让人哭笑不得，如"我要登上羊生巅峰""别看我只是一只羊，但我有靠近天空的梦想"，配合两只羊天然呆的表情，实在让人忍俊不禁。而作为狗和两只羊的搭档，三只鸡也不遑多让，时而"一飞冲天"，时而"大鹏展翅"，作为蘑菇屋的一员，也增添了不少乐趣。

第二部分：节目成功因素分析

一、轻任务模式，记录明星的真实生活

三位嘉宾作为蘑菇屋的主人，在远离喧嚣的田园，做着现代人向往的事情，不争朝夕，与世无争。在田园生活中，邀请朋友来这个"世外桃源"做客也是节目的一大看点。作为房子的主人，招待客人是必不可少的。每期的客人都是三位嘉宾在娱乐圈的好友，是观众大都认识的明星演员、体育健将等，这也给了观众一个认识他们平日生活状态的机会。节目组没有事先设定任何强制性任务，也没有剧本，只有招待客人这一要求，完全将生活本身作为节目来展示，这样邀请来的嘉宾没有压迫感，更能将平时的生活状态完全呈现出来。

《向往的生活》节目组的轻任务模式，更能体现"真"这一节目特点，这里的"真"主要指两点：一是指节日理念追求生活回归本真，二是被邀嘉宾的真实生活状态为真。我国自古以来就有一种田园理想，无数诗人都对田园生活做出了美好的表达，陶渊明的"采菊东篱下，悠然见南山"让多少人对田园生活充满了美好的向往；王维的"空山新雨后，天气晚来秋。明月松间照，清泉石上流"又让多少人脑海中浮现出归隐田园后的惬意生活。其实这些诗句都反映了一种寄情山水田园并对隐居生活怡然自得的满足心情，和以自然美来表现人格美和社会美的隐士理想。可是，目前来说，国内社会生活压力颇大，普通人都在为生活而努力奔波，想要静下心来享受田园生活对于大部分人来说是很不现实的。《向往的生活》这个节目正是利用这一份人们

向往的田园生活填补了人们不能安于享受田园生活的心情，在节目中给观众一个理想的生活状态——在远离城市喧嚣的田园中，有这么一个普通的院落，院落周围都是田地，田地里种满农作物，院子里养着家禽家畜和宠物，院子里的人每日烧菜做饭，养养鸡，逗逗狗，喂喂羊，想吃东西可以去地里摘，摘不到的就通过农作物去换，所有的一切都自给自足。有时候家中来了客人，就做一些客人想吃的饭菜，和客人叙叙旧，喝些酒，聊聊天……

这好像我妈妈做的那个意大利面

图 7　嘉宾们在讨论食物

　　将明星生活作为节目来表现，基本没有任何任务，让参与明星没有紧张感和压迫感，这种情况下，明星所表现的状态才会完全放松，这样容易显露出生活中最真实的样子。有时在节目中可以看到嘉宾们在屋子里躺着悠闲地聊天；也有的嘉宾喜欢逗宠物；有的嘉宾对做饭很有研究，不仅对做各种饭说得头头是道，还对营养元素搭配非常了解；还有的嘉宾属于生活中的"慵懒型"，对于食物制作过程并不感兴趣，反而吃的时候很有研究……这样的节目模式，不仅营造了节目效果，也满足了观众对明星的日常生活的窥探欲。

二、超长"待机"纪实拍摄，搭配灵动活泼的后期制作

　　《向往的生活》无任务的节目模式由现场记录的细节体现节目"真"的本质。节目选择了一条和传统综艺制作逆向而行的思路，用纪录片的超长"待机"和纪实的手法还原本性，关注事件发展过程中的变化，记录嘉宾对待事物的态度，从而表现每个人物不同的特征。节目将生活本身作为展示内容，让参与者没有压迫感，呈现完全放松的状态。我们可以在节目中看到嘉宾喝醉后红着双眼拉家常、醒来睡眼惺忪的样子，这不仅真实地记录了他们的生

活习性，依靠细节感染观众，让观众更全面具体地了解他们，同时还洗清了节目有台词、脚本的嫌疑。

节目有时会把镜头给工作人员，镜头中可以看到拍摄人员以及现场人员，无论酷暑还是寒冬，都在兢兢业业地工作，虽然镜头并不多，有时更是有些恶搞的成分在里面，但是这样更能显示"真"的本质。

图8　特效大长腿

《向往的生活》节目后期制作不仅生动有趣，更是将生活小知识完全融入了进去。每隔几分钟就会出现"生活小贴士"，如做某事需要注意什么，或者一一列出做菜的步骤，将生活纪实节目的亮点发挥得淋漓尽致。而在节目中的花样字体也为节目添加了不少色彩与趣味，更有喝了冰可乐而变身"超级赛亚人"的大华、"长了手"的山、"富有科技感"的大长腿等精彩的后期特效，常常让人忍俊不禁。

三、"去主持人化"的新颖主持形式

没有主持人的真人秀节目是近些年来才逐渐发展起来的，如我们熟知的《奔跑吧兄弟》《极限挑战》等。这类节目大多拥有强大的明星阵容，以游戏作为节目的主体，并舍弃了传统意义上的主持人，取而代之的是现场导演三言两语的发号施令，灵活性较强，拍摄前除了游戏是提前设定好的以外，其余均是未知的。

在《向往的生活》节目中，没有一个人是作为"主持人"这一角色出现的，但是在节目中，又不得不有一个人扮演这个角色，来引导节目的走向，

以及应对节目中的突发事件，而主持经验丰富的何炅则完美地成为这一角色的人选。他幽默风趣的主持风格，迅速的应变能力，都使他成为节目中不可或缺的一分子。

（一）"隐藏主持人"能充分控制节目节奏

1. 与来访嘉宾的节奏。在《向往的生活》中，蘑菇屋每期会邀请至少一位明星嘉宾做客。每当来了新的客人，何炅就会及时地招呼其他两人一起迎接，但是节目嘉宾大部分是何炅和黄磊的朋友，有时候大华跟其他人不认识或者不熟，导致场面尴尬，这个时候何炅就会适时地介入，向大华介绍其他人或者向其他人介绍大华和这里的环境，及时缓解气氛，也把来访嘉宾的不自然轻松去除，使节目节奏有条不紊地进行着。例如，王中磊作为嘉宾来蘑菇屋做客时，作为影视界大佬，大华显得特别紧张，于是何炅就利用话题把王中磊和大华的关系引导到了一起，并且适当地发问："原来你们也见过呀？"随后王中磊适时地说道："之前曾经在某一档节目指点过他。"大华也及时补充，于是节目变得非常和谐，使得"上司和下属"的感觉变成了"长辈和晚辈"的感觉，瞬间让人感觉亲切不少。还有谢娜作为嘉宾来做客的时候，见到可爱的"小H"，便忍不住爱心泛滥，寸步不离地和"小H"玩耍，一人一狗差点把节目搞得天翻地覆，这时候何炅便及时出现，"拯救"了"小H"，也避免了谢娜出现失误导致节目出现问题。

2. 与其他两位常驻嘉宾的节奏。在节目中除了处理好与做客嘉宾之间的关系，何炅还负责把大华和黄磊的节奏调整合适。黄磊从节目一开始便展现出"非凡"的生活技能，搭灶做饭十分熟练，作为"大厨"的形象出现，而作为小鲜肉的大华，则给"大厨"打下手。何炅作为节目的核心主持，在不同的情境下，会适当地放慢或者加快节奏，使得节目中其他两位常驻嘉宾的节奏跟着节目走而不会出现拖沓或者太快的情况。例如，黄磊在做饭的时候，节目组把镜头给了黄磊，虽然有时有后期添加的做菜的步骤，但是如果看久了也会觉得剧情有些拖沓，于是何炅就会在旁边问："加上这个有什么用呀？""这道菜该怎么做呀"之类的问题，黄磊就顺势把内容讲清楚，也不会让人觉得节目拖沓，而且更有情景化的表现。而对于大华来说，往往都是何炅掌握主动说话权，例如，"大华你要不要喝冰可乐？""大华你演奏两曲助助兴可好呀?",丰富了节目内容。

3. 节目的整体节奏。把控节目的整体节奏,除了要把控好与各个方面的关系,还要对节目整体构架进行把控。只有在熟悉节目整体构架的基础上,才能把控好节奏,做到该快的时候快、该慢的时候慢。每当需要展开谈话时,何炅就会提炼出谈话者所说内容的关键词,从而引导说者更深入地聊下去。例如,有一期节目中,嘉宾们在餐桌上讨论关于黄磊年轻时当老师过于严厉的话题,当一位嘉宾说了一句"我特别害怕黄老师,黄老师特别严厉"后,何炅就提取了"严厉"这个关键词并进行强调,这也让观众重视到这一点,有兴趣听说话者之后的具体论述。而当需要略过的时候,何炅就会找准时机截住说话者的话,把大家带到下一个话题中,从而把控住节目的整体节奏。

(二)"隐藏式主持人"能推动节目发展

1. 缓解尴尬气氛。作为主持人,应变能力非常重要。《向往的生活》节目中没有主持人设置,那么作为常驻嘉宾的何炅则需要不断救场和缓解尴尬气氛。真人秀节目中,由于自由度较高,有时候会发生很多突发状况从而导致节目不可控制,导演组反应再快或嘉宾及时反应,也会难免出现漏洞,这时则需要主持人出来"救场"。由于《向往的生活》"去主持人化"的节目形式,所以,何炅则代替了节目中主持人的角色来"救场",实际上就是缓解尴尬的作用。例如,前几期时,何炅的一位女性朋友出现在节目现场,其本人并不是明星,大华也没有见过,导致大华见到嘉宾时一脸茫然,而女嘉宾也很不好意思,不知道说什么好。这时何炅看出了现场的尴尬,及时地向大华介绍女嘉宾,并调侃两人都单身,并让大华去摘玉米换女嘉宾想吃的大虾。这样一来,不仅及时地缓解了尴尬,还让节目顺利地进行下去,可谓一举两得。

2. 话题切换。有时嘉宾说话时会出现一系列不可预料的问题,在普通节目中,主持人往往会巧妙地把话题切换、引导,朝着节目所能预知和预料的走向发展。而在《向往的生活》节目中,何炅就是这个角色的承担者。在何炅的带动下,整个节目都自然而然地朝着他所引导的方向发展。如果仔细观察就会发现这种话题的切换与引导在节目发展中经常出现。比如,黄磊在做饭的时候,何炅会适当提问:"炒这个菜要不要加某某佐料"或者"为什么要放这个佐料, 有什么效果吗"? 还有当大家都躺在蘑菇屋的炕上十分放松时, 何炅会在恰当的时间说一个新的话题: "咱们要不然一起唱个歌吧?" 或者 "咱们什么时候去借东西?" 之类的话, 在节目这一阶段快要结束时, 适当地进入了下一阶段。

3. 格式化的衔接语言。何炅作为湖南卫视资历较深的主持人, 拥有丰富的主持经验, 这使得他在节目中发挥了主持人的作用, 把舞台上的语言带到节目中来。一般在节目开始后, 主持人会把节目需要介绍的人或广告通过格式化的语言介绍出来。每当节目迎来新的嘉宾时, 何炅都会用格式化的语言欢迎嘉宾的到来, 这种表现方式既简洁又正式, 往往能起到点睛的作用。以某一期节目为例, 大华很喜欢节目赞助商江中猴菇米稀的代言人白百何, 所以白百何作为嘉宾来蘑菇屋做客时, 大华很是欢喜, 张口说了一句: "米稀姐姐。" 何炅说: "百合, 百合姐姐。" 在帮忙提行李时, 大华伸手去接, 何炅于是顺势把箱子给了大华, 并说了一句: "男人就是不怕累、不怕苦, 只知道什么?" 大华接了一句: "只知道吃苦。" 几句简单的话不仅巧妙地表达了两人心中所想, 也顺势完成了对嘉宾的程式化介绍。而观众往往也在听到这种熟悉的主持人感觉的语言后, 在心理上接受新角色的加入。

(三) 突出表现人们 "向往的生活" 主题

真人秀节目本就是为娱乐大众产生的, 大多利用明星效应吸引大众的眼球、取悦于受众。但随着电视节目的不断发展以及观众需求的持续提升, 社会呼唤有深度的节目, 观众需要有内涵的作品。在《向往的生活》中, 何炅起了关键的提炼主题、深化主题的作用。《向往的生活》展现的都是日常的田园生活场景, 但何炅总能抓住琐碎生活中一闪而过的亮点, 提炼出其中深刻的人生哲理。在最后一期节目中, 谢娜在饭后闲聊时忆起与何炅的往事, 谈到何老师一路走来对她的帮助, 感慨万千。何老师适时地谈到 "友情", 就像一位老师、一个智者, 从真实的故事中谈到深刻的人生感悟, 朴实而又耐人寻味。在节目中, 我们可以听到许多精妙的句子, 如 "多一些人生, 多一些厚度" 等, 无形之中彰显着节目返璞归真、多劳多得、纯粹生活的核心思想, 有效地深化了节目的主题。

第三部分：可借鉴性

一、"清新脱俗"的"慢"综艺

如今，各种各样的"快综艺"充斥荧屏。在观众逐渐熟悉综艺节目的"快节奏"套路时，节奏缓慢、田园生活气息浓厚的节目让观众眼前一亮。《向往的生活》作为一档非典型真人秀综艺节目，远离了世俗喧嚣，回归生活本身，以最为简单的生活方式讲述朴素的生活道理。在一个尘世之外的"桃花源"中，在被绿色环绕的农家小院，三位嘉宾为接待远道而来的朋友们忙碌着。院子虽小，却有亲切的感觉，养鸡逗狗，摘菜喂羊，生活好不自在！院子外有大片的玉米地，三位嘉宾通过摘玉米换取其他口粮，遵循了等价交换的原则。在怡然自得的田园生活中，看着日出日落，会使观众们不自觉地想象如果自己身在这样一个地方，过着这样一种生活，多么惬意！其实，在现在快节奏的生活中，许多人羡慕却做不到这么简单，幸福很简单，也很不容易。

目前很大一部分真人秀节目，为了营造节目效果，往往采用电视电影中的拍摄技巧，为节目嘉宾之间设置节目冲突和矛盾，又或者给两个嘉宾之间建立关系，也就是常说的"组CP"，这样一来会为节目增加一定的戏剧性和可观赏性。而《向往的生活》最大的特点在于减少剧本设置的矛盾和冲突，但是并不影响节目效果。节目通过不同的人物、不同的性格、不同的身份，让嘉宾之间自行互动，把嘉宾之间真实的一面表现出来，为观众传达出一种"真实"的节目效果和"自力更生、热情待客"的节目理念。《向往的生活》节目组用这档节目向繁忙的现代人勾画了一个美好的生活向往，为人们忙碌的生活增添了一抹"田园"色彩，在目前众多快节奏真人秀节目中可谓"清新脱俗"。

二、突显中国人的"人情味儿"

在中国，由于受传统文化的影响，对人际关系的思维模式和处理方式与欧美国家大不相同，节目中对这一点表现得尤为深刻。节目中，被邀请嘉宾大多是三位常驻嘉宾的圈内好友，这样一来，节目不用特意设定，在进行中自然而然地就把嘉宾之间的"人情化"的关系表现出来了。

所谓"人情化",是节目中三位常驻嘉宾与客人之间的温情关系,在生活互动中讲述他们之间的故事。主人做饭时,客人作为朋友会帮忙一起做,而互动之间会发生各种好玩的事情,于是通过各种对白、动作等细节,无意中就会把两人的关系展露出来。而且作为老友,叙旧是免不了的,所以每一期节目都会紧扣情感主题,比如,宋丹丹和巴图母子来蘑菇屋做客时,宋丹丹身为母亲虽然对儿子表面上很嫌弃,但其实观众们都能看出来她对儿子的爱;还有黄磊和学生们之间的师生情,黄磊谈到当老师的时候,海清作为他的学生,同老师相处跟朋友一样,不禁让观众对于他们的师生情感到羡慕;何炅和谢娜作为多年老搭档,生活中也是多年的朋友,他们之间的感情就像是哥哥和妹妹,节目中也可以看出两人多年的交情之深。节目中除了常驻嘉宾和客人之间的关系外,还有和其他人之间的故事,比如嘉宾们和当地超市的老板、五金店的老板、卖菜的阿姨等都成了好朋友,有时买东西还会给优惠……这一切都在向观众表达人与人之间和谐相处,以诚待人,别人也会以诚待你。作为观察类综艺节目,其核心是回归本真,节目想要为过惯了城市快节奏生活的人展示一幅美好的田园风光,荡涤人们的心灵,为人们展示田园乡村的魅力,给人一种不一样的观看体验。

韩国也有同样类似的观察类慢综艺节目,名为《三时三餐》,很多人认为这两个节目很像,但是两个节目的核心不同。《向往的生活》更多的是把重点放到常驻嘉宾与客人之间的互动上,把人情作为节目的重点。中国人对于"人情"比外国人要看重得多,所以处理"人情"关系是非常需要学习的,尤其是当代年轻人。节目中的各种为人处世之道让许多人感到受益匪浅,比如,海清回忆当年黄磊做老师时的教导,还有黄磊和孙红雷之间多年的友谊,以及李冰冰和任泉多年的"闺蜜"关系等。一方面观众看到了一些不知道的秘密,好奇心得到了满足;另一方面又能从明星们的人际交往中获得启发。

三、结合中国文化,弘扬中华民族传统美德

《向往的生活》节目准则规范有两条:一是"自力更生,自给自足,劳动才有收获",二是"对待客人要热情"。这两条分别对应着中华民族传统美德中的"勤劳节俭"和"热情待客"。比如,陈赫在节目中经常因为各种各样

的借口偷懒，大家就非常嫌弃他，更被黄磊开玩笑说是"废人"。后来陈赫主动去摘玉米换食材，为做"佛跳墙"这道菜出了很大一份力，终于获得大家的认可。中国传统文化中，有"勤劳节俭"和"敏行讷言"这两条，更有反对"好吃懒做"和"巧言令色"这样的价值观念，这些中华民族的传统文化也是非常具有借鉴性的。

节目中三位常驻嘉宾因为必须要尽可能地满足客人的愿望，所以收集食物原材料非常辛苦，所幸客人们都很体贴主人的劳动，许多嘴上说来"白吃白喝"的客人，来了以后不仅没有白吃白喝，还帮助主人们一起劳动，这样和谐的场景也让观众很有代入感。

第四部分：存在问题及改进建议

"金无足赤，人无完人。"成功的节目也会存在一些问题。比如节目内容略显单一，剧情设置过于简单，大致流程就是嘉宾先到蘑菇屋，常驻嘉宾做饭，晚上聊聊天，第二天嘉宾离开。节目中间所能展现的就是嘉宾们之间的交流与互动，但是撑起这么大一档综艺节目还是略显单薄。建议在节目中间添加些道具，或者在不影响"轻任务模式"的前提下，给嘉宾们设置些"小插曲"，这样会使节目效果更具有观赏性。

此外，该节目的广告植入太过生硬，蘑菇屋门口挂着某某广告的宣传牌，饮品一律用的是赞助商的某一种饮品，在节目进行中还不忘给赞助商做广告。其实节目中给赞助商打广告是一件很正常的事情，可是如果把广告打得太赤裸裸，导致观众的观看体验下降，颇有些画蛇添足的意思。建议节目组把广告的植入再委婉一些，广告牌尽量不要给特写，但是可以放在几个特定的比较显眼的镜头里，一来不会像特写镜头那样突兀，二来也可以顺应广告商的要求。

总的来说，《向往的生活》展现的是现代人习惯了快节奏的生活后，对慢生活的一种诉求。《向往的生活》是"慢综艺"节目中的成功典型。看惯"快综艺"的观众看完这档节目后会反思生活的真谛，并感悟人与人、人与自然的深层关系。节目中真正让人向往的生活就是自力更生，辛勤劳动，安心收获劳动所得。这一档非典型真人秀节目，不仅能够做到对生活的反思，还能承担起电视节目的娱乐意义和教育责任，是值得肯定和借鉴的。

视觉竞技类真人秀节目

《天桥骄子》

——感受时装界的云诡波谲

作者：王云东　曹斌贤　杨　璐

第一部分：节目概况

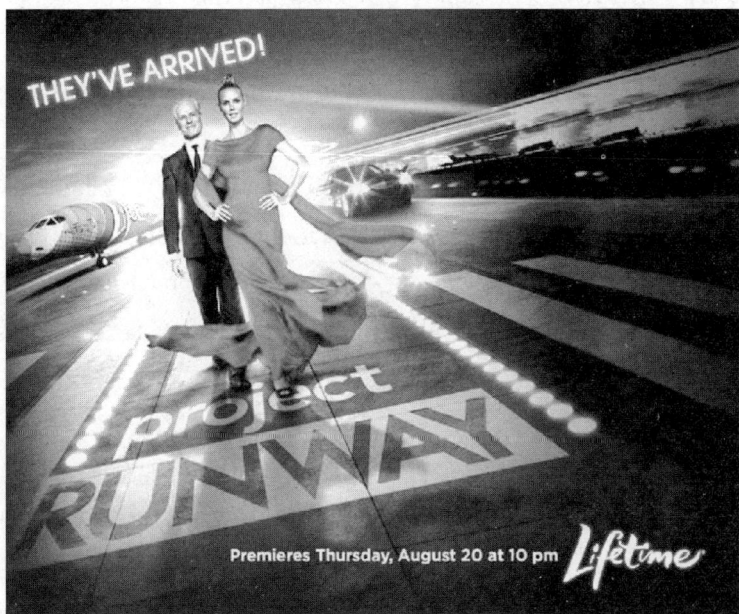

图1　节目海报

中文名称：天桥骄子（又名天桥风云）

英文名称：Project. Runway

发行时间：2008 年

地区：美国

频道：Lifetime

节目类型：选秀综艺节目/设计师真人秀

节目时长：60 分钟左右/集

《天桥骄子》是美国的一档高收视率的时装设计真人秀节目，为来自全球的服装设计师、服装设计爱好者提供了一个展示自己设计才华的平台。16 位设计师根据每期的任务要求设计时装作品，并由职业模特着装表演，评委会打分决定最终排名，每期淘汰 1 人。该节目节奏明快，语言犀利，璀璨夺目的时装秀、华美艳丽的时装，各设计师的个人性格展现，设计师间针锋相对的评点、尔虞我诈的心机，可以说是充满看点。从 2008 年至今，《天桥骄子》获艾美奖多次提名，最终问鼎美国文化成就奖。

该节目由超级模特海蒂·克鲁姆（Heidi Klum）主持，携手顶级服装设计师迈克尔·科斯（Michael Kors）以及时尚达人尼娜·加西亚（Nina Garcia）共同决定选手们的去留。而丽资·克莱本（Liz Claiborne）的首席设计师蒂姆·古恩（Tim Gunn）则在比赛过程中充当导师，协助各设计师完成创作。

一、版块设计

《天桥骄子》作为一个时装设计真人秀节目，每一集选手们都会接受导师们布置的不同任务和考验，在这些考验中，有为节目特定的人物设计衣服，也有为公司设计产品，也有为特定的主题设计服装，而在不断的考验中，评委会淘汰认为不合格的选手，最后会有 3 名选手进入终极决赛，为纽约时尚周设计一系列服装，最终由各评委给出最终结果。这些内容就是《天桥骄子》的版块，即在考验中进入决赛，在决赛中拔得头筹。而这个亮点也是该节目收视率居高不下的原因之一。

（一）选定16个选手（以第十二季为例）

表1　16位选手名单

Kate Pankoke	Justin Leblanc	Helen Castillo	Alexander Pope
Ken Laurence	Angela Bacskocky	Karen Batts	AlexandriaVon Bromssen
Bradon Mcdonald	Timothy Westbrook	Miranda Levy	Kahindo Mateene
Sandro Masmanidi	Dom Streater	Jeremy Brandrick	Sue Waller

图2　选手在T台首秀

（二）公布设计主题（以第十二季为例）

表2　第十二季设计主题

第1集	用降落伞制衣	第2集	设计与珠宝搭配的礼服
第3集	用玩具材料进行创作	第4集	领结挑战
第5集	以豪车为灵感进行设计	第6集	以豪华野营为灵感进行设计
第7集	以女鞋为灵感进行设计	第8集	设计时尚运动服
第9集	为现代南方女性进行设计	第10集	为粉丝进行设计
第11集	印花挑战	第12集	以蝴蝶为灵感进行设计
第13集	设计10套春季服饰	第14集	设计春季系列

图3　节目海报

（三）实际制作

根据设计主题，参赛选手进入特定制作场所完成设计作品。公开的设计场所，完整地将各自作品的设计全过程呈献给观众，从拿到制作材料开始，每位学员迅速地构思创作理念和思路，接下来便是紧张的制作过程，整个制作过程就像节目的直播现场。每位选手的材料一致，每次的比赛都不允许选手犯错，制作过程不仅考验着选手们对主题的理解和创意能力，还考验着选手们的动手能力。从构思到成品出现，选手们不仅是和其他选手比赛，更是和自己竞争。心态也是决定选手能否做出完美作品的重要因素，在制作过程中，选手们最初的设计理念可能会发生意想不到的变化，甚至有些选手在中途会产生放弃的念头，可想制作过程中的压力之大。

制作过程中，蒂姆·古恩会不时地出现在制作现场，观看各位选手的制作进度，必要时他会给予提醒或帮助，作为专业指导，他的意见会影响最终的评选结果，而且他手中有一次让选手起死回生的机会，如此一来，整个制作过程也是选手们和蒂姆·古恩的理念和创意思路碰撞的过程。

图4　节目评委

（四）作品展示

作品展示环节为节目最后的一个环节，将评选出本集全场最高分选手和被淘汰选手。评委和主持人在 T 台现场等待选手作品的出现，每位选手的作品依次展示，但为随机展示，评委和主持人都不知道作品的创作者是谁，作品展示环节评委现场给予分数，等全部设计作品展示完毕，一半的安全选手被点名安全离开现场，全场最高分选手和被淘汰的选手都在剩下的选手中产生，这些选手的作品将被评委们逐个讲评，并听取选手们的创意理念。每位选手详细介绍自己的设计作品时，评委们会针对疑点当场进行点评，最终得出分数，宣布全场最高分获得者，最后宣布被淘汰者，然后询问蒂姆·古恩是否使用起死回生权以留住被淘汰选手。

二、舞美设计

每期节目中，设计师们都会面临不同的任务考验，例如使用非传统衣质材料制作时装（如第三季中的制作材料是回收再利用的废弃物料，第一季和第五季中的制作材料是超市物品），为特定人物设计服装（如花式溜冰运动员萨莎·科恩、美国小姐泰娜·康纳），为成衣公司设计产品（如香蕉共和国和梅西百货），或针对特定主题设计服装（如鸡尾酒晚会）。面对每次的设计任务，设计师们会得到特定的预算以及时间限制，设计任务通常由单个设计师独立完成，但在一些特定主题的设计任务中需要小组合作完成。规定时间到后，设计师还需根据自己的设计理念，为自己的模特设计发型、化妆，以求完美展示自己的作品。模特登台表演完毕，主持人会宣布 6 位设计师留在舞台上，其中包括本期表现最好的和最坏的几名设计师。评委会了解各设计师的设计理念，最后选出 1 名胜出设计师和 1 名落败设计师，同时落败的设计师将会被淘汰。挑战结束后，3～4 位设计师进入决赛。进入决赛的设计师需要设计一系列时装作品，他们有 12 周的时间和 8000 美金的预算来完成创作，并在决赛那天举办的纽约时尚周上展出他们的作品。由专业评委会决定谁是胜出者，胜出者可获得 10 万美金的品牌创立基金、刊登《Marie Claire》时尚杂志（前五季是《ELLE》）以及参与知名设计公司的学徒计划。

三、人员设计

（一）主持人：海蒂·克鲁姆（Heidi Klum）

1998年，成功签约，成为"维多利亚的秘密"的专属模特之一。获第65届艾美奖最佳真人秀主持人。

（二）评委：尼娜·加西亚（Nina Garcia）、扎克·伯森（Zac Posen）

尼娜·加西亚为美国版《Marie Claire》杂志的时装总监，曾任美国版《ELLE》杂志的时装总监。

扎克·伯森为Zac Posen品牌的创建人，使其品牌稳定地进入到高档品牌行列。

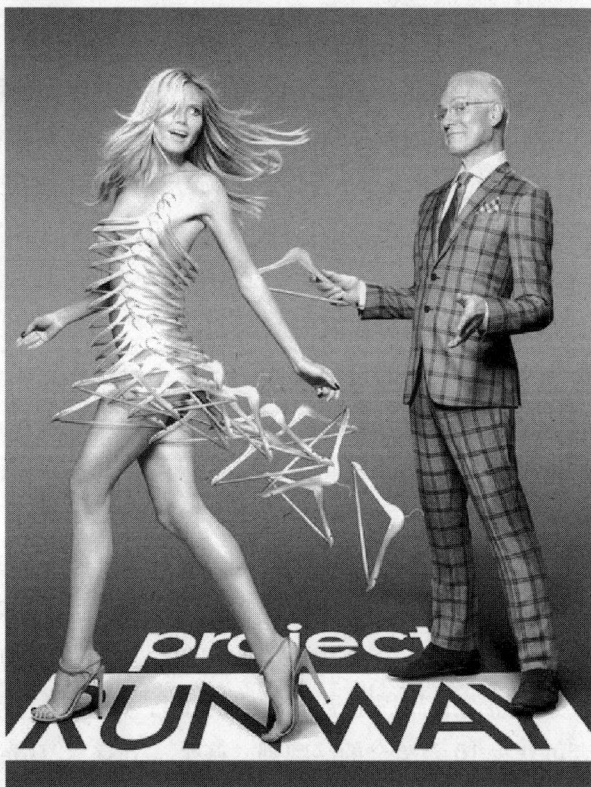

图5　节目评委海报

（三）顾问：蒂姆·古恩（Tim Gunn）

曾任纽约帕森设计学院时装设计系主任，2007 年成为全球知名多品牌公司利兹克莱伯恩的创意总监。《Advocate》杂志社喻他为"实境电视节目中头脑最清醒的人"。《娱乐周刊》称他为"时尚界的重量级仲裁者"。

（四）选手属性小结

表3　选手信息

姓名	年龄	职业	国籍
Kate Pankoke	24	设计师	美国
Justin Leblanc	27	建筑师	美国
Helen Castillo	25	设计师	美国
Alexander Pope	38	设计师	美国
Ken Laurence	24	设计师	美国
Angela Bacskocky	33	摇滚音乐人	美国
Karen Batts	29	设计师	美国
AlexandriaVon Bromssen	38	模特	瑞典
Bradon Mcdonald	38	现代职业舞者	美国
Timothy Westbrook	24	设计师	美国
Miranda Levy	29	军队机修工	美国
Kahindo Mateene	34	设计师	美国
Sandro Masmanidi	28	设计师	俄罗斯
Dom Streater	24	设计师	美国
Jeremy Brandrick	41	设计师	美国
Sue Waller	45	设计师	美国

《天桥骄子》在选手设计上较为重视。首先在职业选择上，《天桥骄子》遵循为平民设计师或者爱好设计的人提供舞台的原则，为让他们近距离接触时尚设计的前沿创作团队，选择了不同行业的选手参赛，有模特、专业舞蹈演员、军队修理员等。选择不同职业的选手参赛，说明《天桥骄子》本着开

图6　设计师们的服装被展现在 T 台上

放包容的心态，同时不同职业的选手对设计的理解各不相同，能够较多地碰撞出创意的火花，为服装设计领域带来更多的创作方向和创意思路。

　　另一方面，《天桥骄子》在选手的年龄和国籍方面也相当包容。不同国籍的选手参加比赛说明节目组着眼于国际化的眼光制作节目，同时也是在不断吸收不同国家设计师的创作精华。不同年龄段的人对时尚的理解各有不同，时尚不应该被年龄限制，在选手选择上，《天桥骄子》选择不同年龄段的选手参加不仅是为了展示不同年龄段的设计师的不同创作风格，还有一层隐含意义：年龄较大的设计师们普遍较为谦卑，与竞争对手的相处方式更值得年轻设计师学习。

第二部分：节目成功因素分析

一、冲突明显，故事性强

相对于平铺直叙，人们更喜欢听故事，更何况对于电视这种视听的媒体来说，故事的可看性是电视节目成功的一大要素，这一点在美国的电视节目中尤其明显，无论是真人秀节目、综艺节目、游戏类节目抑或是少儿节目，都少不了用讲故事的表现手法体现节目的内容，而且故事一定少不了冲突，冲突才是促进故事发展的决定性因素，这种特点运用于电视的视听效果，必然会增加节目的可看性，其中《天桥骄子》故事化的表现手法就是节目的一大看点。

（一）差异产生冲突，冲突彰显个性

在《天桥骄子》第十三季中，选手本身的差异明显，在国别上，除了美国人之外，还有印度、俄罗斯和欧洲国家的人；选手在年龄上跨度也较大，从20多岁到40岁都有；在个人经历方面，有的已经在业界小有成就，有的是因为热爱服装设计而自学成才，有的是在校学生，职业分布差异较大。这种不同国度、不同文化、不同经历的人聚在一起本身就会产生巨大的冲突，更何况这些选手们要在比赛规则和时间的限制下完成命题作品，环境有限、时间有限，这些都将成为选手们的障碍，更增加了冲突的可能性。比如第十二季第十一期最后 Korina 和 Charketa 的加时赛中，Korina 想要胜利的心态特别急切，当评委问她为什么要选用这么硬的布料时，她甚至急哭了，她认为已经找不到比现在这个更柔软的布料了，她说不想因为这一步就离开比赛，除了服装设计她不知道能干什么，她把所有的希望都寄托在服装设计和这场比赛，但是结果是残酷的，她依然被淘汰，Charketa 成功晋级，Korina 回到演播室后十分不高兴，甚至对 Charketa 表现出不满，她觉得 Charketa 没有资格和她竞争。Charketa 认为："你生气不应该都撒在我身上，又不是我的问题。"其实这么一小段简短的对话真实地反映了人在失败后的情绪，这是每个人都会有的正常反应，但是《天桥骄子》擅长把这种真实的内心表现在镜头下，给观众更强烈的真实感，同时突出选手的个性。不仅如此，在下一阶段的比赛中，节目组又故意把 Korina 和 Charketa 分在一组进行合作，更增强了选手之间的团结和协作。

图7　设计师们在 T 台上展现自己的服装

（二）故事诠释节目

任何节目都是人的表现，人是节目的中心和看点。《天桥骄子》完美地将选手们和周围环境、选手内心以及选手之间的相处过程经过镜头予以呈现。每一集选手们都会遇到不同的创作环境、不同的创作材料：或许是一堆杂乱的玩具，或许是几个破旧的沙发，这些都可能成为制作服装的材料，选手们要在固定的环境、固定的时间进行任务，这对选手来说无疑增加了很多限制，也必然会产生故事性的戏剧效果。在比赛的过程中，选手面对内心的选择也是故事化效果的完美体现，如在比赛中评委可能不喜欢这种设计风格，但是选手会改变风格还是坚持自己；在遇到困难的时候是继续坚持自己的设计梦还是选择中途放弃，这些都是选手在比赛过程中所面临的内心挣扎，而且这种内心活动都被呈现在镜头前，使观众感受到选手的真实内心。最后值得一提的是选手和选手之间的微妙关系，比赛之前大家可能是朋友，但是比赛的时候可能变成对手，比赛之后甚至会起内讧，发生争吵，所有这些情感的变化都来自于选手内心渴望胜利的决心，加上节目规则的限定，必然会在一个封闭的环境下展现复杂的人际关系，这对于观众来说也是充满吸引力的。

二、主持人、评委、选手共同打造看点

在《天桥骄子》节目中，海蒂·克鲁姆既是主持人，也是评委，同时也是美国时尚界中光彩夺目的明星，她从节目开播到完结，共主持了 10 年，是节目的标志性人物。她是一位超级名模，同时也是"维多利亚的秘密"的代言人及形象设计师。

蒂姆·古恩是《天桥骄子》的专业顾问，是主持人与选手之间的沟通者，是选手的"好朋友"，他会在比赛中途为选手们提出一些专业的指导和建议，为节目增添了更多的专业性。除此之外，他还有另外两个身份，分别为演员和制片人。常驻嘉宾尼娜·加西亚是《Marie Claire》杂志的时装总监，对时装有着自己独特的见解和批判，是服装潮流界的领军人物。迈克尔·科斯是美国著名的服装设计师，是服装设计界的佼佼者，对选手的批评更是直言不讳，一针见血。同时他拥有以自己名字命名的服装品牌，是一位极简主义者。由此可见，主持人和评委的多重身份，以及他们在该领域的地位，让节目有了很强的亮点，是节目成功的重要因素之一。

三、节目商业化营销

《天桥骄子》成功的商业植入也是节目的一大亮点。这种时尚类的节目必然要有引领时尚流行界的品牌才能凸显节目和品牌的价值，《天桥骄子》的固定赞助商是巴黎欧莱雅和 Belk，但是节目对品牌的植入并不像中国节目那样由主持人播报"感谢某某某品牌提供的赞助"，而是通过模特们在欧莱雅化妆室化妆，由专业欧莱雅化妆师为模特们化妆，镜头扫过带有欧莱雅标示的化妆品等，自然而然地植入品牌，使其深入观众内心。Belk 品牌的配饰几乎在每一集的模特走秀中都会呈现，而且在选手们的精心设计下更加突出了产品的特性。

《天桥骄子》大获成功后，在 2009 年推出衍生节目《时尚天桥》，展示《天桥骄子》中模特们参与节目竞争的场景，展现后台的另一种景象，带给观众新鲜感；随后又制作了《天桥风云全明星》，将节目中未获得冠军的选手聚

图8 设计师们的海报

集在一起，也获得了观众的一致好评，这不仅提升了节目的收视率和知名度，更扩大了节目的影响力。而且在《天桥骄子》收视率节节攀升时，主持人海蒂·克鲁姆也迅速成为家喻户晓的知名模特和主持人，并联合服装设计师推出自己的时装和童装品牌，一时间服装品牌大卖，海蒂·克鲁姆也成了行业内的权威。

第三部分：可借鉴性

一、看点来源于冲突

（一）内容充实，时间有限

从《天桥骄子》节目的演出节奏来看，60分钟要清楚地展现十几位选手的特色和设计理念，并且选出全场最佳设计师和被淘汰设计师，绝非易事。节目演出内容和演出时间的冲突，使节目的节奏相对较快，而正是因为节奏快才能调动起比赛的紧张气氛，整个节目都像是直播现场，无时无刻不在赶时间，从选手出场的简洁介绍到公布设计主题，都做到了简洁直接。节奏上的增快将观众的注意力都集中在各位选手的设计作品制作过程中，使观众不会产生疲劳感。对比国内类似的节目《魔法天裁》，《天桥骄子》的播出时间为 60 分钟左右，设计师们的制作过程约为 35 分钟，而《魔法天裁》的播出时间为 45 分钟，展示设计师制作过程的时间约为 15 分钟。两者对比可以看出，《天桥骄子》更多地关注设计师们的制作过程，包括从创意思路的产生到实际制作的全过程。《魔法天裁》在评委点评阶段相对《天桥骄子》所用时间较长，评委点评时间长不仅拖慢了节目播出的节奏，而且在这种专业比赛中，加入过多的评委感性的点评时间会使节目的专业性降低。

《天桥骄子》要将十几位参赛选手的参赛过程完整地记录下来难度较大，而且如何使观众在不疲惫的情况下看完节目更为重要，因为节目展示每个选手的设计作品的流程都一样，观众难免会有疲惫之感，减少不必要的评论并加快节目节奏，会产生较强的参与感，吸引观众的持续关注，这也是《天桥骄子》能得到持续关注的重要因素之一。

图 9　模特在 T 台上大秀光彩

（二）选手冲突不断

《天桥骄子》另一个冲突发生在选手中，节目在选手选择方面较为聪明，首先是不同年龄的选手，不同年龄的选手看待问题的角度各不相同，甚至相差悬殊，特别是在与其他选手的相处过程中，年轻选手锋芒毕露，不断攻击与自己设计观念不同的选手，年龄相对大些的设计师则选择沉默或是保持谦卑的态度，这也是节目的一大看点。《天桥骄子》带给观众的不仅是时尚设计观念的魅力，还有与他人相处的哲学道理。每一季节目中总会有几个选手的独特表现在网络上引起观众们的口水战，节目中选手鲜明、直率的个性甚至有些另类的言行也为节目不断创造出讨论话题。

选择不同国家的选手参加比赛，不仅是出于节目国际化的需要和目的，而且因成长环境的不同，所受的文化熏陶不一样，不同国家的选手对时尚的理解亦各有不同，在设计作品的过程中的设计理念冲突为节目带来了较多看点。此外，在选手选择上，节目选择不同职业的选手参加更是大胆的做法，不同职业背景的选手对于时尚的理解自然会和自己过往的工作领域相关，其理解的时尚更是相差甚远，但往往其他职业的选手却给人惊喜不断，这也和《天桥骄子》寻找平民设计师的宣传理念相符。

观众喜欢看节目的冲突，归根到底是看节目中发生在选手和选手之间的故事，抛开每个选手的设计理念和设计能力不讲，每个选手的性格和个性都是节目的看点，观众喜欢或是不喜欢某个选手都是话题讨论的来源，更是节目的主要看点。

二、深耕品牌内涵

（一）强势合作，品牌齐用力

从包装营销方面讲，《天桥骄子》无疑是各大品牌齐聚、集中发力宣传的典型。节目包装和营销不再是节目方独自承担的义务和责任，各个品牌争相尽力宣传，才成就了《天桥骄子》的成功。节目与各大品牌的合作，并不是简单的合作赞助关系，其中如何将品牌信息完美地融合到节目中是《天桥骄子》的过人之处。作为专业的时尚类节目，在宣传或是展现品牌信息时应理性且真实。从品牌数量上讲，《天桥骄子》涵盖的品牌领域较广，即使选手的住宿也是展示品牌信息的大好时机。

　　与节目合作的品牌包括：美国杂志《Marie Claire》，其对服装的理解和诠释，在时尚界是公认的先驱，1937 年其在法国创刊，至今已在世界各地发行 24 个版本，是高档女性杂志的标杆，它的出现几乎点亮了全球女性的心灵；欧莱雅是世界上最大的化妆品公司，涉及 130 多个国家和地区，283 家分公司，品牌产业链广泛，席卷全球；惠普是全球最大的科技企业之一，专注于

图 10　节目海报

打印、计算机和数码影像等，节目中设计师的设计稿、图纸等都出自于此；Mood 是花样面料的最佳购物地，是时装面料最为丰富的店铺之一，选手在比赛中所用的材料大部分都是在这里购买的；Piperlime 网上商城从属于三大世界年轻消费品牌之一的 "GAP" 旗下，比赛中的鞋子都是由 Piperlime 提供的。以上品牌的强势加入与发力宣传，使《天桥骄子》在营销宣传和包装上轻而易举地在真人秀节目中突围。

（二）专业合作，实现共赢

《天桥骄子》虽然被称为平民设计师的舞台，但是从其评委级别和赞助公司的影响力来看，其专业性也获得了服装时尚界的较大认可。

首先是评委的高号召力使节目的专业性凸显，尼娜·加西亚是美国版《Marie Claire》杂志的时装总监，曾任美国版《ELLE》杂志的时装总监；海蒂·克鲁姆是时尚界一颗璀璨的明星，她从节目开播到完结，共主持了 10 年，是节目的标志性人物，她是一位超级名模，同时也是 "维多利亚的秘密" 的代言人及形象设计师，第 65 届艾美奖最佳真人秀主持人；蒂姆·古恩曾任纽约帕森设计学院时装设计系主任，2007 年成为全球知名多品牌公司利兹克莱伯恩的创意总监，《Advocate》杂志社喻他为 "实境电视节目中头脑最清醒的人"，《娱乐周刊》称他为 "时尚界的重量级仲裁者"。

此外《天桥骄子》被称为是 "杂志搞电视" 的奇迹案例，《天桥骄子》的成功可以说是《ELLE》的成功，其品牌的相关产品定位和《天桥骄子》的节目定位十分相近，锁定的受众群体大多为时尚女性。《ELLE》创刊于 1945 年，在世界 36 国发行，有 70 个国际版本，拥有逾 2000 万的忠实粉丝，彰显了法国桦榭集团的雄厚实力，其已成为世界时尚品牌界的璀璨之星。1988 年，《ELLE》进驻中国。强大的读者基础和品牌优势使《天桥骄子》的成功成为必然。

第四部分：存在的问题

一、评委主观性太强相对削弱公平性

因为《天桥骄子》节目独特的魅力，吸引了许多业界精英前来参赛，但是评委之间对于选手作品的判断标准不一造成意见不合，而最终的决定权掌握在评委手里，导致评选出的作品可能会跟电视机前的观众以及业内评价产生差别，也在一定程度上影响了受众对节目公平性的评价。而如何平衡选秀节目的公平性，既挖掘到人才，又迎合受众，不被业界诟病，是业内导演和编剧需要考虑的问题。

二、选手素质参差不齐影响节目收视率

该节目在网络上的评价一季不如一季，业界和观众都对新一季的节目充满期待，但往往会有落差感。很大一方面的原因是受众在节目里看到的选手与心目中的对象落差很大。在节目中，设计师选手们的强烈自我意识，有待提升的行业水平，还有缺乏团队意识等，都是观众们对该节目吐槽的槽点，观众的心情也被选手们的负面情绪所影响，在一定程度上影响了收视率。

《特效化妆师大对决》第一季

——一场科幻的视觉盛宴

作者：李 倩 杨 璐

第一部分：节目概况

图1 节目海报

中文名称：特效化妆师大对决

英文名称：Face Off

首播时间：2011 年 1 月 26 日

地区：美国

拍摄地点：美国加利福尼亚州洛杉矶

频道：Syfy 电视台

在线播放平台：PPTV

播出时间：每周三播出及更新

导演：Michael Agbabian

主持人：McKenzie Westmore

主要嘉宾：Ve Neill，Glenn Hetrick，Patrick Tatopoulus

节目类型：剧情/舞台艺术/真人秀

节目时长：45 分钟/集

节目期数：共 8 期

播出状态：已完结（2011 年 3 月 16 日）

  《特效化妆师大对决》是美国一部真人秀节目，节目在主打科幻的 Syfy 电视台播放，每期节目 45 分钟，第一季共 8 期。节目选出了 12 位身怀绝技的特效化妆师齐聚洛杉矶，他们通过比赛，竞争世界顶尖精英宝座。每周选手们必须在指定的时间内完成不同主题的挑战赛——在模特身上制作科幻和恐怖电影中的人体特效。内容主要包含基础挑战赛和聚光灯挑战赛。基础挑战赛的赢家可以获得聚光灯挑战的优势：豁免权、优先限制模特等，每期选出一名周冠军并淘汰一名选手。最终的优胜者获得 10 万美元奖金，一整年用量的 Alcone 品牌提供的免费化妆品。因奖品丰厚，以及业界对该节目的肯定，吸引了很多特效化妆师前来参加。

  《特效化妆师大对决》第一季一经播出就引起热议。其最大的亮点在于突破传统真人秀节目的题材，利用化妆这一特殊职业，带给观众不一样的视觉感受。节目针对每周一期的比赛进行纪实拍摄，不仅彰显了紧张气氛也将选手间的冲突和内心恐慌最大化。赛制包含个人比赛和组队比赛，不仅考验选手们的化妆技术，也充分考验了选手们的团队意识。截至 2017 年，节目已经播出到第十三季，吸引了一批忠实的观众，至今收视率都居高不下。

一、版块设计

《特效化妆师大对决》在节目版块的设计上非常清晰，分为"前情回顾""本期看点""评委赛制介绍""本期主题""比赛的要求"以及"选手创作环节"和最后的"作品呈现阐述以及淘汰环节"。

结构是一系列节目要素之间的组织形态，是组成整体的各部分的搭配、衔接和安排。[①] 从主持人宣布每期比赛主题及规则，到选手制模定妆并上色，再到最终聚光灯前的阐述成为《特效化妆师大对决》节目中的核心情节。从结构上讲，节目详细记录了比赛的全过程，无论是选手间的合作，制作特效的过程，还是选手在别墅内大发牢骚，都被摄制组全程记录下来。节目就是比赛的过程，比赛情节被放大化，而聚光灯挑战赛成为每期节目的结局。

（一）开篇部分

每期节目的片头前30秒会回顾上期节目的精彩内容并用25秒的时间引出本期看点，35秒的时间介绍评委及赛制，最后35秒的时间介绍12名选手，并呈献节目名称。开篇部分一共2分零5秒，迎合了《特效师大对决》第一季的节目风格，主要以主持人的介绍作为贯穿整个开篇的旁白，采用的是快节奏的剪辑手法，配上紧张的背景音乐，在最短的时间展现出更多的画面内容，营造了紧张激烈的比赛氛围，使得观众期待本期的精彩内容。

（二）节目正片

节目的第二个部分为正片，真正开始展示选手们的精彩角逐。这个部分又由四个小部分组成。

1. 选手们对上期节目的看法。该部分内容主要是通过选手的采访以及选手自由交谈画面穿插剪辑来展现。节目开始时展现的是选手们在自己的公寓中闲聊的场景，选手们相互谈论对上期比赛和自己的状态的看法，而在闲聊中就可以充分体现出选手们之间的矛盾和各自的性格。在闲聊中瞬间进入正题，节目气氛也从舒缓一下提升为紧张。

2. 主持人介绍本期创作的主题，介绍特邀嘉宾，提出创作要求。每期节

图2　选手交谈

目的创作主题都不同，选手们会进行两个比赛，一个是"基础比赛"，通过很简单的一个命题进行即兴创作，胜出的选手可以获得在本期最终比赛也就是聚光灯比赛中的福利和优势（例如淘汰豁免权、优先挑选模特等）；另外一个是"聚光灯比赛"，也就是每期节目的最终比赛，这是节目的主干部分，在这轮比赛中，主持人和嘉宾评委会给出主要的创作主题让选手进行创作，并且提出本期主题创作的要求，每期节目还会根据相应的主题请来这个主题业界行家作为特邀嘉宾对选手的成果进行点评。

图3　选手即兴创作

第一季第一期节目中，选手们在一个酒店大厅进行了第一次碰面，在介绍完比赛规则后主持人和评委给出了第一次"基础赛"的主题，即给模特即兴制作一个原创的脸部妆容，要求是必须将酒店现场的任何一样东西作为道具融入作品当中，设计必须具有原创性，能看到良好的涂抹和绘画技术，时间限制为两个小时。最终由评委点评选出基础赛获胜者，获得聚光灯赛淘汰豁免权。

第一季第一期"聚光灯赛"中，选手们进入节目组精心准备的工作间，这里有提供选手们制作特效所需的所有器材和材料。在第一期这个环节中，主持人将三种动物带入了现场，分别是黑甲虫、鸵鸟和大象，选手们被分成两组，组合成员随机安排，每组选择一种动物将之加入自己的设计，然后通过架子上的石膏头像选出自己的模特，在有效的时间内将动物元素和模特相结合，完成特效化妆。对选手来说，这不仅考验各自的创作能力，也考验团队合作能力，而用实物来介绍比赛规则不仅加大了节目的可看度，也可以使选手们更加形象地体会需要融入的设计元素。

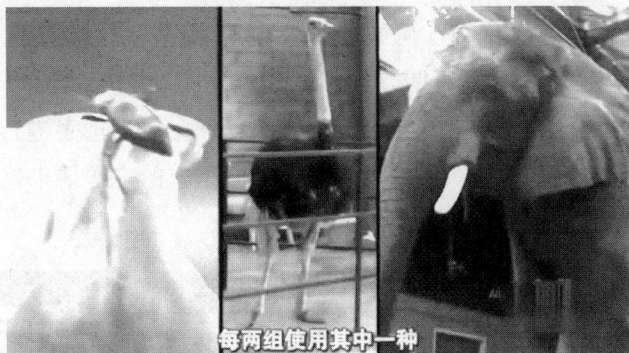

图4　选手制作元素选择

3. 选手们创作过程的呈现。创作过程可以说是整个节目最核心的部分，选手们在接受主题任务要求后，回到各自的工作台开始进行创作。这个部分的版块设计有两个看点：一方面整个特效制作完成的过程，满足了观众的好奇心理——在这么短的时间内，选手运用什么材料、什么手段，设计出什么作品。这种过程一般在生活中很难看见，搬到节目当中则满足了观众对特效化妆师这一行业的好奇以及整个特效化妆制作过程的一种视觉和心理享受。另一方面如果是个人赛，对个人能力的考验是非常严格的，一个人完成一个主题任务，考验了选手全方位的能力；如果是分组合作，选手们将在有效的时间内共同完成一部作品，但12名选手来自不同的地方，有着不同的职业和背景，性格各不相同，化妆技术参差不齐，而将这 12 个具有"差异性"的选手随机组合完成一项作品势必会有矛盾产生，有了矛盾和冲突整个节目也就更加精彩。作为一名特效化妆师不仅要有精良的特效化妆技术和创新能力，更重要的是讲求团队合作的精神。

4. 呈现作品，评委选出淘汰选手。"呈现作品"环节是观众最期待的部分也是节目最后的版块，各位选手将在聚光灯下展现出自己最后的成品，并对作品进行阐述。评委仔细考察作品，最后选出最差和最好的作品参赛者留在舞台进行点评，评选出本期最优秀的作品参赛者，并提出对这期节目哪位选手将被淘汰的想法。

这个版块可以说是令人期待和扣人心弦的，因为观众所期待的最终设计将被展现出来，而评委的专业点评也是很精彩的一部分，观众看的只是整个设计的外表，而评委的专业点评会让观众看到"门道"，也能进一步了解特效化妆师这一行业的专业知识。

整个节目的版块设计抓住了观众的心理，循序渐进地展现出整个比赛流程以及人物之间的矛盾冲突，快节奏的配乐和剪辑，不但使整个节目非常饱满不拖沓，而且营造出了比赛的紧张氛围。呈现作品环节让观众大饱眼福，评委的点评更是锦上添花，使整个节目变得更加专业化也更为丰富。最后的选手淘汰环节并没有过度的煽情和渲染，让整个节目的核心始终保持在特效化妆和选手之间的冲突这个点上。

二、舞美设计

《特效化妆师大对决》第一季的舞台贴合节目的各大板块而打造，接下来主要分为三个部分具体进行分析。

（一）选手公寓

节目的开篇都是由选手们在公寓的闲谈开始切入紧张的比赛中。这里是 12 名选手住宿的地方，色调和环境的布置都很温馨，但是这不是节目的主要部分，所以不作赘述。

（二）特效化妆实验室

在《特效化妆师大对决》中最重要的一个部分，就是选手们制作特效的

图5　选手公寓

化妆实验室。在这个实验室中，每个选手都有自己的工作台，有木工房，还有选手们能用到的特效化妆设备和材料。这里是整期节目完成作品的场地，室内多采用白色吊灯和灰色的陈列，简洁明亮，但是冷色调也衬托出了比赛的残酷。12名选手将在这里完成每期比赛的特效人物，或个人或分组，面对每一场任务都必须保持冷静的状态，简单开阔的室内舞台设计，让选手们可以精神更集中地去完成自己的作品。

图6　特效化妆实验室

（三）聚光灯淘汰舞台

这是节目的最后一个环节，这个环节在一个正方形的舞台上进行，聚光灯下是选手作品的展示台，后方的大银幕会根据每期主题的不同而选择不同

图 7 聚光灯淘汰舞台

的背景，展示台的正对面是评委台，中间是选手接受点评站立的圆形站台，而等待点评的选手则站在舞台的侧面。除了聚光灯以外，多采用蓝色和红色背景灯，整个舞台显得比较暗，展现了最后作品环节的神秘感以及比赛的紧张感。

三、人员设计

（一）评委设计

节目中的评委都是世界顶尖的影视特效设计师和化妆师，分为固定评委和特邀嘉宾。

1. 固定评委。

表 1 固定评委信息

固定评委	个人简介	代表作品
 传奇化妆师 Ve Neill	中文译名：维·尼尔 职业：特技化妆师 8 次获得奥斯卡提名，3 次获得奥斯卡金像奖。	《剪刀手爱德华》《阴间大法师》《蝙蝠侠归来》《窈窕奶爸》和《加勒比海盗》系列

续表

固定评委	个人简介	代表作品
尖端化妆特效师 Glenn Hetrick	中文译名：格伦·赫特雷克 职业：化妆师/演员	《吸血鬼猎人巴菲》《饥饿游戏》《X 档案》《致命魔术》《基督再临》《英雄》《犯罪现场调查：纽约》
视效生物设计师 Patrick Tatopoulos	中文译名：帕特里克·塔特普洛斯 职业：导演/视觉创作设计师	《独立日》《哥斯拉》《星际之门》《机械公敌》《黑夜传说前传：狼族再起》

2. 特邀嘉宾。第一季中，根据每期不同的主题会邀请与这个主题密切相关的专业领域的特效化妆师，增加了节目选拔的专业性。

表2　特邀嘉宾信息

期数	主题	特邀嘉宾	作品/简介
第一期	"欢迎来到丛林"	Glenn Hetrick	《吸血鬼猎人巴菲》《饥饿游戏》《X 档案》《致命魔术》《基督再临》《英雄》《犯罪现场调查：纽约》
第二期	"裸体的野心"	基础挑战赛：Thomas Pendelton	世界知名文身艺术家
		聚光灯挑战赛：Filippo Ioco	世界顶级裸体彩绘艺术家

续表

期数	主题	特邀嘉宾	作品/简介
第三期	"外星生物"	聚光灯挑战赛：Michael Westmore	主持人 Mckenzie 的父亲，是名作《星际迷航》的幕后化妆师
第四期	"坏到骨子里"	聚光灯挑战赛：Sean S. Cunningham	《黑色星期五》《在地心拦截》《佛莱迪大战杰森》《新小子》《魔屋》
第五期	"男女互换"	基础挑战赛：Steve la Porte	业内毛发化妆大师，曾凭《阴间大法师》获得奥斯卡奖，曾任《迷失》梳化总监，并参与众多好莱坞大片制作
第六期	"舞蹈僵尸"	聚光灯挑战赛：Greg Nicotero	美国制作人、导演，代表作品《行尸走肉》，担任《詹妮弗的肉体》《死人海》《死神来了4》的化妆师

（二）选手设计

节目一共选出了 12 位不同年龄、不同性格、不同地方的特效化妆师。

表3 选手信息

姓名	年龄	家乡	职业
Kayla "Jo" Holland	21	希洛，夏威夷	特效化妆学校毕业生
Marcel Banks	24	塔科马，华盛顿	职业特效化妆师
Megan Areford	24	匹兹堡，宾夕法尼亚州	职业特效化妆师
Jessica Kramer	26	斯科特代尔，宾夕法尼亚州	美妆特效化妆师
Gage Hubbard	26	威拉德，犹他州	职业特效化妆师
Tom Devlin	29	东斯特劳兹堡，宾夕法尼亚州	怪物特效化妆师

姓名	年龄	家乡	职业
Sergio Guerra	31	圣安东尼奥市，德克萨斯州	自由特效化妆师
Tate Steinsiek	31	布鲁克林，纽约	职业特效化妆师
Frank Ippolito	32	克利夫兰，俄亥俄州	自由职业化妆师
Samantha "Sam" Cobb	32	迪凯特，佐治亚州	职业特效化妆师
Anthony Pepe	35	皇后区，纽约	职业美妆、特效化妆师
Conor McCullaugh	40	奥兰多，佛罗里达州	职业特效化妆师

（三）节目主持人

Mckenzie 在特效化妆方面有很深的家族渊源，其曾祖父 George 一辈时，Westmore 家族为当时的影视化妆设立标杆，是该领域的先驱。其父亲 Michael Westmore 是名作《星际迷航》的幕后化妆师。Westmore 家族先后参与 2000 多部影视剧作，2008 年因其特殊的贡献在好莱坞星光大道留名。Mckenzie 自 3 岁登台，先后在《星际迷航》《愤怒的公牛》等知名影视剧中出演小角色，之后成了一名真人秀主持人，曾获得艾美奖提名。

图 8　节目主持人 Mckenzie

第二部分：节目成功因素分析

一、非传统的真人秀题材

《特效化妆师大对决》突破了传统真人秀节目的题材，以其独特的节目内容让观众印象深刻。节目充分展现了美国特效文化的优势，将这一行业展现在观众面前。由于人们很少接触到这个行业的真正制作流程，因而将其搬上银幕不管是心理的好奇还是视觉的满足都迎合了一部分大众的口味，也将特效化妆师这一行业推广了出去。此外节目的主题从偏向科幻的半机械人、外星人，到偏幻想类的僵尸、半人半兽的混合生物，每一季的内容都让人应接不暇。

节目内容审美趣味多变，可重口，如制作血淋淋的行尸走肉；可趣味，如做出蒂姆波顿风格的忧郁门房小哥；可做出美到令人窒息的美妆；也可以做出令人作呕的怪兽。最特别的是，特效化妆可以涵盖绘画、雕塑、戏剧、舞蹈、电影等艺术门类，在给节目选手提供发挥空间以外，也可以带领观众们得到美的体验。

图9 经过特效化妆师化妆后的模特

二、扣人心弦的节目内容

电视真人秀的好与坏是由收视率体现的，而要提升收视率，就必须充满各种戏剧性元素，因而就是要充满冲突与悬念，让选手在困境中做出选择。

《特效化妆师大对决》节目具备了强烈的对抗性和戏剧化色彩，比赛过程的呈现是整个节目的核心内容，不管是个人战还是团队合作，每一期节目中，选手们参加比赛的过程，必然将出现困难和冲突，具体而言，其中包含选手与环境的冲突、选手之间的冲突以及选手的内心冲突三部分。

选手与环境的冲突在第二季第四集的基础挑战赛中得到了充分的体现。在该集中选手被半夜叫醒来到废弃医院并被要求根据提示寻找作品灵感，这给选手们带了一定的挑战性，选手们必须要战胜内心恐慌才能思考作品。

选手之间的冲突是节目最大的看点，而选手间的冲突是显而易见的。比赛中很多情况下是组队完成的，两人间的合作关系决定着他们的成品的好坏。选手的性格、理念、欲望都是不同的，他们之间有对抗，也有合作。第一季第一集中，Corner 与 Tom 定稿时因理念不同出现了分歧。第三集中，Megan 对 Corner 的特殊感情影响了 Jo 与 Corner 的合作，导致两个女选手的关系进入紧张阶段。在第二季中，冲突元素被多次利用。Beki 因为与 Brea 组队获胜而被其夺取功劳产生矛盾，之后影响到其他选手。在第八集聚光灯挑战赛中，Beki 的淘汰让其他选手开始质疑 Sue 的留下，而 Matt 和 Sue 也逐渐成为二人小团体。

选手的内心冲突是指他们如何顺利解决难题，如被人挑走了自己擅长的选题而被迫进行新的创造，这就是新挑战。内心的冲突往往比选手间的冲突更难克服，所以选手的一系列动作就是他们的选择，他们必须克服自身的弱点，在极端情况下突破自我，才能获得胜利。

悬念在真人秀节目中是必然存在的元素。每一次比赛的开始，最先出现的往往是参考物与场景，让观众和选手摸不着头脑，直到主持人告诉选手任务后，才明确主题。这就是利用悬念引起观众兴趣。第二季第三集中，因为 Brea 的模特身体不适而需要中途更换，其实早在节目中间，Brea 就先询问了模特的身体情况，而其他选手也发现模特异样，直到模特倒下，悬念才解开，出现困境，等待选手去解决。

叙事的巧妙往往就在于此，在顺境中逆转出现困境，让观众永远处于一种兴奋的期待状态。选手如何解决难题，脱离困境，这就是真人秀节目带给观众最大的乐趣。而悬念就是为了让冲突来得更突然，让冲突矛盾更刺激。

三、精心的人员设计

人是真人秀节目中所关心的主题，展现人的行为、性格、心态，关注人的命运、追求，让观众在看节目的过程中，被打动感染，从中学习到新鲜知识，这就是真人秀节目最主要的目的。

《特效化妆师大对决》的人物主要包含三类，分别是选手、评委、主持人。

参赛选手是节目的核心人物。他们在真人秀中的行为表现与日常生活中完全不同，因为他们处于一种高密度的工作中，思维根据比赛要求在不停运转。参加真人秀的选手一般都是从众多报名者之中精心挑选出来的，可以说他们是社会大群体中的缩影。12 名选手来自不同的地方，存在着年龄、性格以及专业技能上的差异，然而作为特效化妆师是要讲究团队合作的，在比赛过程中他们将组成不同的团队共同完成同一个作品。那么 12 名选手之间的差异性就会使得节目更加充满各种戏剧性元素，真人秀的戏剧性增加，冲突与悬念也就会增强。让选手们在各种困境中做出不同的选择，如何在整个比赛中完成好的作品的同时，很好地把握每一次与同伴的合作也是对选手们的一种考验，因此选手的个性是节目成功最大的原因之一。

在评委的选择上，节目选择了业内最专业的人士，他们都有观众耳熟能详的代表作品。这不仅吸引了更多观众的关注，也大大地提高了节目比赛的专业性与权威性，可以吸引更多的专业特效化妆人才参与到这一节目比赛中，而节目组又能选拔出更为优秀的选手参加比赛，让整个节目质量更好，变得更加好看。

主持人是真人秀节目中的重要角色，是驾驭节目、调动现场的具体操作人。因为比赛的特定规则，需要主持人来介绍每一期比赛的规则，同时提供参考内容，主持人 Mckenzie Westmore 承担着大量的叙事作用。从叙事学的角度来看，她是节目的叙述者，以个人化的视角和叙述方式传播内容。每一期节目都是在她的叙述中进入基础挑战赛，在她公布比赛结果中结束聚光灯挑战赛，因此 Mckenzie Westmore 的作用不容小觑。而 Westmore 集团是化妆特效的金字招牌，Mckenzie Westmore 作为其家族的代表成为主持人，也可以证明本次比赛的重要性。

第三部分：可借鉴性

一、节目的策划制作不断创新

在市场竞争愈演愈烈的今天，真人秀节目需要不断进行创新与突破，无论是在节目内容、叙事策略还是拍摄剪辑技巧上，真人秀节目力求带给观众强烈的震撼感。

如今中国的综艺娱乐节目正处于井喷式发展的阶段，综艺节目过多、内容无新意、环节形式雷同，使得广大观众产生了严重的审美疲劳。不得不承认，借鉴一些国外的节目对收视率的提升很有作用，但有些节目不思创新，照搬照抄，完全没有考虑到底在中国这样一个语境下该节目能否生存下去。比如今年这个卫视推出了一档什么样的节目，马上很多卫视也跟着推出类似的综艺节目，其结果就是所谓制作出一档新节目，但还是老套子、老东西。就中国娱乐产业整体情况来看，原创综艺节目存在很大的缺陷，内地原创综艺的发展面临着很大的挑战。我们应该对当下综艺节目的火热持有一种清醒的认知，对国外的先进经验和理念进行消化再吸收，从而提升自己的原创能力，这才是我国综艺节目创新的正途。

《特效化妆师大对决》作为2011年美国科幻频道主推的电视真人秀节目，以其独特的比赛内容、精彩纷呈的比赛成果，吸引了各地观众的眼球。选手之间精彩对决，加上评委的辛辣点评，再融入各种奇幻恐怖元素的特效妆容，利用电视媒体这一特殊平台，带给我们一场特殊的感官体验。通过选手与环境的冲突、选手之间的竞争以及选手与自身的对抗，展现了节目的戏剧冲突性。悬念的设置增加了节目的可看性，任务设计得具有挑战性，并且在有限的时间内完成作品，增加了选手们的内心恐慌，从而更真实地记录下了选手创作作品的过程。影视特效化妆的特殊性，使《特效化妆师大对决》精彩的比赛过程和比赛最终的成品，都给观众的审美带来了一定震撼。通过真实记录工作室的各种新奇的事物、选手间的合作、制作特效的过程，甚至包括选手的抱怨和不满，将比赛情节放大，吸引观众眼球。作为节目核心人物的参赛选手，通过在参赛过程中的各种表现，展现自我个性，使观众看到了社会的缩影。节目组根据每次比赛题目请来不同的嘉宾评委，使观众有代入感，增添了节目的参与性。

二、将节目与弘扬推广本土特色文化相结合

综艺节目发展的"本土化"是指将本土文化融入节目的改编创作中，根据中国国情，考虑和调查中国观众的欣赏习惯和审美需要，制作出具有中国特色的娱乐节目。娱乐节目的本土化发展，要求节目的价值理念、内容来源、传播形式深深与本土文化相结合，但这并不排斥娱乐节目的个性张扬，相反，真人秀节目作为一种娱乐形式，具有娱乐性、知识性、服务性等诸多功能，我们要将这些特性以富有民族特色的形式传播给受众，最大限度地让观众"乐"，在实现"与民同乐"的同时，突出个性、张扬风格。也就是说，只有在真人秀节目中渗透本土文化，并在本土化中张扬风格，才能使节目走得更远更好。美国的真人秀节目是根据其特殊的社会环境和受众喜好形成的，但是它的特殊魅力，值得我国真人秀节目学习与借鉴。如果说在中国做一档特效化妆师大对决是不可能有看头的，因为在这个行业和领域我们不是擅长者。那么我们是否可以尝试借用这样一种节目选题方式，将中国本土化的优势融入这样的节目当中，让更多人去了解中国特有的一些行业的制作流程，也可以根据中国观众的心理需求来改善节目的设计。中国的电视综艺节目周期性都很短，其中有一个非常重要的原因，就是没有在节目中融入中国独有的文化，缺少一种文化上的内涵，使得节目就像流星一样一闪而过，渐渐从观众脑海中淡化。

户外竞技真人秀节目

《Running Man》

——在奔跑中体味笑与泪

作者：张天箫　杨　璐

第一部分：节目概况

图1　节目海报

英文名称：Running Man
韩文名称：런닝맨
地区：韩国
节目类型：竞技类大型户外真人秀
主要嘉宾：刘在石、池石镇、金钟国、HAHA（河东勋）、宋智孝、李光洙
制作公司：首尔广播电视台（SBS）
播出频道：SBS 电视
播出时间：每周日下午韩国时间 18 点 00 分
首播时间：2010 年 7 月 11 日
节目时长：90 ~ 100 分钟/集

　　《Running Man》是韩国 SBS 电视台《星期天真好》二部的综艺节目。《Running Man》致力于打造一个不同于过去真人秀的新形态娱乐节目。《Running Man》于 2010 年 7 月 11 日开播，由刘在石、金钟国、池石镇、宋智孝、Haha、Gary、李光洙 7 位具有极强的艺能性和个人特色的艺人主持。初放送日期为 2010 年 7 月 11 日，之后每周日下午首尔时间 18 点 00 分（北京时间 17 点 10 分）通过 SBS 电视台播放，每集约 90 分钟。[①]《Running Man》是由主持群与嘉宾一起，按照人数和比赛内容分成 2 ~ 6 组，在限定的时间、地点内进行游戏，失败者将接受节目组的惩罚，而获胜者则可以获得奖励的竞技类真人秀节目。

一、版块设计

（一）开场环节

　　开场主持群集结后，节目导演现场介绍拍摄地点，随后迎接嘉宾入场。在嘉宾人数较多的情况下还会要求嘉宾进行"个人技"展示或通过简单的小游戏来完成成员和嘉宾的分组。其间嘉宾既可以展示自身才艺还有机会进行本人近期作品的宣传。开场环节将重点介绍本场比赛的奖励或惩罚内容。

（二）游戏环节

　　成员或嘉宾从导演处领取任务卡，随即开始整场竞赛。一般来说除有主

---

　　① 颜敏："韩国电视综艺节目《Running man》的节目特色分析"，载《新闻窗》2012 年第 2 期。

题的特辑外，每期节目将设置3~5个游戏环节，节目组将给各个任务的胜利队伍提供终极任务的有利条件或线索。在任务期间，节目组会不断制造关于终极任务的悬念，激发参与者的胜负欲。

（三）终极任务

前期的游戏环节结束后通常会转移任务地点进行终极仟务。终极任务相对于其他任务对抗性更强，对体力和脑力的消耗也更大。例如撕名牌、泥潭游戏、指压板接力、室内/外寻物等。这一部分往往是一期节目的重头戏，也决定着整期比赛的胜负，前面的游戏环节总是暗藏着最终任务的线索，也为最终任务做铺垫和烘托。

（四）判定胜负、进行赏或罚

最终任务结束之后，全员将集合等待比赛结果公布，此处往往设置悬念，吸引观众的好奇心。在《Running Man》中出现最多的奖品为黄金、食物、礼品券等实体奖品，也有以优胜者名义捐赠奖金的形式，而节目的惩罚形式多样且有趣，有穿紧身衣裤在闹市行走，有为全摄制组的晚餐买单，也有寒冬进行"水炮弹"惩罚。2017年，节目独创了一种积攒惩罚的方式，即在"I GO"系列特辑，每期节目落败的嘉宾将获得一张"I GO"贴纸，贴纸数量达到3张的人就要去网友评选的"危险旅游地"体验惊险项目。

二、场景设计

《Running Man》作为户外竞技类真人秀，绝大部分节目都在室外进行，在前期的43期节日中，节目承担着传播义化特色、展现地方风貌的任务，每期的场地都固定在一个标志性地点，如SBS电视台、乐天购物中心、首尔南山塔、世宗文化会馆等韩国的地标性建筑或景点。

之后的节目场地有所改变，不再局限于一栋楼、一个场馆或是一个景区，拍摄变成了"移动式"，每一个环节之间的场地变动，都需要成员自己驾驶节目组提供的车辆前往。室外拍摄过程中不仅是在户外奔跑追逐，飞机、出租车、移动大巴都成为节目的拍摄场景，使得节目的现场感、运动感愈发强烈。《Running Man》最具代表性的室内拍摄场景当属"监狱"系列，从2012年的"越狱特辑"到2018年的"监狱初体验"，监狱的陈设更加写实，并且根据节

图2　巴士撕名牌大战

目环节安排设置监狱场景，或直接利用当下热播电视剧的拍摄场地，使得观众在体验节目乐趣的同时也能回味电视剧情。

图3　首尔南山塔

图4　监狱场景

根据节目的主题不同，场景设计也随之改变。2012 年的"Running Man 梦游仙境"中，成员们穿过魔法之门，则从现实世界到了梦中仙境，童话中的"兔子""红桃女王""扑克人"等角色都在节目中活了起来。2013 年 11 月 3 日的"绿野仙踪"中，任务场地仿照"绿野仙踪"童话中的场景，池石镇扮演邪恶魔法师、Gary 和刘在石扮演没有心脏的锡铁兵、Haha 和李光洙扮演没有智慧的稻草人、金钟国和宋智孝扮演没有勇气的狮子，童话的女主人公桃乐丝则要找到他们才能回到现实的世界。2014 年 7 月 13 日的"白雪公主"中，由宋智孝扮演白雪公主，其他成员扮演小矮人。

节目内容上需要成员们在表现所饰演的角色的同时完成自己的任务，而且在童话的具体情节上，每期节目都做了相应的颠覆，脱离理想化的世界，与现实相近。原本众所周知的正面角色可能变为反面角色，使观众感到新鲜的同时也顺应了近来对传统童话颠覆的潮流。

图 5　Running Man 梦游仙境

三、人员设计

节目固定班底为各具特色的六位男士及性格突出的一位女士。稳定的主持群形式是节目的有力支撑，主持群中每个个体的不同性格以及不同表演才能也成就了他们在群体中不可替代的地位。《Running Man》中的人物在定位上非常准确，在初期的磨合、适应之后，实现了较为完美且稳固的主持群特性。《Running Man》从节目名称来看似乎专属于男性，节目中的六位男主持在各自的定位、表现和性格上都各具特色。在韩国有"脱口秀之神"的池石镇是主持群中年纪最大的一位，前期担当着"在石向日葵"的角色，与刘在石一起对抗金钟国；金钟国是《Running Man》中刘在石以外的另一"权力"，其时常用健壮的肢体和强大的力量压制其他成员，以达到视觉效果并制造话题；宋智孝和 Gary 组成的周一情侣更是成为节目固定的感情线并不断制造话题；矮个子的 Haha 和模特出身的长颈鹿李光洙习惯性的背叛使得节目充满意外和逆转。

表 1　成员个性特征

	照片	绰号	个性	特点
刘在石		蚂蚱 舞王刘赫 刘鲁斯威利斯	诚实、正直、亲切、幽默，被称为"国民MC"	用清晰的头脑、幽默的言谈、没有负担的主持风格征服了观众
池石镇		王鼻子大哥 在石向日葵	平易近人，爱吃刘在石的醋	年纪最大因而体能最差，游戏中经常因体力弱遭到嘲笑
金钟国		斯巴达 国儿 老虎 能力者	话语不多，身材魁梧却经常流露出温柔的一面	擅长各种游戏，特别是身体对抗，增加了游戏的刺激性
Gary		平和 Gary 偶尔能力者	单纯低调、不善隐藏情绪	与宋智孝组成的"周一情侣"成为佳话
Haha		Haroro 小鬼	有喜剧天分，也有点小聪明	经常与其他成员作对，增加了节目的斗争性和笑点
宋智孝		懵智孝 周一情侣 王牌智孝	率真大方，不介意素颜上镜，时而机智时而糊涂	以其漂亮的形象、直爽的性格成为其他男性成员竞相保护的对象，有各种不同魅力的形象
李光洙		光凡达 长颈鹿 亚洲小王子	善良，常受人"欺负"	经常扮演背叛者角色，增加了节目的搞笑气氛

除了各具特色的个人主持风格之外，为了增加节目的可看性，主持群中还有一些固定组合。《Running Man》在节目发展中成员定位愈加清晰，形成了一些固定的组合，比如通常最早被淘汰的三人组成了"监狱三人组"；池石镇和李光洙的体力和气场都极差，常常不受成员青睐，也不被嘉宾看好，于是组成"必触cross"；又因经常背叛同伴的"恶习"两人又与Haha一起组成了"背叛者联盟"；Gary和宋智孝被设定为"周一情侣"。不固定的组合随着嘉宾和剧情的不同层出不穷，其中金钟国和李光洙的组合被称为"长颈鹿和老虎"，总有精彩的碰撞呈现，搭配画面后期加入的老虎和长颈鹿的动画，更加形象。几乎每两位或每三位成员都可以形成各有特色的组合，不会有哪一种组合显得十分无趣，只会给观众别样的观看体验。各种组合使节目充满了可变因素，可看性增强，新鲜感也层出不穷，也能让成员之间充分互动，均衡每位成员的放送分量。

宋智孝在节目中除了被称为"Ace""懵智"之外，也被称为"王牌智孝"，七人之中唯一的女性的"王牌"地位，表现在她足以匹敌男性的力量与"战斗力"上，她展现出的勇气和聪明才智使她本来弱势的地位转变为可以决定游戏胜负的强势地位。令人称道的是，在她本该处于弱势的个人战中，宋智孝总能运用智慧，巧妙地淘汰其他男性成员从而完成任务，独自取得胜利。她在拥有女性特有的细心敏锐的同时又敢于素颜且不做作，行为和表现都展现了女性在现代社会关系中的独立性及其智慧和能力。

图6 固定成员合照

第二部分：成功因素

一、节目形成品牌，影响力大

韩国的娱乐产业日渐壮大，在亚洲的影响力甚至超越日本，韩国综艺节目也随着韩剧、电影、偶像组合的蓬勃发展大有红遍全球的趋势。《Running Man》就是韩国综艺节目走向全球的最好写照，不仅在韩国国内收视持续走高，栏目与七名主持人都先后获得了 SBS 电视台的大赏，还有着极高的海外影响力。自 2015 年起，节目班底每年都会到世界各地举办巡回见面会，海外节目录制的现场氛围也足显《Running Man》在全球的受欢迎程度。韩国综艺在中国火爆的原因之一无疑是满足了观众求新求奇的心理，让中国观众看到了前所未见的模式和大胆的尝试。中国引进的韩国综艺更多的是选取真人秀类的野外综艺，这种方式在各国的接受度都很高。

图7 在海外产生巨大影响力，获得众多粉丝

二、及时调整节目战略，灵活性强

《Running Man》早期主打追击战环节，也依靠该环节打响了节目知名度，引得同行竞相模仿。而近 8 年的发展过程中，随着人员年纪的增长、体力的下降、观众审美的疲劳、新型节目层出不穷等问题逐渐显现，节目组也及时调整节目战略，凭体力的游戏环节渐渐减少，增加了更多任务型环节的同时

也在游戏规则上做足了功夫，使节目增加悬念、更加烧脑。

2017 年节目改版加入两名新成员，以填补 Gary 退出的空缺，也为《Running Man》注入了新鲜血液。两名新成员很快适应了节目节奏并找到了自身定位，使原本略显疲态的节目重焕生机，收视率和口碑都逐步回升。节目还推出了长达 9 期的"世界最危险的旅行地"特辑和连续 5 期的"1%的某处"特辑，带给观众全新的体验。2018 年节目更是采用了"四周固定嘉宾"的形式，让往期活跃、综艺效果佳的嘉宾连续固定出演 4 期，究竟此番改版效果如何，目前还不得而知，但节目组在顺境中求新求变的思想确为节目保鲜的良方。

三、后期制作见功夫，资金投入大

《Running Man》每集动辄需要上百名工作人员参与，住宿、交通及艺人演出费的成本巨大。为了保证摄录到每个主持人和嘉宾的精彩瞬间，《Running Man》给每位在场人员都专门配备一台摄像机进行跟踪拍摄。再加上一些固定拍摄的机位，庞大的摄像队伍令人刮目相看。例如，在郑宇成作为嘉宾出演的《死神来了》中，制作组在韩国 SBS 电视台从地下三层到楼顶安装了 108 个摄像头，代表了从"死神"的视角对成员们全方位无死角的监控。[1]

图8　《死神来了》嘉宾郑宇成及背后 108 个摄像头监控画面

---

[1]　李海艳："韩国综艺节目 Running Man 的成功因素探析及启示"，载《电视研究》2014 年第 12 期。

对于《Running Man》的成功，节目的后期制作是一个重头戏。无论是字幕、画面还是配乐，都表现出韩国在发展娱乐产业中"娱乐为本位"的理念，即在节目中一路引领着观众的视觉听觉进入节目要呈现的部分，观众接收到的信息只有节目想让观众接收到的快乐或感动，是一种理想化的"真实"状态。一般主持人嘉宾出错、冷场的地方不会删减，而是用字幕过渡，主持人、嘉宾会在最短时间内弥补，让节目流畅的同时显得更加真实。图像的运用比字幕更加生动、幽默，往往起到"无声胜有声"的作用。这可以说是一种手法，也可以说是一种特色。

每期节目都是进行分组竞赛，如果平铺直叙地记录每个队伍的游戏和比赛过程，难免缺乏新意或显得冗长乏味，所以在同一时间不同地点的几支队伍的数条情节线迅速而频繁地被交替剪接在一起，其中一条线索的发展往往影响另外线索，各条线索相互依存，最后汇合在一起。这种交叉蒙太奇手法在《Running Man》每一期节目都会被用到，典型的如《Running Man》中经典的撕名牌追击战，七名主持人分别在不同场所进行攻击或守备，叙事手法穿插着进行，而且时常出现一个画面上有多个镜头的组合，常是守备队员气喘吁吁地奔跑或紧张地躲藏在隐蔽的角落之类的镜头与攻击队得意、闲适的镜头放在同一画面，对比效果强烈。

在综艺节目中，通过重复蒙太奇可以达到烘托气氛，加深观众印象甚至荒诞的效果，并且通常采用重复但机位不同的手法。典型的如 Gary 真人秀的摔跤比赛中，金钟国在轻而易举地"拎"起刘在石左右甩晃了 6 次之后将其轻松地扔在了地上，镜头重复了三次，每一次重复的后面接的都是现场围观观众的反应：第一次是几个年轻女性捂着嘴笑，嘴里说着"怎么办"；第二次是几名坐在地上的男性面带遗憾地笑；第三次是一个孩子呆呆地望着。这种剪辑手法，更烘托了这种极具喜感又有些许遗憾、不忍的感受，尽可能让电视机前的观众也有亲临其境的体验。但在刘在石因感到"伤自尊"说了"这别回放"之后，制作组识趣地将他这段被扔在地上的画面从七名主持人的七位摄像的各个角度分别回放了一遍。这还不够，又将一个全景，七个摄像机角度，加上空中俯拍共九个角度拼在一个画面以九宫格的形式播放，更加强了荒诞的喜剧效果。

节目中蒙太奇往往是综合运用，将重复和变速，重复和交叉，变速和交

图9 重复蒙太奇的后期效果

叉等多种组合在一起得到更加多元的视觉体验。从观众的角度来说，这种有意味的剪辑除了增加节目的趣味性和可看性，也加强了观众的参与感，观赏的对象真正从比赛的结果转移到了比赛的过程。节目对主持人和嘉宾形象的夸张和戏谑也拉近了观众和参演者的心理距离，民众好感度上升自然可以为节目赢得更多的观众。尽管从客观上看可能是节目组对节目进行了"主观改造"，一定程度上使观众丧失了一部分联想和思考的机会，但一个带给人欢乐的节目达到了带给人欢乐的目的，也正符合韩国综艺节目"娱乐为本位"的精神。

此外，有趣的字幕和适时的音效也为节目增色不少，有效弥补了节目的缺陷，使节目叙事更加流畅。在后期制作中从屏幕各个方向不失时机"飞"出的字体各异、色彩各异的动画字幕，生动有趣，堪称节目喜剧效果的点睛之笔。这些字幕除了强调一些嘉宾动作中或语言中容易被观众忽略的关键线索或笑点之外，还具有解释的作用，有些画面如果用更多的画面去交待清楚前因后果难免显得冗长，一些恰当的字幕解说就可以使观众一目了然。字幕再搭配音效，加之各种方式的强化渲染，使观众沉浸在节目热闹欢乐的氛围中，同时这些字幕往往还可以诠释观众此时的心声，令观众产生共鸣。

添加字幕是加强节目娱乐效果的有效手段，添加音效同样可以起到锦上添花的作用。在电影、电视剧中通常起到辅助剧情发展作用的背景音乐和音效，在这里，更大的作用是烘托节目的感染力。随着七位成员各自定位的逐渐清晰，他们都拥有了自己专属的出场音效：由于健壮的体格与出众的实力而被称为"斯巴达"的金钟国，出场时的背景音乐为《What We Need Is A Hero》，以衬托他强大的气场；Haha 的绰号"Haroro"得名源于他长相酷似韩国动画形象"小企鹅 Pororo"，于是出场音乐为稚气的童声"呀 ~ Pororo 哒 ~"；"不良智孝"出场时，常常伴随着《愤怒的小鸟》的音效，使人物形象越发生动。久而久之，这些背景音乐和出场音效也会成为艺人甚至节目的标志。为了进一步提高节目内容的精彩程度，增强其吸引力和趣味性，实现节目组天马行空般的设想，后期制作时的视觉特效必不可少，大量的特效，给观众带来了更加丰富的视觉享受。例如《Running Man》的"超能力特辑"，这一系列特辑有"超能力者""超能力足球""超能力排球"等，每位成员都会拥有专属的特异功能，2011 年 12 月 25 日的"超能力者特辑"中刘在石是空间支配者；池石镇拥有不死之身；金钟国具有第六感，在一定的距离内能感知到敌人的存在；Haha 是时间支配者；Gary 有分身术；宋智孝为透视者，能够看透其他人的超能力；李光洙拥有死亡笔记。制作组依靠大量的后期特效和剪辑技术，来实现这些根本无法在现实中实现的荒诞无稽的超能力。

图 10　《Running Man》后期画面特效

四、多种形式体现效果

（一）直观的滑稽表演

韩国艺人表演中最不缺乏的就是夸张的表现力，在镜头前，艺人们的表情、肢体、语言都可以被无限放大、夸张。《Running Man》中许多的幽默表现都是通过肢体语言展现的，有时搭配节目主题的动作姿态也十分可笑，2013年的"傻瓜温达和平冈公主特辑"中，李光洙扮演的"傻瓜温达"为了吃到柿饼，张大嘴巴、伸长舌头，为能看清柿饼的位置还不时向上翻动着双眼，双腿前弯，生怕官帽掉下来而身体尽量保持稳定，但需要通过线的反弹来吃到柿饼，所以头要不断地向前探，而后又马上缩回来，双臂则自然下垂，无主地跟随着身体而动。由于李光洙身高较高，四肢修长，这种不自然的摇摆显得格外好笑，甚至像极了昆曲《十五贯》中的丑角"娄阿鼠"。

图 11　营造滑稽效果

（二）对比和反差

在《Running Man》中以对比形成笑点的情形可以说是无处不在。首先是身材的对比，矮个子的 Haha 和身高一米九的"长颈鹿"李光洙就形成了身高上的强烈对比，视觉上就给人带来了滑稽感；身材瘦削的刘在石与身材强壮的金钟国同样给人带来视觉冲击。这样一来，成员们还没有开始"施展拳脚"制造笑料，仅在视觉效果上就产生了笑果。其次是外貌的对比，节目的嘉宾常常是花美男、偶像团体等，成员们的外貌形象就会成为被贬低的对象。成员们节目中性格上的对比也十分突出，"平和"的 Gary、小聪明的 Haha、充满力量却害羞的金钟国、看似柔弱却速度与力量兼具的宋智孝，使主持团队各人各色，没有外形和性格上的相互冲突。

《Running Man》邀请的嘉宾都是当下具有代表性的知名人士，演员、歌手甚至运动员都是嘉宾的人选，嘉宾们无论在自己的领域里有着怎样的地位，都会在节目中展现自己的真实个性，或可爱，或反应迟钝，或热情，或羞涩，这也与观众心中他们的既有印象形成了强烈的反差。曾经风靡中国的"都教授"的扮演者金秀贤出演《Running Man》时常把任务搞砸，费力不讨好或搞不清楚场上的胜负局面，被后期字幕打上了"长得帅的傻瓜"的标签。而常常在影视剧中饰演皇帝或一些严肃的角色的演员池珍熙虽然年龄已过四十，但在《Running Man》节目录制中因为饥饿，不断寻找食物，展现了真性情，还在不知自己身穿的羽绒服被划破的情况下，在山坡上奔跑，使身后的羽毛随风飞舞，此时落魄的模样与慢放的镜头加之浪漫的音乐，效果更佳。

（三）违背逻辑的反转

《Running Man》在整体节目情节策划上延续了"反转"的特色。在很多期节目中，人物特点或剧情都会在结尾处发生重大的转折。2011年11月13日"Double SPY"中池石镇和李光洙这两个从未单独作为间谍出演的人被节目组告知两人都是间谍，于是既紧张又兴奋地进行了许多淘汰队友的行动，并谎称当天另有其他嘉宾。其实真正的幕后间谍确实另有其人，而且连李光洙和池石镇都不知道他们的存在，最后真正的间谍出现，将这两个"假间谍"毫不留情地除去时，他们怎么也不敢相信自己随口搪塞队友的谎言竟然成真。此时，对于剧情转折感到惊讶的不仅是观众，参演者同样想象不到这样的结局。与"反转剧"不同的是，《Running Man》中的反转不仅体现在剧情上，很多时候嘉宾的机智表现甚至出乎节目组的意料，得到意想不到的效果。例如2012年2月19日的"Spy Game"中只有李多海一名嘉宾，其余成员均被告知自己为间谍，而且都不知道自己的同伙是谁、有几个同伙，节目组只告知了他们一首童谣，作为与同伙接头的暗号。聪明的李多海是唯一一个没有得到这些信息的人，却在听见刘在石独自哼起童谣时暗自记下来旋律，最后以这首童谣得到了刘在石的信任，与她一同淘汰了其他成员，最后李多海独自获胜。

2012年的《Running Man》有了全新的变化，原本简单的游戏环节的串联，被加入了故事性、戏剧性，成员之间的"背叛"和"自相残杀"的桥段日益增多，特别是李光洙、池石镇、Haha三人组成的"背叛者联盟"，常在与人结盟以后，在本该一致对敌的情况下，调转枪口，转而攻击自己的同盟甚至队友，观众会因战局突然的改变感到吃惊，由于出乎意料而为"背叛者"荒唐的行径爆笑不已。

李光洙也因背叛伎俩不高明而往往"偷鸡不成反蚀把米"，但正因这一"可怜的叛徒"形象人气大增，并在东南亚一带拥有众多铁杆粉丝。李光洙在节目中与依靠"武力"取胜且反感失败的"能力者"金钟国较量时，常动歪脑筋耍小聪明，但却每每被制伏。李光洙宁愿招来队员痛骂也依然义无反顾地走"背叛"路线，一度成为"背叛"的代名词。这种讽刺式的幽默多带有后现代的幽默内涵，使观众为剧情转折的荒唐感而笑。也有观众不为"背叛"买账，认为背叛的行为是对受背叛者的不公，甚至认为在人气如此之高的电视节目中加入这种有违道德准则的行为表现的是人性的丑恶，会将未成年观众带入误区。但韩国电视台方面认为，在种种繁重社会压力下的现代人，常常会感到紧张和不安，反而可以通过娱乐节目中"背叛者形象及行为"获得取代真实压力的心理满足。在底线脆弱的生存竞争中，时而捉弄别人并耍小聪明，这种略带讽刺意味的一幕幕极易获得观众的共鸣。但节目后期观众因见怪不怪而对背叛习以为常后，背叛的桥段也就甚少出现了。

第三部分：可借鉴价值

一、对中国综艺节目的借鉴意义

（一）构建主持团队

国内综艺节目中主持群配置较为成功的有《快乐大本营》《天天向上》《奔跑吧兄弟》等，前两个节目为室内综艺节目，主持人的分工相较户外真人秀节目来说有很大的不同。

作为《Running Man》的本土化版本，《奔跑吧兄弟》采用了与《Running Man》相同的六男一女的主持群配置，《奔跑吧兄弟》的人员选择也较为成功：七位成员特点各不相同，而且七位成员都是在各自演艺事业中拥有一定成绩而又潜力无穷的明星，不会使观众觉得特别陌生，也不至于在节目中很难褪去偶像的光环。若启用演艺新人来担任主持，这些在观众眼中十分陌生的面孔，会使得观众在欣赏节目时很难投入其中；但若主持人已有较高的地位和很强烈的个人特点，便难以融入团队式的主持群中，容易产生一枝独秀的尴尬。

但两个节目人员配置的不同点也十分明显。其一，《Running Man》的主持人年龄跨度较大，各自所处的领域也不同，能够吸引不同年龄层、不同观赏爱好的族群。如绰号"Haroro"的 Haha 就深受小朋友喜爱，"王鼻子大哥"则代表了热爱家庭的中年形象。观众的年龄分布广，使节目的接受度得到提高，接受范围更广，知名度更高，这给节目的收视率带来了极大的刺激。《奔跑吧兄弟》中的七位成员年纪都在 30 岁左右，外形普遍青春靓丽，能更多地吸引年轻的观众群体。而且七位成员的职业都为演员，这也使得节目前期吸引的观众群体较为集中。其二，《Running Man》的七位成员中有三位歌手，两位主持人和两位演员，在语言运用，肢体运用和才艺、人气方面都较为均衡。而《奔跑吧兄弟》的全部成员都是影视演员，优势是在出演节目组设定的情境时比较专业、自然，劣势则是这样的人员配置使得节目产生幽默的手段较少，一味的肢体夸张和表情浮夸令幽默的内涵留于浅层。也许因为都不是专业的主持人，把控全局的能力和机智的语言表达也都略显不足。

（二）打造品牌符号

《Running Man》中具有很明显的视觉符号：首先，每个主持人的形象定位明确，"长颈鹿""黑斑羚""老虎""蚂蚱"等拟物的形象定位十分生动有趣，使人印象深刻，仿佛将一个个活灵活现的形象印入了脑海；"必触 Cross""背叛者联盟""周一情侣"这些两至三人的组合被众多粉丝津津乐道，其中"周一情侣"的知名度甚至超越了韩国著名的明星假想婚恋节目《我们结婚了》中的任何一对荧幕情侣。其次，《Running Man》的节目名称缩写"R"这个英文字母在节目中可谓无处不在，例如用抽奖机抽出 R 球可以使特定成员免受惩罚；在到达的目的地设置 R 旗，表示成员已到达指定地点；作为优胜奖品的黄金上也刻着"R"；寻物时，只要是与线索相关的物品上都贴有 R 贴纸。随处都可看出节目组的品牌意识之强。观众在节目中看见"R"，脑中会条件反射地反映出那是任务所需的道具。最后，也是《Running Man》中最独特的节目符号无疑是"撕名牌"，无论是校园里的大学生、社区里的孩子都在疯狂地奔跑追逐，更有能者可以自行设计整套节目流程，主持人、嘉宾、服装、道具配备齐全，这也可见这个游戏的火爆程度。

猫捉老鼠式的生存游戏绝不是《Running Man》的首创，但在背上贴上象征生命的名牌倒是一大创新。节目前期多是单纯地追逐肉搏以图撕掉对方名牌，生存到最后；在节目发展过程中逐渐衍生出了更新的规则，不能再不完全了解规则就盲目地撕去他人名牌，这样一来也许危及自己；节目组赋予了名牌更多的功能，比如名牌也能根据成员表现变大变小，甚至"长出尾巴"，这都关系到他们被撕名牌的难易度。

品牌对于任何产品都具有重要的意义，品牌的形成也代表着产品社会影响力和认知度的形成，电视行业也适合这条规则。《Running Man》《无限挑战》等真人秀节目之所以能够如此长寿，正是因为其品牌影响力的形成。尤其是《Running Man》，该节目已经播出了 8 年多的时间，如果提起《Running Man》，几乎所有人都能不假思索地说出撕名牌、指压板等特色环节，使节目在韩国内外都形成了一批忠实的粉丝。而反观国内，很多明星真人秀节目寿命只有一季或几期，还未形成品牌或打出知名度就遭遇停播。因此国内的综艺节目要树立起品牌意识，在提高节目质量的同时还要提升品牌知名度。多从观众的角度出发，对节目的内容、宣传理念进行调整，才能保持节目对观众的吸引力，从而使节目长远发展。

（三）增强创新意识

目前国内各大卫视争相引进国外节目版权，在某一档节目大获成功后，同类型节目便在短期内集中推出，如 2013 年湖南卫视引进《爸爸去哪儿》后，《爸爸回来了》《人生第一次》等同类型节目随即跟风推出。《我是歌手》节目成功后，音乐类真人秀节目也呈现火爆的态势，之后的跳水类节目、街舞类节目等存在着同质化严重的问题。明星真人秀节目的竞争力需要通过创新实现，借鉴韩国电视推出节目的方式，不断对节目的内容和形式进行创新，做到人无我有、人有我优，同时定位受众群体，提高节目特色，走差异化路线，才能在当下激烈的明星真人秀节目竞争中搏得先机，占得市场。①

---

① 燕强强："中韩明星真人秀节目比较研究——以《奔跑吧兄弟》和《Running Man》为例"，曲阜师范大学 2017 年硕士学位论文。

《Running Man》的成功，很大程度上得益于节目的特色和推陈出新。韩国综艺节目类型也经历了从传统到创新的过程，有些节目即使内容相似，风格也大不相同。但是打造一个像《Running Man》一样的全新类型的节目无疑要面对很大的压力，也面临着失败的风险，而且一味地跟风效仿只会使节目的审美价值和经济价值迅速降低，从而在行业内失去竞争力。

二、对同类节目的借鉴意义

（一）传播本土文化及价值观

《Running Man》对本国的传统文化起到了一定的传播作用。节目直接将任务场地选择在具有韩国文化传统与历史意义的地点，如国乐馆、世宗文化会馆、景熙宫等。在国乐馆中，成员们伴随着韩国传统音乐在场馆中寻找人物、物品，随处都是身着华丽传统服饰的人群，同时游戏的内容也一改往日的力量对抗，而要求成员模仿传统音乐或传统舞蹈，使观众在观看娱乐节目的同时欣赏到了韩国的特色文化。

《Running Man》更为注重对本国流行音乐和饮食文化的传播，中国的《奔跑吧兄弟》则更注重地域文化的传播。《Running Man》十分注重对本国影视与音乐文化的传播，在节目中巧妙地运用热播影视剧元素，套用影视剧人物的设置或直接邀请知名影视演员作为嘉宾，搭配他们主演的影视剧元素，使观众的代入感更强，同时也对此部影视剧做了最直观的宣传。音乐是每一期节目必不可少的元素，对节目画面起到了很好的配合作用，也对节目气氛起到了烘托作用，在必要的时候还能起到一定的解释作用。音乐也直接被运用在游戏中，很多游戏需要一遍一遍重复一首歌曲，在当红的歌手参与节目时，背景音乐都会使用他们正在宣传的歌曲，无形之中就对这些歌曲进行了推广。而《Running Man》对音乐文化的传播不仅止于时下流行的音乐，节目还会邀请韩国20世纪八九十年代的歌手，与观众一同回忆当年的经典音乐，其中许多也能让外国观众产生共鸣。韩国的饮食文化更具民族特色，泡菜、烤肉都是韩国独具特色的饮食，这一特点曾多次运用在《Running Man》的游戏环节中，如两队直接比拼制作泡菜，根据上菜顺序正确使用食材包饭，烤肉时在烤盘上放置相应数量的肉片等，都使观众对于电视中的美食好奇不已。

图12 韩国美食

我国地大物博、资源丰富、民族众多、民风各异，但韩国真人秀的文化内涵却比国内的明星真人秀节目丰富得多。因此国内的明星真人秀节目应当提升文化层次，从韩国明星真人秀节目中吸取经验，融合我国的传统文化，通过提升文化内涵帮助节目打造特色。我国的综艺节目中已有许多传播中国优秀文化的精品，但在近几年风靡的真人秀节目中较好地展现我国地域风貌、文化内涵的节目屈指可数。受众能够接受的娱乐效果会受到地域、文化和生活环境的影响，虽然不同国家之间存在着一些表现方式和文化的不同，但得益于媒介全球化的发展，在流行文化日益兴起的今天，不同文化之间的差异正在逐渐减小。国内观众对外国娱乐节目的接受程度越来越高的同时，我国的电视节目传播到海外也指日可待。

（二）注重真实性和表演性的结合

《Running Man》是一个无剧本的电视节目，这里的"无剧本"并不是指《Running Man》是个纪录片式的节目，而是事先给出一定的剧本内容，在节目需要有剧情安排时会提供基本的剧情框架，否则很多的节目效果就难以实现了。

《Running Man》作为一个真实类娱乐节目，它的"真实"使得它不是也不需要做到随处安排精巧，所以《Running Man》中的幽默有时是比较粗糙的，没有遵循许多普通幽默的手段和规律。真人秀节目与其他类型节目的最大不同在于它以人为本的真实性，这也是此类节目的主要内涵，虽然真人秀节目重在体验，但参演明星真实、自然的表现，更容易产生超出预期的幽默效果。但现在许多真人秀节目过分强调"秀"，而忽略了"真"，为了节目效果或收视率在节目中过多地表演，后期也过度地包装，"演"出笑点、泪点，完成节目组规定的表演任务，这会使观众感觉这个节目太"假"，也就失去了真人秀节目的魅力。

真人秀在拍摄过程中受到节目组的干扰和引导相对较少，即使节目组会规定大的框架和主线，参演者的语言、行为、情感表达都是相对真实的，只有真实性和表演性的结合，即真实和虚构很好地融合在一起，才能使真人秀节目产生最好的效果。即使《Running Man》中大部分都是明星参演，但观众也可以不时入镜进行互动。2013年5月26日的节目中，首次推出了"三角拔河"比赛，由三个100人的小组进行拔河比赛，场面相当壮观。而这除成员和嘉宾外的300人就是节目组邀请的当地大学生。除了事先组织的人员外，《Running Man》还经常临时邀请路人协助成员完成任务或与其互动。这一方面能够提高节目的知名度、成员的认知度；另一方面观众从荧幕外走入荧幕内，势必将更加投入，并感知到节目的真实性。

图13　巨型三角拔河

除了在节目录制过程中和观众互动，《Running Man》还给观众开放了另外的"权限"——可以决定节目的主题和内容。2013年的"寻找少女"是应一位女粉丝希望节目到自己家乡拍摄的请求而实现的；2014年的"象棋盘race"、2015年的"全球使命"中的所有任务和游戏都是出自粉丝的创意；2016年的"SNS评论竞赛"则是在节目中由各成员通过在社交网站上发布信息，按照网友的跟帖评论内容进行互动比赛。虽然观众参与的越多，节目发展的不确定性会越高，但呈现的节目效果会更好，观众的代入感、体验感也更强。

（三）设置故事框架

真人秀节目强调真实性，但也应有自身的故事框架。《Running Man》虽不是一出连续剧，但每一期节目也都有自己的故事主线，被称为"××特辑"，使一期节目本身的构成元素更加丰富，受众的观感体验更加多元，增加了趣味性和吸引力。《Running Man》在设置故事框架方面可以称得上是同类节目的典范，一整期节目都会在一个主体框架下进行，主题或是韩国当时热播的电视剧和电影，如《来自星星的你》《拥抱太阳的月亮》等，或是一场运动竞技类比赛，如"画片竞赛"，又或是各种超能力特辑。

《Running Man》中除了单个的特辑，有些特辑还具有连续性。最有代表性的是在每年的4月都会全新改编推出的"刘姆斯邦德水枪特辑"，使得水枪与撕名牌、拍画片一样成为节目的标志物；每年的"最强者"特辑也深受节目粉丝的喜爱，由七位成员参加对决，每次都以全新的规则和比赛方式评选出《Running Man》的"最强者"，摒除照顾嘉宾的顾虑，只有成员们之间的对抗，每人的戏份都更加丰富。这些既连续又在连续中不断出奇出新的设计使节目效果精彩非凡，让观众耳目一新并能够调动起之前观看节目的记忆。《Running Man》中故事性的编排引人入胜，观众更易于投入其中，也使观众百看不厌。

韩国真人秀节目在数量增加的同时，节目质量也令人称道，许多节目都因其新奇有趣、各具特色而吸引韩国国内甚至海外观众的关注。《Running Man》作为韩国真人秀节目的标杆，不仅仅在国内外创造了经济效益，更创造了社会效益、文化效益，带给同类节目许多启发。我国的综艺节目应积极借鉴其成功经验，吸取其略显疲态的教训，多制作出奇出新、质量上乘的综艺节目。

科学竞技真人秀节目

《最强大脑》

——脑力天才的世纪之战

作者：李 奇 杨 璐

第一部分：节目概况

图1 节目海报

中文名称：最强大脑

英文名称：Super Brain/The Brain

发行时间：2014 年 1 月第一季至 2018 年 1 月第五季

地区：中国（引进于德国）

频道：江苏卫视

节目类型：科学类选秀 PK 真人秀

制作团队：中国、德国、意大利、西班牙国际团队合作

播出时间：周五晚 9 点 10 分

节目时长：90 分钟/集

《最强大脑》是借鉴德国的电视节目《Super Brain》模板，结合中国本土的收视制作模式，开创出的一档以展示科学与脑力为主要内容的真人秀电视节目。《最强大脑》把"让科学流行起来"定为节目前期的口号，并加入一定程度的娱乐元素，通过艺术性地编排与加工，让节目更具戏剧冲突、趣味和观赏性。节目还采用"动静结合"的舞台道具，运用明星偶像效应，使娱乐和科学相结合，寓教于乐，让更多的年轻人爱上科学。

节目自 2014 年起每年一季。前四季全程邀请科学家，从科学角度探究脑力天才们的世界，把科学带出实验室，推广口号"让科学流行起来"。把晋级的最强选手集合起来组成最强大脑中国战队，之后再迎战来自海外的最强大脑战队，最终经过 PK 决出世界脑王。2017 年 4 月，《最强大脑》第四季人类脑力选手代表队和人工智能机器人"小度"共同获得"脑王"奖杯。2018 年 1 月节目迎来了第五季，并改名为《最强大脑之燃烧吧大脑》。①

一、版块设计

（一）旧赛制规则

1. 晋级赛。海选通关的选手带着自己的挑战项目前来，由现场的三位嘉宾根据挑战者的项目描述打出 0～5 分的预判分。挑战成功后，再由科学判官

---

① 网易："《最强大脑之燃烧吧大脑》百位天才少年掀起'脑力风暴'"，最后访问时间：2018 年 1 月 4 日。

给出 1~10 分的难度系数和预判分数，总分在 80 分以上者晋级。当科学判官给出 10 分的难度系数分时，挑战者可以直接通过。如果选手挑战成功，分数却不到 80 分时，三位现场嘉宾可同时爆灯来复活该名选手。

2. 挑战赛。方式一，挑战者从晋级者中指定挑战对象，挑选出一个项目进行 PK，胜者带分晋级；方式二，挑战者不指定挑战对象，晋级者中分数低于挑战者的皆出列，由科学家评审决定淘汰一人，最终留下的 12 位选手组成《最强大脑》中国战队，迎战国际战队。

3. 国际赛。《最强大脑》中国战队的 12 位成员，将被分成 4 组，迎战来自 4 个国家的共 16 位选手。由于中国战队人数较少，除一一单挑外，实行一挑多或车轮战。对抗结束后，若产生平局，则由国际评审挑出 PK 项目中难度最大的一个，在该项目中胜出的队伍获得最终胜利。

（二）新赛制规则

新赛制中任命王昱珩、鲍橒、王峰三名老选手作为队长。

1. 百人大战。第五季选用全新的选拔模式，节目组描述称：耗时半年，选拔出来自各大高校学霸和青少年神童的 100 名脑力精英。100 名天才脑力选手经过 4 轮残酷考验，争夺 30 个宝贵的晋级席位。

2. 分队。30 名晋级的选手再进行两两分组 PK，由最强大脑三名队长从获胜者中挑选自己偏爱的队员，最后在三个队伍成员挑选完毕后，三个队长可以相互替换自己的队员。

3. 国际赛。在三名队长中竞选出一个总队长，然后总队长挑选 6 人组成中国战队，迎战罗伯特·戴西蒙带队的国际战队，最终对抗选出第五季的"脑王"。[①]

二、舞美设计

《最强大脑》作为国内唯一一档以展示科学与智力为亮点的真人秀节目，不仅融入了娱乐性元素，更通过专业的艺术编排设计和吸睛的剪辑思路，给观众呈现出魅力非凡的综艺效果。

---

① 《最强大脑》百科，最强大脑官网，http://www.izqdn.com/，最后访问时间：2018 年 1 月 4 日。

图2 中国队之山、水、云三大战队

节目中一个个新颖的挑战方式非常能打动观众，吊足观众胃口，而且眼花缭乱的舞美道具正是节目精彩所在，它们直观地展现出《最强大脑》挑战者们各方面的能力，记忆、空间想象、推理、速算心算、魔方、图像识别、视觉搜索等超凡技能背后是复杂的科学知识和变态的天赋及训练，包括了对数学、物理、心理学等的掌握，这些如果只是通过公式和概念直白地讲述出来，肯定是枯燥乏味的纯理论知识，观众也难以体会挑战者们的能力高低，所以节目通过具体的舞美道具展现出来，更直观、更具吸引力，也更充分地体现出了节目效果。第一至四季播出以后都得到广泛的好评，虽然也不乏贬低之词，但并不影响这档节目的收视发展。而全新的第五季大改版更是在节目组的舞美设计和比赛形式方面作出了创新。

图3 百人大战 数字华容道

图 4　层叠消融

图 5　碎片寻踪

　　《最强大脑之燃烧吧大脑》全新起航，由中国超常人才专业委员会参照目前国际最权威的 CHC 智力模型和中国超常人才选拔的实践经验出具权威试题，选拔出 100 名正式选手。第一期的比赛就是百人作战的数字华容道，犹如电影《天才枪手》一般，不过这里的人只有天才没有枪手，之后晋级的 80 人分两组进行层叠消融和碎片寻踪。

三、人员设计①

《最强大脑》第一季

播出时间	2014 年 1 月 3 日 ~ 2014 年 3 月 28 日，每周五晚 22：00
固定观察员	陶晶莹、李永波、梁冬
X 观察员	李彦宏、章子怡、孟非、宁财神、林丹、金秀贤、张柏芝、周杰伦
国际评审	罗伯特·戴西蒙、康纳德·科汀、伯纳德·巴伦

---

① 《最强大脑》百科，最强大脑官网，http://www.izqdn.com/，最后访问时间：2018 年 1 月 4 日。

参与选手	郑才千、黄华珠、赵越、李玉娟、杨万里、葛韵霖、吴天胜、李朋、胡小玲、周玮、张圣、贾立平、艾晓娃、常清文、常喜文、李勇、王峰、李童星、饶舜涵、王国林、倪梓强、张富源、黄金东、陈俊生、张左怿威、孙彻然、李云龙、刘鸿志、杨冠新
中国战队最终名单	郑才千、杨冠新、李云龙、吴天胜、刘鸿志、黄金东、孙彻然、贾立平、王峰、周玮、艾晓娃、倪梓强
国外战队名单	弗兰克·简戈第（意大利）、马可·贝雷戈里尼（意大利）、安德烈·拉托雷（意大利）、马戴奥·萨勒沃（意大利）、帕克·派斯（西班牙）、安蒂亚·马丁内斯（西班牙）、马丁·洛佩兹·诺瑞斯（西班牙）、阿莱克斯·奥业塔（西班牙）、鲍里斯·尼古莱·康拉德（德国）、吕迪格尔·加姆（德国）、戴夫·雅尼沙克（德国）、于尔根·泽利格（德国）

《最强大脑》第二季

播出时间	2015 年 1 月 2 日～2015 年 3 月 27 日，每周五晚 21:10
固定观察员	孟非、陶晶莹、高晓松
临时观察员	佟大为、宁静、李永波
X 观察员	范冰冰、舒淇、周杰伦、佟丽娅、徐静蕾、李小璐
国际评审	罗伯特·戴西蒙、达格玛·施特内德、乔纳森·弗林特
参与选手	史俊恒、吕飞龙、刘健、辛哲、曹全全、林建东、鲍櫒、李俊慧、陈大纪、胡庆文、黄华基、熊远芳、周紫卉、吴仁竣、项天佑、张恩铭、孙虹烨、李威、陈俊生、何思慧、王昱珩、孙亦廷、吴光仁、李林沛、李璐、卢菲菲、李琦、郑爱强、王峰
中国战队最终名单	王峰、李璐、孙亦廷、孙虹烨、王昱珩、项天佑、吴仁竣、林建东、李威、刘健、李琦、鲍櫒、何思慧（备注：鲍櫒由于找不到对手遗憾退赛；何思慧因个人原因退赛，两人的难度系数分均为满分 10 分）
国外战队名单	西蒙·莱茵哈德（德国）、克里斯蒂安娜·施滕格（德国）、蕾蒂西娅·哈恩（德国）、鲍里斯·尼古莱·康拉德（德国）、郡司光贵（日本）、原口证（日本）、笹野健夫（日本）、辻洼凛音（日本）、罗伯特·方丹（英国）、凯蒂·柯莫德（英国）、詹姆斯·帕特森（英国）、本·普利德摩尔（英国）、约翰尼·布里奥尼斯（美国）、胡安·鲁伊斯（美国）、尼尔森·德里斯（美国）

《最强大脑》第三季

播出时间	2016 年 1 月 8 日～2016 年 4 月 1 日，每周五晚 21：10
固定观察员	魏坤琳、张召忠、郭敬明、陶晶莹
观察员	王石、刘强东、周杰伦、任志强、杨紫琼、陈欧、李宇春等
国际评审	罗伯特·戴西蒙、托马斯·奥尔布赖特、玛格丽特·斯特拉特福特·利文斯敦
脑王评审团	迈克尔·加扎尼加、朵拉·安吉拉姬、罗伯特·戴西蒙、魏坤琳
参与选手	黄金东、林建东、郑才千、李威、王昱珩、刘健、孙虹烨、贾立平、王鹰豪、陈智强、潘梓祺、李俊成、申一帆、苏清波、吴淞昊、许禄、徐灿林、黄胜华、刘会凤、赵文波、杨硕青、陈泽麒、罗茵、崔莉莉、沈书涵、徐刘洋、陈冉冉、金凤瑛、张恩铭、袁梦
中国战队最终名单	许禄、黄胜华、陈智强、李威、林建东、苏清波、申一帆、吴淞昊、王昱珩、陈冉冉、徐刘洋、李俊成、刘会凤、潘梓祺、王鹰豪、贾立平、袁梦、崔莉莉（备注：崔莉莉成功晋级，难度系数分为 10 分，因个人原因退赛；袁梦由于现场没有队长选择她加入中国战队，最终淘汰出局）
国外战队名单	曼纽尔·利普斯坦（德国）、西蒙·莱茵哈德（德国）、梅兰妮·霍兰（德国）、约翰尼斯·马劳（德国）、罗伯特·方丹（英国）、本·普利德摩尔（英国）、马罗·奈特（英国）、亨利·波尔（英国）、吉备宏纯（日本）、青木健（日本）、辻洼凛音（日本）、土屋宏明（日本）、乔纳斯·冯·艾森（瑞典）、恩赫蒙赫·额尔登巴特汗（蒙古）、马丁·洛佩兹·诺瑞斯（西班牙）、乔纳斯·冯·艾森（瑞典）、菲利克斯·曾姆丹格斯（澳大利亚）、奇安弗兰科·乌安奇（秘鲁）
第三季"脑王"	陈智强

《最强大脑》第四季

播出时间	2017 年 1 月 6 日～2017 年 4 月 7 日，每周五晚 21：10
固定观察员	魏坤琳、陶晶莹、王峰
观察员	王石、马云、李彦宏、董明珠、郎朗、科比、周杰伦等
国际评审	罗伯特·戴西蒙、魏坤琳
脑王评审团	罗伯特·戴西蒙、魏坤琳、托马斯·聚德霍夫

参与选手	王峰、鲍橒、李威、郑才千、孙亦廷、王鹰豪、贾立平、申一帆、王昱珩、黄政、尤东梅、谢超东、于湛、陈浩、苏泽河、余奕沛、柳娜、王月茹、钟恩柔、余彬晶、王炜、张炜星、方述杰、林恺俊、李开隆、王佳宇、周闯、常宏彬、石欣、王宇欣、徐俊、吴东益、刘军、陈诗雨、胡宇轩
中国战队名单	苏泽河、胡宇轩、钟恩柔、鲍橒、黄政、刘健、余彬晶、余奕沛、王峰
国外战队名单	原子雄成（日本）、原子宏务（日本）（备注：日本速算兄弟在晋级赛与钟恩柔进行对抗，最终以失败而告终）、乔纳斯·冯·艾森（瑞典）、森西亨太（日本）、土屋宏明（日本）、凯尔纳·阿莉莎（德国）、阿诺·西尔万（法国）、周章伟（德国）、马文·瓦诺纽斯（瑞典）、妍佳（瑞典）、艾利克斯·马伦（美国）
第四季"脑王"	人类脑力选手代表队、人工智能机器人"小度"

《最强大脑之燃烧吧大脑》

播出时间	2018 年 1 月 5 日 ~ 2018 年 4 月 6 日每晚 21：10
固定观察员	刘国梁、陶晶莹、王峰、王昱珩、鲍橒
观察员	潘粤明、王力宏、姜振宇、肖央、陈思成、罗振宇、俞敏洪、施一公
国际评委	王峰、罗伯特·戴西蒙
参与选手	何猷君、刘星图、张梦南、孙勇、徐萌、栾雨、曾新异、孙奕东、尤冠群、杨英豪、杨易、刘安智、薛飞、郑书豪、郭小舟、卜玮、梁紫晨、陶佳颐、蔡月辰、王清怡、吴丹等
中国战队名单	孙勇、杨英豪、郭小舟、杨易、陈家庚、曾新异、栾雨
国外战队名单	哈利·纽曼·普洛特尼克（美国）、纳仁·塔拉普拉贾达（美国）、亨利·普埃尔（美国）、安德鲁·萨姆·法辛（英国）、丹尼尔·莱特温（英国）、于尔根·比尔诺寇（德国）、森海渡（日本）、小松诗织（日本）、伊泽拓司（日本）
第五季"脑王"	杨易
最佳拼搏奖	森海渡

第二部分：成功因素

《最强大脑》是首档科学真人秀节目，它的出现令人耳目一新，并且它凝聚了科学探索与特异性。"最强"在这里可以理解成"超乎寻常"，而常人对于"超常"有强烈的好奇心和钦佩感。另外对于魏坤琳教授的质疑和所谓的科学标准，也使其热点不断，微博论坛讨论激烈。

《最强大脑》自 2014 年 1 月 3 日开播后轰动全国，收视率屡屡夺冠，并且在 2015 年第 27 届中国电视"金鹰奖"评选中，独揽最佳电视文艺节目作品奖。收视率从 1.54% 到 2.24% 再到突破 2.50%，一点也没有显出疲态，反而焕发出更加激昂的生命力来，节目中大量的"创新"正是延续节目生命的重要因素，到 2018 年节目已经播出了第五季，反响强烈。

一、创新与陌生化

俄国形式主义代表人物之一什克洛夫斯基曾提出"陌生化"理论，他指出："艺术之所以存在，就是为使人恢复对生活的感觉，就是使人感受事物，使石头显出石头的质感。艺术的目的是要人感觉到事物，而不是仅仅知道事物。艺术的技巧就是使对象陌生，使形式变得困难，增加感觉的难度和时间长度，因为感觉过程本身就是审美目的，必须设法延长。艺术是体验对象的艺术构成的一种方式；而对象本身并不重要。"在日常生活中，无论是动作或者言谈举止，一旦形成习惯就会带有机械性、自动化的色彩。根据人们的认知规律，当事物经过了无数次的重复和感受以后，人类的感受就会越过对事物的感受直接进入认知，也就是习惯于用认知来接受它，所以为了增加审美感受我们就需要用陌生化手段来实现。

毫无疑问，像所有的节目一样，第一次进入第三季的节目面临了选手缺乏和视觉疲劳的困难。但《最强大脑》在竞赛制度、项目设计、嘉宾定位和选手的塑造上都有所创新。正因为比赛体制的突破创新，才有了引人入胜的故事线贯穿始终，从中国战队组成"复仇"，队长之争到队员晋级，再到中国战队的建成，国际 PK，"脑王环节"，整个故事线索逻辑清晰，矛盾冲突也层层递进，一步步升级的悬念环环相扣。国外战队兵临城下，此刻由四位最强脑力队长召集我国的天才脑力精英与新晋成员组成战队并与国际战队 PK，最终，获胜队伍里的成员有资格争夺"全球脑王"称号。剧情充满矛盾，跌宕起伏，抓人眼球，让人看完意犹未尽，想关注后面的比赛。

（一）赛制创新和才华横溢的俊男美女

第三季比赛的一开始，"最强入侵者"的概念就被作为副标题打出，4 名未尝败绩的外国脑力精英再次向中国战队发起挑战。魏坤琳教授和张召忠教授（军事专家）紧急招选出中国队长带兵迎战。《最强大脑》前两季的 8 位超人气选手再次应召回队，第三季的第一期开始就是前两季实力选手强强碰撞，这直接把节目推向高潮。这种赛制规则打破常规，让这档真人秀科学节目开篇就激情四射火药味十足。

第三季创新性地采用了一些仪式环节，及时地将压力和压迫带给人们，并提供了一系列的话题。比如在速算选手的晋级赛后，第二季名声大噪的日本心算神童辻洼凛音带领她的偶像——实力超群的土屋宏名组队前来挑战中国选手，这让本来就被辻洼凛音压制的中国选手和观众倒吸一口冷气，给予节目更多的关注。而第五季的仪式创新和热点话题也做得相当好，像第五季第一期的百人大战，更是给选手极大的压力和紧张感，每一位选手晋级过关和晋级名额逐个减少都时时刻刻通过大喇叭播报出来，不停地刺激着每一位未完成闯关的选手，心理素质稍微欠佳的都会紧张得手抖出汗。而在这一百位选手中有就读于美国麻省理工学院的澳门赌王何鸿燊之子何猷君；有毕业于美国伯利克里音乐学院的美女选手葛佳慧，年仅 22 岁就已经与格莱美获奖者同台演出；有 24 岁就读于同济大学的建筑学博士王春或；有就读于全球顶尖的帕森斯设计学院服装设计专业的梁紫晨；有 2011 年北京市通州区理科状元杨易；有 13 岁就考入西安交通大学的神童刘亦金；有 2017 年陕西省高考理科状元郑书豪；有 2016 年安徽省高考理科状元孙勇；等等。每一位选手都是大家所说的"别人家的孩子"。

（二）嘉宾定位创新

在《最强大脑》中，节目组根据节目定位寻找节目嘉宾，突破常规思维，邀请军事专家和有争议的人物，在热点和话题制造上下足了功夫。军事专家张召忠，因为戏谑的言论和异想天开的建议，被网友戏称为战略"忽悠局"

图6　左 – 何猷君　右 – 葛佳慧

局长。另一方面，作为央视首席军事评论员，张召忠教授那些天马行空的言论无论是有意为之还是无心之失，都为他在这个网红经济时代赚足了眼球和人气。把他请到一个科学节目中，利用他的专业背景和气质反差，为节目制造了很多正面话题，同时消减了节目的娱乐气息。另外像郭敬明不屑陈智强的挑战项目星际迷航，质疑魏坤琳教授的判断评分，最后被陈智强拿下"脑王""打脸"；第五季的"何猷君五百万买通节目组造势作假当第一"，后来何猷君霸气辟谣要用五百万硬币砸死造谣者；等等这些话题，在微博网络很快发酵，不仅带火了节目，带来很大的收视率和经济效益，也带火了选手。

图7　陈智强挑战"星际迷航"

（三）项目设计创新

《最强大脑》第二季的户外项目，比如广场舞和盲人听鼓，虽然体现了选手的高超能力，但是节目缺少了摄影棚中各种灯光的气氛营造，也很难制造出让人紧张窒息的现场感。《最强大脑》第三季根据观众的需求，及时调整项目设置，减少了户外项目，大量采用棚内舞台设计和富有仪式感的比赛项目，大大提高了收视率。首先，道具更具多样性，融入了一些电影元素，如《星际迷航》和《Kung Fu Panda》；其次，还加入了很多中国传统民族元素，像布艺扎染、大青衣、铜人茶馆、川剧变脸等；另外，VCR 播放的故事和挑战与中国风的音乐和舞蹈，整个项目给人的感觉是一气呵成的视觉盛宴。最后，跟进流行的热点，如"大脑的秘密花园"的灵感来自于风靡全球的图画书，"密码"和"窗口"的民间艺术，"皮影之谜""乱打秀"到音乐、舞蹈等艺术形式，丰富的项目元素，为节目提供了更多可能的项目展示。①

二、口碑和热点传播

《最强大脑》进入第五季，拥有大量忠实观众，但群体分布较为集中；因题材高、冷、小，难以辐射。第三季"最强出题人"的一众偶像团体打出"让科学在年轻人中流行起来"的口号，在配合宣传的内容上也灵活结合时下流行的载体和形式，SNH48 动图倒计时、TFBOYS H5 展示，力求打造出专属节目的人物和话题。

王昱珩，被打造成了神话一般的人物，微观辨水之后他被观众亲切地称为"水哥"。在第二季"扇面识别"项目中，他选择放弃观察并且秒杀日本战队队员原口证，为当时落后的中国战队扳回一分。在第三季第十三期"唇唇欲动"项目中，王昱珩再次放弃观察。此举遭到了所有评委的反对，魏坤琳教授表示："凭你的观察能力完全能胜任这个挑战，但今天比的是速度，如果你慢于对手的话还是输。"结果"狂妄自大"的水哥还是轻易战胜日本选手青木健，最终在第一轮中国队 0∶1 落后的情况下，为中国队扳回了一分。

陈冉冉（心算女神），学习珠心算时间达 12 年。她 7 岁开始在老家浙江慈溪学习珠算，小学五年级时，解放军军事经济学院心算队前来特招，陈冉冉凭借优异的心算成绩通过特招测试。在队十余年里，吃了常人无法想象的苦头，最终练就"神算"技艺，并拿下世界吉尼斯心算最快者称号。在《最

---

① 加菲："文化清流热潮下，勿忘这档'让科学流行'的现象级"，载 https://www.jianshu.com/p/5fa775e95fae，最后访问时间：2018 年 1 月 4 日。

强大脑》第三季中代表中国战队先打败日本心算神童辻洼凛音，后又战平日本第一神算土屋宏明，被国际评审选为"脑王"候选人。

何猷君，作为澳门赌王的儿子，拥有大多数人奋斗几辈子都难以企及的财富，但他绝不坐享其成，作为数学精英，多次被邀请参加"世界数学竞赛"并获奖，18 岁同时获得牛津大学和麻省理工学院（MIT）的录取通知，2016年继续攻读 MIT 的金融硕士，成为 MIT 史上最年轻的金融硕士，网友称其"明明可以靠家世、靠脸吃饭，可偏偏要靠智商、靠才华"，在《最强大脑》舞台一出场就秒杀全场，拿到百人大战两次第一。

第三部分：可借鉴价值

一、团队创新，全方位突破

编导思维的创新需要对节目进行十分精确的定位，节目的定位将会为编导创新提供一个大致的方向，也是节目创新的基础。团队把导演组分成两个对立的方面，分别策划，互相找缺点，最终相互融合，优中取优。编导思维的创新需要深入生活进行观察，在真实生活中寻求到最贴合观众心理的创新素材。在各种媒体混合生存的时代，要明确了解观众与媒体之间的互动模式，要切实从观众的实际需求出发，从选手的寻找、筛选、定位、设计各个环节创新，实现全方位突破。

在选手搜寻时，节目组采用了多维度分类方式和地毯式搜索方式。通过对选手能力种类分类、地域分类、年龄分类等方式进行搜寻，虽然进入大数据时代，但是最"实在"、最"笨"的办法有时候却是最有效的——选人导演分别到各个省会城市图书馆，一本一篇地翻阅期刊和都市报。[①] 到了第三季，节目组突破前两季寻找选手的方式、途径，创新地使用游戏 APP 进行选拔，拉近选手与观众的距离，俗话说"高手在民间"，用这种人人都能参与的方式，试图找出隐藏在大家身边的脑力精英。比如通过俄罗斯方块游戏进入

---

① 加菲："文化清流热潮下，勿忘这档'让科学流行'的现象级"，载 https://www.jianshu.com/p/5fa775e95fae，最后访问时间：2018 年 1 月 4 日。

节目的吴淞昊和在本节目游戏 APP 找颜色中脱颖而出的崔莉莉，他们是人群中普通得不能再普通的人，如果不是因为节目、因为游戏，其特殊才能可能一辈子都不为人所知，甚至到参加完节目，崔莉莉依旧觉得自己没什么特别，尽管在节目中她的表现让观众瞠目结舌。

二、对同行而言

《Super Brain》在选手晋级后，会开放报名渠道，接受观众对晋级选手的挑战。《最强大脑》沿袭了这一做法，并创造性地将胜出选手组成"中国战队"，推出中国与外国选手的脑力对抗赛，可以说是对原版节目的颠覆性改造。为确保国际 PK 赛的科学性和公平性，同时兼顾节目的观赏性，栏目组可谓煞费苦心。节目组采用多个办法，一是采取让选手现场直接 PK 的方式，抛硬币决定挑战的先后顺序，最终正确率高或用时短者获胜；二是采取选手国评审回避原则，每场邀请一个中立国的权威专家担任国际评审，比如中德、中日对抗赛的国际评审由美国国家科学院院士、麻省理工脑研究院院长罗伯特·戴西蒙（Robert Desimone）教授担任。

《最强大脑》对德国原版的改版使两国参与对战的选手能力不一定完全相似，为了呈现脑力达人们"针尖对麦芒"的精彩刺激，挑战项目的制定是一个令人头疼的难题。《最强大脑》的制片人桑洁透露："在项目设置时，我们还是以项目匹配为第一原则。因为我们是主场作战，所以遇到选手项目不匹配时，中国选手迁就外国选手。因此最终大家看到的个别 PK 项目，都选择了外国选手自己挑选的项目，我们找能力匹配的队员迎战。"中外脑力对抗赛极大地拓展了节目的国际视野，也向观众非常生动地阐释了什么是"人外有人、天外有天"。

从节目环节设计上看，《Super Brain》着重于展现选手的特殊技能，被观众评价其更像是"怪人秀""超能力秀"，其中不乏各种令人眼花缭乱的特技展示，但却缺少对项目难度和科学性的评估和解释。《最强大脑》则凭借了强大的幕后专家团队，从专业科学的角度对选手挑战项目的原理进行了解析，并向广大观众介绍了科学知识。《Super Brain》强调竞技元素，最终获胜者有25 000欧元的高额奖金。《最强大脑》成功晋级的选手可获得荣誉勋章一枚，向晋级者发出挑战的选手争夺的是加入中国战队，取得与国外的脑力精英们对战的资格。在国际赛中，中国选手有着极强的集体荣誉感，所表现出来的团结奋进、为国家荣誉拼搏的精神符合我国的主流价值观。相较德国《Super Brain》在物质的奖励，本土《最强大脑》则更强调精神上的满足，荣誉感和中国精神在这里通过节目传达给大众，就像《战狼2》一样，它传递的正能量不仅仅是个人的，而是祖国的强大和自信。模仿甚至抄袭国外当红节目，从短期来看确实是省心省力且收视率有保障的选择。但从长远来看，节目的发展和后劲可能有很大不足。照搬国外的节目创意容易出现"水土不服"，回顾国内近些年的电视作品，不乏"昙花一现"的例子。电视节目创新本身就是一个系统的工程，从团队组建、策划流程、节目制作到创新互动，各个阶段环环相扣。《最强大脑》在收视率和口碑上的成功，以及其宣传团队对热点和话题制造的把握，都值得我国其他卫视节目组学习，也给其他节目组提供了宝贵的经验和借鉴之处。①

《最强大脑》作为一档从德国引进的科学类真人秀节目，对我国电视节目创新发展具有重要意义。2018年4月10日，戛纳电视节，国际资深电视业专家"The Wit"创办人Virginia Mouseler女士在"The Fresh"大会上推荐了来自全球的多档优秀全新电视节目模式。其中《燃烧吧大脑》（英文名：《Puzzle Masters》）成为本次大会中唯一一档被选中推荐的来自中国的原创节目，它向世界展示了中国电视行业的最高水准。远景影视作为国内最具水准和实力的原创内容制作公司之一，将伴随着国际化的合作和中国电视原创力的提升，代表中国电视最高制作力量走向世界的舞台。②

---

① 人民网："《最强大脑》：'后娱乐时代'引进节目本土化改造的成功案例"，载 http://media. people. com. cn/n1/2016/0224/c40628 - 28147070. html，最后访问时间：2018年1月4日。
② 《最强大脑之燃烧吧大脑》官网网站，载 http://www. izqdn. com/news/412. html，最后访问时间：2018年1月4日。

经营类真人秀节目

《厨房噩梦》

——将濒危餐厅拉回"生死线"的"烹饪超人"

作者：王云东　杨　璐

第一部分：节目概况

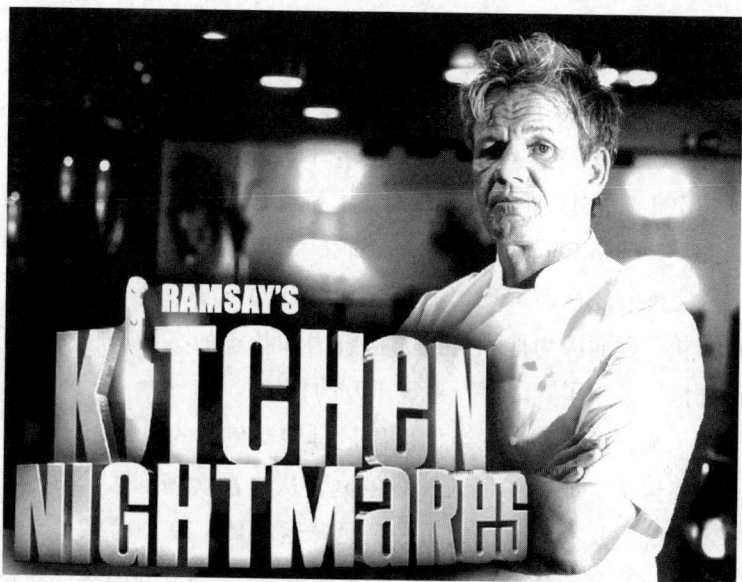

图1　节目海报

中文名称：厨房噩梦

外文名称：Kitchen Nightmares

别名：拯救厨房大作战

地区：美国

节目类型：真人秀

导演：戈登·拉姆齐

主持人：戈登·拉姆齐

制作公司：A. Smith & Co.

首播时间：2007 年 9 月 19 日

播出频道：Fox TV

播出时间：2007 年 9 月 19 日至 2014 年 9 月 12 日

在线播放平台：bilibili、优酷

节目时长：45 ~50 分钟/集

　　《厨房噩梦》是由美国 20th Century Fox Film Corporation 发行，A. Smith & Co. 公司制作的纪实性真人秀节目，该节目也曾被翻译为《拯救厨房大作战》，于 2007 年 9 月 19 日首播第一期。主持人是风靡欧美的"地狱厨师"戈登·拉姆齐（Gordon Ramsay），之所以加上"地狱"二字，是因为他在烹饪节目中追求完美的风格而表现出的粗鲁和苛刻的态度，然而这并没有让他主持的节目掉粉，反而因为他独特的人格魅力和扎实的烹饪功底，节目在整个英国乃至全世界吸引了数以百万甚至千万的粉丝。

　　戈登·拉姆齐可被称为现当代世界最具传奇色彩的厨师之一。他于 1966 年出生于道格拉斯，成长在工人阶级家庭，从小喜欢踢足球，毕业于北牛津郡职业技术学院，长大后顺利成为一名足球运动员，19 岁时膝盖受伤彻底粉碎了作为足球运动员的梦想，之后他潜心研究厨艺，在 2001 年，获得了英国"米其林三星"的荣誉称号，当年获此大奖的也只有三位。

　　他从业 25 年，在全世界拥有 28 家餐厅，出版烹饪书籍数十部，共获得了 14 颗米其林星。米其林是法国最具悠久历史、最具权威资格的餐饮行业点评鉴定机构，该机构每年出版的《米其林红色宝典》被世界上的美食家誉为"美食圣经"。就是这样一个富有传奇色彩的厨师让《厨房噩梦》在欧美地区乃至世界大受欢迎。很多国家按照该节目的形式内容进行引进翻拍，但都没

图2　厨师戈登·拉姆齐

有戈登·拉姆齐主持的《厨房噩梦》产生的影响大。

　　每周一期的《厨房噩梦》吸引人的地方不只是戈登·拉姆齐独特的人格魅力，观众们期待的还是每一期节目中的那家濒临倒闭的餐厅在戈登·拉姆齐的帮助下是如何转危为安、死灰复燃的，店主和伙计们是如何从愁眉不展到喜笑颜开的，剧情是如何从火药味十足发展到最后温馨大结局的。虽然每一期的餐厅都不一样，他们面临的生存困境也不一样，但是戈登·拉姆齐犹如神医一样，通过"望闻问切"的手法，令一家濒临倒闭的餐厅重获生机，这其中的转变与鲜明的对比以及人物台词和食客的反应才是观众们最想看和关心的。

一、版块设计

　　《厨房噩梦》虽然不像竞赛类真人秀、情感类真人秀、访谈类真人秀等有明确的版块设置和篇章分布，但也有自己特色的版块设置。比如，刚一开始，节目会把地点设置在餐厅的大堂，然后主持人戈登·拉姆齐进入餐厅，老板迎上来吐槽自己的经营状况和菜品味道，戈登·拉姆齐皱了皱眉就进入后厨。此时第二个版块悄然而至，地点就在后厨，而戈登·拉姆齐在后厨的一系列指导是全篇高潮。最后的场景又回到餐厅大堂，而场景完全不同的是，这时候的食客络绎不绝，纷纷对口味拍手称赞。最后戈登·拉姆齐在餐厅经营者的目送下离开餐厅。这样的版块设置，突显了它的戏剧冲突性、内容纪实性以及人物迥异性的特点。

其实，从第一季一直到第七季（即最后一季），每一期节目都是从一个危机四伏、濒临倒闭、内外交困的餐馆开始，无论是员工之间还是合伙人之间，都充斥着浓浓的火药味，菜品也老旧不出新，味道越做越差，仓库囤货严重，食材甚至可能发霉变质，食客们的反馈也往往是失望的、不满的、无奈的，吃了这一次就不想来下一次。在这样充满内忧外患的情况下，戈登·拉姆齐出现了，他一边调节人物关系矛盾，一边手把手地教后厨如何推陈出新、如何做出一道美味的菜肴，但是该片导演技高一筹的是，矛盾不会随着戈登·拉姆齐的调解就立马解决，后厨也不会因为戈登·拉姆齐的亲授厨技而马上学会，反而，一波未平一波又起，旧矛盾解决新矛盾就接踵而至，总有许多意料之外的情况发生。正是这样的戏剧冲突才让该片的收视率居高不下，观众们总是很期待戈登·拉姆齐如何解决接踵而至的难题，而餐馆的主人公又是怎样在戈登·拉姆齐的帮助下渡过难关，使得餐馆死灰复燃、重获新生。然而，每期节目都会预告后面即将发生的矛盾冲突的花絮，时长虽短，但也间接进行了板块分类，只是没有具体的名称罢了。

图3　主持人在训斥餐馆老板

图4　主持人在教餐馆老板如何改善经营问题

图5　主持人在菜品制作方面给餐馆老板出谋划策

图6　主持人就菜品向厨师提出自己的看法

二、舞美设计

《厨房噩梦》属于纪实性的真人秀综艺节目，所以就不存在像访谈类真人秀、竞技类真人秀节目需要许多道具以及舞台布置的情况，纪实性的真人秀节目因为没有华丽的舞美反而更能突显出节目的真实性和趣味性，但并不是说因此节目就不需要舞美，任何一档栏目都需要舞美来打造效果，在每一期节目的餐厅里面，其实就已经有了现成的灯光设计和道具摆设，只是要根据节目组的需要，将餐厅里的桌椅板凳、厨房里的锅碗瓢盆根据拍摄需求进行重新摆放。无论什么样的舞美设计都是为了突出整部片子的戏剧效果，《厨房噩梦》也不例外，导演组会根据当期的节目主题对餐厅进行简单的重新布局，但是不能调动太多，否则就有失真之嫌。主持人戈登·拉姆齐也非常随性自然，除了常规的化妆以外，不需要过多的粉饰装扮。

另外本节目还有一个优点是，每个人的镜头感都很强，而且台词和戏份都很足，没有假演的成分，观众还曾一度质疑该节目的真实性。而节目组技高一筹，为了打消观众的顾虑和质疑，戈登·拉姆齐在每一季里都会对上一季的餐厅老板随机挑选进行回访，摄像机也将全程记录。虽然经过戈登·拉姆齐的帮助，但事实上仍然有近一半的餐厅倒闭，这也从侧面反映了一个问题，那就是综艺真人秀节目的重点依然是在综艺上面，并不会像社会上的专业机构来系统全面地解决问题，而大多数观众观看节目也只是打发时间而已，并不会跟踪调查每一期里的餐馆和老板的命运何去何从，因为他们看电视的目的主要是娱乐和消遣。

三、人员设计

在《厨房噩梦》中，戈登·拉姆齐每期都要面对不同的餐厅老板，这些餐厅老板的人际关系或者很复杂或者很简单，但从七季节目来看，大多数老板都困顿于家庭成员的亲情中，有父子之间因为经营权的问题而发生争执的，有双胞胎兄弟之间因为烹饪理念不同而大吵大闹的，也有兄妹之间因为对餐厅的经营和在客人的诉求方面达不成一致的意见而彼此嫌弃的。主持人每期面对这样紧张的家庭关系时会如何处理，让亲人之间冰释前嫌、重归于好，是观众们最想看到和学到的内容。但是，在节目里的矛盾冲突往往一波未平一波又起，从电视综艺的角度而言，这正是吸睛点，换言之，这可能就是整个栏目收视率最高的部分，广告商也会为此高收视率而投资。所以，如果没有那么激化的重重矛盾，也就没有这么多的看点乃至收益，于是就需要有一个好的导演和编剧来安排"化学反应"，犹如在有些沸腾的水里加入大量化学药剂，使得它更加沸腾乃至爆炸。简言之，本身已经有现成的矛盾，只需要节目组从中小施计策，矛盾就会不断被激化，但整个过程犹如向空中抛掷回旋镖，扔得出去也要接得回来，有些综艺节目的失败就在于扔得出去接不回来，所以在抛出去之前，导演和节目组就要做好人员设计等各项内容的安排，以便顺利地、安全无误地接住扔出去的回旋镖。

同时，在整个过程中，对于主持人的考验是非常巨大的，虽然有节目组在背后"撑腰"，但对于现场出现的任何突发情况，戈登·拉姆齐要做到临危不乱、兵来将挡、水来土掩，尤其是面对家庭纷争不可开交或店主与店员之间因为各种问题即将发生冲突时，就在这千钧一发之际，主持人要立马从"催化剂"化身成"镇静剂"，晓之以理、动之以情，迅速控制全场的气氛，让大家冷静下来，而这一刻的冷静并非一直到结束，这一刻的突然安静反而预示着下一刻更大矛盾的爆发，而这一波又一波地迭起迭落，恰恰是保证高收视率的关键内容之一。

另外，从台词的角度而言，虽然没有事先对词试戏的可能，但是由于前期的控场和后期的剪辑，节目从头到尾是一气呵成的，没有任何逻辑上的漏洞和情节上的断层，这也彰显出导演和编剧深厚的功力，这也是该节目一直保持收视长虹的关键因素之一。

图7　众人一起商讨如何在菜品上改进

第二部分：节目成功因素分析

一、抓住了受众最关心的饮食问题

如果问什么才是观众最关心的或者最想看的，无非就是吃穿住行四个方面，因为这四样是与观众的生活最为息息相关的，而最重要的就是吃。所谓"民以食为天"，无论科技多么发达，哪怕人工智能完全取代了劳动密集型产业，瓜分了部分知识密集型产业的份额，其也无法完全取代餐饮行业。因为，当人们已经不再为怎么吃饱这个问题发愁犯难时，就该关心，我如何吃是健康的、营养的、合理的、有情调的，所以，只要是在"吃"上下功夫的综艺节目，都能够走得更远、时间更长久一些。比如中国的《舌尖上的中国》《十二道锋味》《熟悉的味道》《星厨驾到》等综艺栏目广受观众好评；美国的《顶级大厨》《地狱厨房》风靡整个欧美；日本富士电视台与关西电视台共同制作的《SMAP×SMAP》，韩国 TVN 电视台出品的自给自足有机农业生活美食综艺节目《三时三餐》，韩国 JTBC 电视台制作的料理脱口秀《拜托了冰箱》都是极受当地百姓喜爱的综艺节目。可见，在综艺节目中，以餐饮为主题来打造节目，永远都不会过时，但是如何做出一档观众喜闻乐见、收视长虹的餐饮综艺节目，就需要有顶级的导演、编剧团队来进行策划制作。

二、厨师类主持人广受大众好评

一个好看的纪实类的综艺节目，主持人的作用至关重要，他的专业素养、学问学识、人生阅历、言谈举止都影响着节目的进程和收视，许多观众因为喜欢栏目而喜欢主持人，也因为被主持人所吸引才更加关注栏目的内容，甚至只要是喜欢的主持人主持，不管栏目的内容是不是自己所喜欢的，都已经不重要了，因为主持人的魅力完全盖过了节目本身的形式和内容。而在《厨房噩梦》，戈登·拉姆齐本身就是世界级名厨，他拥有属于自己的遍布世界的餐厅，也出版过几十本有关于烹饪的被奉为"美食圣经"的专业书籍，而且他的餐厅在欧洲获得的米其林星是也非常多的。即便戈登·拉姆齐不当主持人，光以厨师的身份做好本职工作，安安心心做出一道又一道的佳肴烹饪，就能吸引许多食客慕名而来，就能成为他们心中值得尊重的偶像，因为他本身就是一名世界级传奇的厨师，个人性格十分具有魅力。同时，戈登·拉姆齐的个人魅力不只是精湛的厨艺和丰富的经历，也包括他在节目中调解矛盾的能力和对膳食苛刻的要求，他甚至会因为不满的情绪而破口大骂，会因为屡教不改的后厨而嘲讽指责，也会因为和主人公沟通不力而无奈发狂。总之，戈登·拉姆齐的举手投足之间，都是观众们的看点，都会成为除了美食以外最大的焦点。

图8　主持人召集餐馆老板和厨师商量对策

在世界综艺大国中，综艺节目的主持人主要分为娱乐型主持人、学者型主持人、专业型主持人等类型，戈登·拉姆齐毫无疑问就是兼顾娱乐和专业类型的主持人，他完全具备了一个综艺主持人幽默、机智、灵敏的特点，尤其在他与店主聊天、解决家庭矛盾、处理餐厅与食客关系时，这方面的能力尤为明显。另外，作为一名大厨，每一期节目他都会手把手地教做菜，都会在原有的味道和工艺上进行改良，并且会从饮食文化和烹饪技巧方面与店主进行探讨，这也彰显了戈登·拉姆齐的厨艺功底。

三、受众被节奏带着走

《厨房噩梦》自开播已进行了七季，尤其是从第四季以后，导演对于节奏的把控日臻成熟。无论是电影、电视剧还是综艺节目，都有着自己的模式与套路，《厨房噩梦》也不例外。刚一开始，目标餐馆都是经营惨淡，家庭成员矛盾重重，店长与店员之间嫌隙很大，食客们对于餐馆的评价指数也非常低，每一家餐馆都在濒临倒闭的边缘摇摇欲坠，稍不留神就迎来关门大吉的厄运。此时，音效和背景音乐的运用也至关重要。在伊始的段落中，背景音乐往往是急促紧张的，给观众营造了一个令人压抑甚至屏住呼吸的氛围，因为家庭成员之间随时可能爆发一场大战，从戏剧理论的角度而言，矛盾冲突点散布在餐馆和家庭主要成员的身上。在让观众了解到餐馆经营的现状之后，"地狱厨神"戈登·拉姆齐便登场，一般他的出场都是受家庭成员的委托，因为他们希望戈登·拉姆齐来拯救岌岌可危的餐厅，让家庭成员之间排除嫌隙、重获信任。戈登·拉姆齐出场后，便会询问和找出人事关系上的问题症结，但不是每一个人都那么配合，当有人不配合、不听从戈登·拉姆齐的调解时，戏剧冲突便会不断深入下去。这时戈登·拉姆齐会挖掘出更深层次的问题的根源，也会带领观众走进问题的最深处。之所以说戈登·拉姆齐是"地狱厨神"，原因之一是他独到犀利的点评和问责，这种风格的主持人在大多数国家的真人秀综艺或者访谈节目中都能找到，而且这样的主持人也往往很受观众欢迎，因为他们能问出观众不能说或者不敢说的话，这是讨巧点之一。

戈登·拉姆齐的套路和模式基本上从第三季开始逐渐定型。首先他会与家庭成员见面，然后在餐厅中以食客的身份品尝老板推荐的菜肴，但往往老板认为好吃的恰恰是戈登·拉姆齐认为难吃的，他会讽刺刁难这样的菜品是给人吃的吗；他会苛责为什么这样的餐馆能开这么久，不如趁早关门算了。之后戈登·拉姆齐会来到后厨，亲眼看看厨师们是怎么做出这么难吃的菜肴的，这时他依然会提出各种各样的问题。他还会来到库房，看看他们的食材究竟是怎样的。每一季的《厨房噩梦》里，戈登·拉姆齐都能找到发霉变质或完全不能食用但堆积在库房里等待加工上桌的食材。此时，观众会有很强的代入感，戈登·拉姆齐犹如磁场一般，带领观众们将负面的批评的情绪和言语通通抛给餐馆的老板，而餐馆的老板在看到这些场景时也非常尴尬，这时新一波的矛盾冲突点如约而至，观众们都在期待老板如何打算，是选择放弃被拯救，还是选择迎难而上，在戈登·拉姆齐的帮助下让餐馆重获新生。从节目开头一直到结尾，导演对于节奏的把控都特别到位，整期节目一气呵成，没有断层，而且给观众很强的代入感，不忍换台。观众都想知道矛盾是如何产生的，又是如何消亡的；食客是如何嫌弃菜肴的，在戈登·拉姆齐的帮助下，又是如何转变为点赞的；家庭成员之间的冷漠是通过什么方式进行化解的；整个餐馆究竟通过什么方法重获新生的。而节奏，犹如一道散发着热气的美食，将所有的观众如食客一样牵引着走，这才是导演的高明之处。

图 9　餐馆老板因经营问题陷入绝望之中

图 10　主持人在质问厨师为什么做出这样难吃的鸡翅

图 11　因观点不同，主持人与老板发生矛盾

四、观众品尝到了更多人情味

品尝一道佳肴，起初品尝的只是菜品本身的味道，但只有心存人文关怀，才能品尝到菜品美味之外的人情味。在《厨房噩梦》中，导演匠心独运，因为每一期的餐馆老板都面临着难以调和的家庭关系，如父母与子女、双胞胎兄弟、兄弟与姊妹等，这些关系中充满着误会与矛盾，他们之间因为经营理念、管理方式、对菜肴制作的工艺理解的不同，站在自己的立场思考问题，进而会产生一场没有硝烟的口角之战。也有一些餐馆比较有历史，在当地颇受欢迎，但在后人的手中因经营不善、味道不佳而业绩下滑、濒临倒闭，所以在《厨房噩梦》中，看似戈登·拉姆齐作为大厨拯救的是一家餐馆的命运，实则拯救的是餐馆的拥有者一家人的岌岌可危的家庭关系。每一期节目中，从家庭关系因餐馆经营惨淡而变得岌岌可危到家庭成员在戈登·拉姆齐的帮助下重振旗鼓而落泪相拥，浓郁的人情味在浓香的菜肴中不断升华，人性之光也在戈登·拉姆齐的调解下不断闪烁，让观众们看到，其实制作菜肴的前提是要有一颗懂得感恩、懂得关爱的热忱之心。在中国，美食遍布大街小巷，但往往最有人情味的店家，他的生意才会红火长久，因此坊间都流传着"会做人，才会做生意"的说法。

另外，戈登·拉姆齐在不断调解家庭成员关系时，会主动引导主人公学会理解自己的父亲母亲、兄弟姐妹，告诉他们，家庭和睦才是重要的，才是经营好这家餐馆的法宝。

五、镜头和音乐的相辅相成

在背景音乐方面，节目刚开始都是用城市空镜头转接到餐馆，有蓝天白云、交通流量的全景，也有食客用餐、门牌标志的特写，这时背景音乐都比较轻松偏舒缓，电视前的观众们和镜头里的食客们也都在享受明媚的阳光和惬意的生活。当餐厅里面突然出现吵闹、尖叫，矛盾冲突接踵而至的时候，背景音乐就会突转且逐渐急促起来，之后随着戈登·拉姆齐进入餐厅大厅和厨房，店员之间出现了争吵，食客们开始感觉到气氛尴尬且难以继续享受美食，此时的音乐开始从急促变得更有爆发力，鼓点增强，突出紧张的气氛。随着矛盾迭起、冲突加剧，背景音乐也随之变得更有紧迫感，但在有些时候，比如戈登·拉姆齐和店主对话、静下心来聊天时，音乐都会留白，导演的目的就是让观众能够静静聆听他们之间的谈话内容，感受安静的情绪，看到经过主持人调解后，主人公在态度上的鲜明反差和强烈对比。在每期节目结尾，当大家喜笑颜开、冰释前嫌的时候，音乐又会重回轻松愉快的步调，但是与节目开头不同的是，结尾处的音乐更显得温馨和睦，观众能从主人公真诚的微笑里读出一些耐人寻味的意义，尤其是主人公的前后反差的对比，会给很多观众一些关于自身情绪和性格的思考，导演在这方面的处理能力非常强。

在镜头运用方面，导演在每期节目里基本上运用了 3~5 个机位，而且每个机位的角度都不会显得生硬不自然。另外在景别方面，餐厅里面大部分以中景和近景比较多，在后厨里面用的近景和特写比较多，尤其是表现人物性格时，导演善用特写，从一颦一笑到眉头紧蹙，特写镜头调度得游刃有余。另外在拍摄美食时，导演将大量的镜头放置在了制作过程中，成品的佳肴特写虽然也有，但是不多，如果将过多的特写花在美食上面，就很容易造成喧宾夺主的局面，整个画面虽然看起很美，但是从剧情发展的角度来说，很容易造成一种无形的被动，也会削弱导演想要表达的主题思想，主旨的突显和主题的表达就会力不从心。

值得一提的是，美食节目都讲究美食的可观赏性和完整性，因为一道美食如果不兼具色、香、味，那就不是真正的美食了。尤其在西方的普世价值里，讲究毁坏与重建，这点在《厨房噩梦》里，同样表现了出来。当店主拿出一道自认为非常好吃的美食端放在戈登·拉姆齐面前请他品尝评鉴时，戈登·拉姆齐都会仔细品尝，观众也在期待他品尝之后会有什么反应，这时特写就打在他的脸上，戈登·拉姆齐表现出不喜欢这道菜，会质疑制作这道美食的店主的烹饪水平，店主的尴尬表情随即又被推上了特写。戈登·拉姆齐会用餐刀和餐叉将这道菜进行翻来覆去地解剖，这道菜俨然已经完全没有了可观赏性和完整性。这道被"蹂躏"的菜会拿到厨房处理掉，接着戈登·拉姆齐会亲自下厨，教他们如何进行改良才能做出又好吃又好看的菜，做好之后，特写打上，客人品尝之后都说好吃，后厨里的厨子再重新去做。等到节目快接近尾声时，店主会端出来一道他们按照戈登·拉姆齐的方法烹调出来的美食，这时的特写时间会长一些，主持人也不会再对它进行"蹂躏"，而是细细把玩和品尝，这正好与我们前面所说的"毁坏与重建"的思想不谋而合。所以在美食节目里，能突出这样的思想，也是导演的另一高明之处。

六、传播世界饮食文化

《厨房噩梦》还有一处优点就是在不断宣传和传播欧美的饮食文化。从第一季一直到最后一季，每一期节目里的餐厅都不是随意胡乱挑选的，而是节目组经过一遍又一遍地甄选之后的确定下来的。这样的选择既融合了当地的风土人情，也结合了餐厅背后的餐饮历史文化，并且在每一道美食里面都能探究出美食背后的人文故事，这正好也契合了欧美大众对于饮食文化的理解。从传播学的角度来说，人际传播最困难的就是把传播者的理念传输到受传者，让其入脑入心，尤其对于传统媒体制作的饮食节目来说，这并非是一件易事，但是《厨房噩梦》做到了。每一季的每一期里，观众们除了关心餐厅是否能转危为安，也在关注着美食是否顺利过关、获得食客们的肯定和赞许，而且戈登·拉姆齐手把手地教做菜的同时，也是在传播烹饪的技巧，观众们可以一起来学习。另外，在每一季的节目中，都会看到节目组所选餐厅的历史背景，有的餐厅的历史甚至超过百年，现任的店主会将前人的画像挂在走廊或者大厅里非常显眼的位置，也会告诉主持人当初前人是如何开这家餐厅，都遇到了哪些困难，在研发这道美食的时候又遭遇到了什么。这样以当事人讲故事展开饮食文化背后的故事的方式，在以饮食烹饪为主题的综艺节目中还是非常少见的。

值得一提的是，除了欧美，该节目还被成功引进亚洲、非洲、拉丁美洲等地区，尤其是华人，对于这档栏目非常喜爱，他们也因此爱上了欧美的饮食佳肴。同时对于喜欢烹饪、研究世界各地美食的美食家们来说，这个节目也是非常具有教育意义的，因为在每一期的节目里，你都能接触不同的美食，你能看到美国人每天都在吃什么、他们都喜欢吃什么。长此以往，既能达到饮食文化的传播效果，也能产生地区之间饮食差异的碰撞和融合。这对于世界饮食文化的交流来说，毫无疑问是一件百利而无一害的事情。

第三部分：可借鉴性

对于一档以饮食烹饪为内容、以纪实为体裁、以娱乐收视为目的的真人秀节目，《厨房噩梦》无疑获得了巨大成功，在 FOX TV 的收视历史上占据了一席之地，在当时风靡全球，也为以餐饮烹饪为题材的纪实类真人秀节目开了先河，之后世界很多国家都先后引进了该片，并且以该片为蓝本，结合本国餐饮文化现状，制作了类似《厨房噩梦》的纪实型真人秀节目，并且大受好评。虽然各地区在文化方面存在着巨大的差异，且这种差异很难直接相互共融，但是这并不影响我们从其他角度来借鉴《厨房噩梦》的可取之处。

一、素人代替明星成为节目看点

在中国、日本、韩国等国家还在消费明星效应的时候，欧美国家早就已经开始了从明星真人秀到素人真人秀的探索，虽然明星真人秀更能产生粉丝经济效应来换得收视率，但是明星效应也有时间和空间的局限性。现在，很多电视机前的观众已经不再关注明星每天干什么了，也不像从前这么在意明星究竟演了什么电视、上了什么综艺，反而更加理性化，更愿自己做主人公，自己有话语权，成为别人瞩目的焦点，在这种背景下，素人真人秀应运而生。但素人真人秀如果没有某一方面的技能才艺作支撑，就缺少了典型性和可观赏性，自然就没有媒体想要的价值。所以，现在世界诸多综艺大国都在探索一条从素人综艺出发的路子，而且这些素人既来自民间，又有别人不具备的才艺本领。《厨房噩梦》就在这条路上开了先河，虽然被选上的餐厅可能在当地知名，但是餐厅老板及其家人并非家喻户晓的电视明星，他们和普通人没有区别，而且节目组选择的餐厅也很具有地域代表性，能够让更多当地的居民产生共鸣，并期待剧情的进一步走向。所以，如果能将明星效应和素人效果很好地融合在一起，这或许就会成为真人秀综艺的另一条路。

二、主持人控场能力是关键因素

我们身边每天都有千奇百怪的事情发生，如果想把这些千奇百怪的事情搬向大荧幕，就需要导演有一双慧眼，善于发现生活之美，善于挖掘生活之鲜，并且能够在原有的基础上进行进一步创新。无论是文本层面还是内容层面，我们在表述的方式上是可以创新的，在表现的形式上也是可以与别人不一样的。《厨房噩梦》起初是节目组自己去寻找餐厅，后来，就有很多濒临倒闭的餐厅打来电话寻求帮助，这样一种由被动变主动的关系，实则是一种探索模式的成功，而且戈登·拉姆齐在挖掘素材时，非常善于抓住主要矛盾和矛盾的主要方面。他能在"镇静剂"和"催化剂"之间自由转换，这也表现出了他极强的控场能力。所以，真人秀节目要善于挖掘新鲜点，然后再进行不断深化，并在深化的过程中找到戏剧冲突点，这使得真人秀节目能够在不失真的情况下兼具戏剧效果和娱乐效果。

三、优秀文化精髓需要挖掘和传承

《厨房噩梦》能够迅速火遍欧美的重要原因之一，就是将欧美信奉的饮食文化带入了节目中，与观众产生共鸣。中华文化博大精深，是四大文明古国中唯一没有文化断流的国家。可是现在许多综艺节目只知模仿照搬欧美日韩的综艺套路，并没有吸纳融会本国文化实际，从媒体的角度而言，其没有做好文化传承的任务。所以，媒体工作者应该不断学习，加强传统文化修养，结合本地实际，制作出一档适合国人收看的具有文化精髓的综艺节目。这并非是要娱乐就不要传统，要传统就不要娱乐。娱乐和传统之间没有明显的界线，而且如果能将二者很好地融会贯通，也必定会开启国内此方面综艺的先河。总之，在传播娱乐和传承文化上面，需要找到一个很好的切入点，这个点既能让观众消遣时光，也能对观众寓教于乐，同时还能提升观众对于文化的欣赏品味，最重要的是，要符合社会主义核心价值观，做具有我们自己意识形态的综艺节目。

四、通过娱乐节目表达了人性主题

每一季的《厨房噩梦》的内核都是通过故事宣传人性，告诉受众个人选择和努力很重要，但是责任更重要。节目试图告诉观众的，是餐厅经营惨淡的原因源于老板的情绪自控能力、统筹管理能力和对顾客们的服务能力，而美国的民主的本质就是在追求自由平等的同时，也要具备承担责任的能力。节目会引导观众在看到濒危和复生之后的餐厅思考这些对于我们自己生活的教育意义，包括我们该如何行使自己的权利、如何履行自己的义务、如何承担自己的责任。

第四部分：存在的问题

一、内容过于模式化造成受众疲劳

《厨房噩梦》的每一集虽然不是相同的餐厅、老板、情况，但故事的线性叙述永远都是餐厅濒临倒闭，经营惨淡，直到戈登·拉姆齐出现，指点之后，餐厅死灰复燃，恢复经营。由于缺乏创新，从第三季开始，受众已经出现了视觉疲劳和审美疲劳，因为观众都能预见到故事发展的脉络和节目会以何种方式收尾，这也是导致节目从第五季开始收视率出现下滑的原因之一。因此，节目设计既要坚持特色又要敢于创新，这是从业者需要思考的问题之一。

二、演员台词和行为有表演之嫌

冲突本是戏剧的概念，而综艺节目同样需要冲突，才有可看性。许多受众表示喜欢看《厨房噩梦》的原因之一，就是情节很像剧情片。有一些餐厅老板看起来很恼火，台词和行为让人觉得不舒服，虽然可能具有表演之嫌，但一些受众明知道其是演出来的，也依然喜欢看，因为他们看的就是矛盾冲突。

三、主持人的性格传递负面情绪

　　每一集的看点之一就是主持人戈登·拉姆齐的暴脾气，当他看到糟糕的厨房，尝到难吃的味道，了解到惨淡的经营，就会大发雷霆。当餐厅老板与主持人戈登·拉姆齐对于经营理念、烹饪技巧和食客心理出现分歧时，戈登·拉姆齐会再次发飙，这在一定程度上会给观众传染一些负面暴躁的情绪，在观众们讨论"真"与"假"时，这种情绪可能会透过荧屏渗透进观众们的日常生活中，但更多的观众不了解的是，戈登·拉姆齐的发怒一定程度上是为了增加节目效果。

《亲爱的客栈》

——看客栈，悟生活

作者：甘　清　杨　璐

第一部分：节目概况

图1　节目海报

中文名字：亲爱的客栈

外文名字：The Inn

别名：亲爱的客栈、一家客栈

地区：中国

节目类型：大型经营体验类观察真人秀

导演：陈歆宇

主要嘉宾：刘涛、王珂、阚清子、纪凌尘、陈翔

制作公司：湖南卫视

首播时间：2017 年 10 月 7 日

播出频道：湖南卫视

播出时间：2017 年 10 月 7 日至 2017 年 12 月 23 日

在线播放平台：芒果 TV、腾讯视频

节目时长：约 85 分钟/集

《亲爱的客栈》是湖南卫视 2017 年下半年推出的经营体验类观察真人秀节目，于 2017 年 10 月 7 日起每周六晚 22：00 播出。该节目接档《中餐厅》，结合快节奏、强压力的现实背景与中国传统文化，继续引发出"慢综艺"环境下的民宿生活情怀。节目邀请明星夫妻刘涛、王珂，明星情侣阚清子、纪凌尘及"单身狗"陈翔一同前往泸沽湖进行为期 20 天的客栈经营，扩展了现有的综艺框架，在慢环境、慢文化、慢心态中融合经营元素，通过青山绿水的环境与柴米油盐的生活展现给大众"慢下来，去生活"的理念。不仅如此，每周一期的《亲爱的客栈》也渐渐填补了少数综艺节目缺乏与观众建立参与感和情感关联的空缺，"它在经营客栈过程中，将'明星''素人'概念转化为'服务者'和'客人'，通过日常生活的相处弱化两者之间的距离感，让明星走进'素人'的衣食住行，融入日常生活的细节渗透，也通过嘉宾和嘉宾之间、嘉宾和客人之间的情感沟通，让《亲爱的客栈》成为观众生活中真实婚姻、情侣、朋友等关系经营与反思的'窗口'。"[①]

该节目播出的 3 个月内，收视不断领先，话题热度不断飙升，如"'阚清

_____

① 湖南卫视："《亲爱的客栈》实现零距离无间隔打造最自然'星素结合'"，载人民网，http://ent. people. com. cn/n1/2017/1106/c1012－29630165. html，最后访问时间：2018 年 4 月 10 日。

子、纪凌尘吵架''纪凌尘剃头''刘涛瑜伽''王珂剁鸭''陈翔别哭'等话题迅速登上热搜榜，且共计登上微博热搜 85 次，其中有 10 次登上热搜第一的位置"。截至 2017 年 12 月 23 日，该档综艺节目共播出 12 期，已完结，"新浪微博话题《亲爱的客栈》阅读量达 38.7 亿，讨论量达 378.9 万，并数次登上微博话题综艺榜第一"。①

一、版块设计

《亲爱的客栈》在风景优美的泸沽湖深处新开设了一家民宿客栈，让企业经营者出身的王珂担任客栈老板，刘涛担任老板娘，阚清子、纪凌尘、陈翔担任员工，共同经营这家"亲爱的客栈"，但这不是玩游戏，而是真正的做生意。该节目只有五位固定嘉宾，没有在版块设计上进行明显的界限区分，而是基于真人秀节目的形式，用"爱"这个大主题将节目体系拆解，将客栈与生活联系起来。五位固定嘉宾从一开始的物资整理、房间报价等工作入手渐渐走上了客栈经营的正轨。客栈的打扫与管理、客人所需的定制服务、物资的采购、交通的运输等问题都在夫妻之间、情侣之间以及他们与客人之间来回碰撞，让现实性与戏剧性画面交叠呈现。

图 2　客栈老板王珂给员工陈翔分配工作

---

① 湖南卫视："《亲爱的·客栈》十二期收视大满贯众人泪崩告别客栈"，载搜狐，http://www.sohu.com/a/212582565_117775，最后访问时间：2018 年 4 月 10 日。

在每两期节目间，节目组会安排一名或多名临时义工协助固定嘉宾一起经营客栈。每天客栈工作结束时，夫妻或情侣间会补充一个书信对话环节，供大家在夜晚吐露心声，读信的过程像在讲述白天未完待续的故事，老夫老妻的粗茶淡饭、热恋情侣的磕磕绊绊不仅感动了主人公，也引发了观众的循环期待，让人们在快节奏、强压力的社会氛围中也感受到纯粹，感受到返璞归真，感受到简单自然。

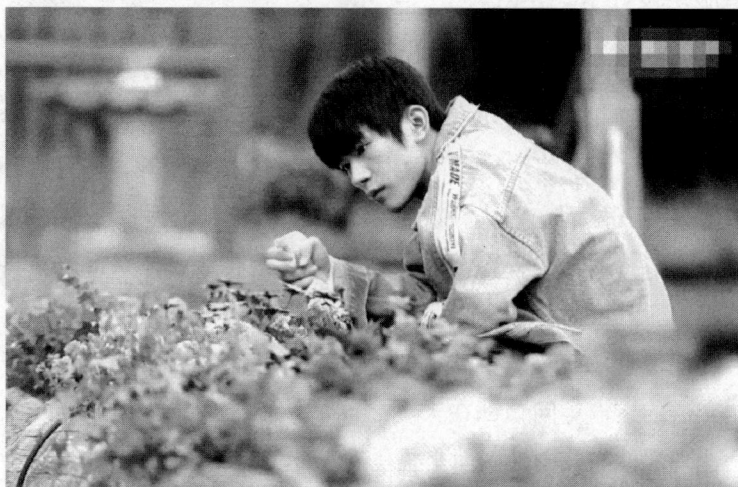

图3　义工嘉宾易烊千玺在客栈独处

二、环境设计

《亲爱的客栈》属于经营体验类观察真人秀，看似不像竞技类真人秀、访谈类真人秀等节目需要特殊的道具设计和舞台效果，但为了营造回归自然、追求慢生活的情景，《亲爱的客栈》将地理位置选择在了位于四川省盐源县与云南省宁蒗县的交界处的泸沽湖，因地制宜、就地取材地将原始和现代相结合，修建了一幢风景秀丽、远离世俗，令人心驰神往的民宿客栈。

在环境设计上，节目组在波光粼粼的湖中用浅色的木质材料搭建了一栋木屋（节目的主场景地），屋里的每个房间都面朝泸沽湖，伸向湖边的阳台、藤椅，连同户外草坪上摆放的烧烤架一起构建了一片脱离世俗喧嚣的世外桃源。

图4　客栈外景

图5　客栈景色

　　节目首播后，泸沽湖迅速成为最受欢迎的旅游胜地之一，热度不断上涨，英国学者丹尼斯·麦奎尔认为："受众的行为在很大程度上由个人的需求和兴趣来加以解释。"① 不管是宣传诱惑还是追星行为，不管是逃避重压还是对旅游新鲜感的追求，该档节目无疑给大量人群开拓出新视界，使得《亲爱的客栈》赢得了大批观众的喜爱。与此同时，鸟雀驻足，鸭子嬉戏，丰收的玉米地与蓝田白云下的后花园这些大量空镜头的运用，除了用以描绘节目环境的

---

① ［美］威尔伯·施拉姆、威廉·波特：《传播学概论》，何道宽译，中国人民大学出版社2010年版。李黎明主编：《传播学理论》，武汉大学出版社2011年版，第113页。

美与纯粹外，还有着更深层次的目的：

第一，让嘉宾远离都市喧嚣、污浊空气，逃避生活压力，融入自然纯洁的环境中去展现真实的自我，增强节目的真实性与说服力。初入泸沽湖，就像是进入了一个世外桃源，绵延的山群围绕着清澈的湖水，没有喧嚣、没有烦恼，而"亲爱的客栈"恰好位于泸沽湖的深处，嘉宾与客人们都需要乘坐船只才能划向目的地，颇有一种山水间隐士的味道。新颖的玩法也让工作繁忙、脱离慢生活的嘉宾卸下重重负担与压力，用柴米油盐来回归人生最纯朴的模样，这也让大量观众发出"想入住"的感慨。在第十期节目中，阚清子脱口而出一些耍大牌的明星，虽然已被消音，但始终掩盖不了嘉宾放空自我、毫无保留地释放自我的本能与无意识，足以展示出嘉宾与环境的合二为一，在一定程度上增强了节目的真实性。

第二，为了增强节目画面美感，营造观众身临其境的代入感。泸沽湖的水一天之中变换多端，日出、日落、夜色时各有特色，沿湖两岸的湖光山色，波光倒影，无不在诠释着诗意浪漫、唯美清新，任何一帧画面都像是精雕细琢出来的，加上定制的舒缓音乐，"慢下来，去生活"的主题自然而然地显现在了观众的脑海中。

三、人员设计

《亲爱的客栈》的人员设计呈现出"5＋x"的固定模式，基本人员由老板夫妇刘涛、王珂，热恋情侣阚清子、纪凌尘，单身男青年陈翔，临时义工杨紫、易烊千玺等人及民宿客人组成，让一档综艺节目必备的管理者、服务者、气氛调解者一同出现，呈现出非常饱满的层次感与差异感。同时，单身青年陈翔、热恋期的"清尘CP"与结婚十年的王珂、刘涛夫妇的三种人物类别充分展现出人生的三个重要阶段：单身、恋爱、结婚，这让身处不同阶段的观众都能在其中找到情感的共鸣之处，不同阶段的人物在生活、相处模式及观念上的转变也会引发观众的无限遐想与期待。

（一）固定嘉宾走日常

《亲爱的客栈》的五位固定嘉宾中，刘涛、王珂夫妇一个扮演下达命令的"总指挥"角色，一个则扮演执行指令的"特助"角色。他们从最开始的物资整理、接人待客到后期忙里偷闲地划着小船、哼着小曲，享受两人世界，在20天的日常生活中不停地给观众一种岁月静好的感觉。而"清尘CP"则频频制造热点话题，贪玩要"吵架"，想法不一致要"吵架"，不绅士也要"吵架"，日常生活被小吵小闹、互怼互爱所包围，归纳性地展现出年轻小情侣在恋爱中遇到的各种矛盾点，引发观众讨论，并俘获大量粉丝。"单身狗"陈翔常常独自抱着吉他坐在夜色里唱歌，在两对夫妻与情侣之间形成鲜明反差，带来较强对比性，时常在温情的氛围中增添幽默与趣味，带动节目的转折走向。五位人设的日常交流互动也呈现出中国传统家庭的生活形态，赋予了节目中展现的生活的酸、甜、苦、辣。

图6 固定嘉宾

（二）义工嘉宾增看点

节目每两期会出现新的嘉宾担任临时义工，协助客栈的日常管理与运营，这些义工嘉宾来到客栈便褪去明星光环，去完成平时可能不常做的一些工作：打扫卫生、铺床、买菜做饭等。这些新人物的到来和新事件的发生不断推动着节目进程，把控着观众的新鲜感与兴奋点。一方面，不同类型嘉宾的出现，丰富了整个节目的人员层次构成。例如，第二、三期节目中，易烊千玺的到来为客栈增添了许多看点与情感共鸣，王珂对他父亲般的疼惜，阚清子对他姐姐般的照顾，陈翔时不时地会摸摸他的后脑勺，每一个画面都不自觉地勾勒出每一个人的个性特点。当易烊千玺买披肩被坑、看见"清尘CP"吵架时偷笑、默默背起大箩筐时，节目没有刻意制造幽默，而是不带修饰地将易烊千玺少年的气息与单纯的小笨拙呈现出来，直击观众内心深处的柔软。另一方面，这个过程所制造出来的反差效果为节目增添了亮点，让节目尽可能地以相对普通、相对日常的状态来满足受众对明星真实生活的部分好奇心与窥私欲。

图7　义工嘉宾杨紫插花

（三）客栈客人写故事

《亲爱的客栈》在录制过程中以普通客栈的推广方式将客栈展现给大众，迎来了19位素人旅客的预定，这些旅客中有画家、摄影师、学生、夫妻，也有情侣，他们本以为和日常旅游入住的客栈相似，却不知等待他们的是明星的迎接与服务，这种毫无防备的惊喜无疑不刺激着观众的感官。与《亲爱的客栈》同类型的节目《向往的生活》是一群老朋友的聚会，在田园生活中聊人生、谈理想、忆当年，而《亲爱的客栈》则是"经营故事"，用明星嘉宾的"日常故事"碰撞真实客人的"特殊故事"而创作出一个又一个时而温暖、时而感动、时而幽默的故事，比如一家三口来到客栈旅游，夫妻为了补拍婚纱照请求刘涛帮忙带孩子而发生的趣事等。不同身份、不同心情的客栈客人入住会引发不一样的话题与故事，他们毫无防备地来，最后却依依不舍地离开，为节目带来了多种多样的人生故事。

图8　客栈客人求婚

第二部分：节目成功因素分析

一、画面唯美，回归生活，趁热打铁

日渐繁忙的学习工作、极速增长的生活压力与天气环境的变化迫使越来越多的人产生了"脱离城市，享受生活，回归本心"的生活诉求，《奔跑吧兄弟》《极限挑战》等"快综艺"同质化节目的大量播出已无法使大量受众在"城市病"中得以缓解与放松，追求"慢"、享受"慢"成了一种奢侈的生活方式与追求。"亲爱的客栈"坐落在泸沽湖湖畔中，一山一水、一花一草都会让人情不自禁地感受到海子所说的"面朝大海，春暖花开"，木质的建筑、简约的风格、桌上任意摆放的棋盘、经常来"串门"的狗"糊涂"，让画面美得令人难以置信，给人以一种踏实、安逸的感觉。同时，《亲爱的客栈》以灵敏的嗅觉和感知抓住机会迎合受众需求，把焦点从游戏竞技中转移出来，转而追随生活的脚步，以"慢下来，去生活"作为节目的标语，扩展了现有的综艺框架，模式创新，注重家庭观念与人情流露，没有复杂激烈的游戏规则，也没有千姿百态的节目模式，淳朴化、单一化、模式化的节目形式更容易让观众放空自己，置身于一个远离浮躁与喧嚣的"慢"空间中。节目通过温情与和谐的节目风格，用接地气的夫妻生活与情侣相处等方式让受众从节目中得到久违的心灵契合与抚慰，契合了当下受众的主流追求。

同时，随着《向往的生活》《中餐厅》等一系列"慢综艺"的热播，大众对"慢综艺"的认可度持续飙升，出手快、准、狠的湖南卫视趁热打铁推出了《亲爱的客栈》，引发了一阵民宿风，强势稳固了《亲爱的客栈》在慢综艺节目中的标杆地位。

二、结合中国特色，扩大文化体验和文化内涵传播

相对于传统酒店来说，农家乐、客栈、乡村别墅等类型的客栈民宿更蕴含中国文化与中国特色，在快节奏、强压力的社会氛围下，这种将农业、民俗、度假、艺术、自助体验相结合的客栈民宿市场正呈爆发式增长期发展。《亲爱的客栈》从节目名称到节目主体都与中国的市场发展与文化特色相结合，顺势而上地诠释出一种个性，一种随性、自由的生活方式，容易被有此类诉求的大众所接受、认可。同时，随着经济、科技的高速发展，不同国家相同的追求使得生活类综艺节目也受到国际市场的认可和欢迎，从日本的《自给自足物语》到韩国的《三时三餐》《孝利家民宿》等全球热播综艺节目，《亲爱的客栈》或多或少也汲取了一些经验模式，但是同一块布料，不同的文化、不同的裁剪方式，所展现出的样式是不同的。客观来说，中国的慢综艺起步稍晚，但中国传统文化中浓烈的人情味与朴实的风格从一开始就根深蒂固地蕴藏在了此类节目中，这与韩系的多样性、日系的孤独感形成强烈对比。数期节目下来，我们会发现看似相同的客栈民宿主题，貌似一样的情感沟通交流，《亲爱的客栈》所显现的画面与风格都带有一种纯正的"中国味道"，嘉宾与嘉宾间、嘉宾与客人间的嘻嘻哈哈、吵吵闹闹都不动声色地凸显出中国特色的"烟火味"，赚足了观众的笑与泪。

《亲爱的客栈》对当地地域文化的深度体验不仅展现出了中国山水的自然风光，也向观众传递出积极正面的生活方式和价值观。客栈老板与员工间的相互协作，共同经营客栈面临的困难、挑战，旅客间的欢乐、泪水等这些极具代表性的人间常态放置在明星嘉宾身上更易引起观众的集体记忆和共鸣，扩大文化体验和文化内涵的传播。

三、文案深入人心，满足观众期待视野

对于一档综艺节目来说，前期宣传与中、后期宣传同等重要，它是节目内容展现的外在形式。在《亲爱的客栈》开播之前，节目的文案海报已基本覆盖线上热门传播平台，正所谓："节目未播，文案先火"。如："你喜欢养狗吗？什么狗啊？单身的，譬如说我这种""湖边湿润的清风与慵懒的船，山间雨后的秋天与矮矮的房，接下来，余生的，每一天，我都希望，有你"；等等，每一句文案都被赋予了该节目情感渲染的功能。通过文案将节目前期的宣传进行大面积的色块铺积，让观众从几张节目宣传海报中就能感受到舒适与放松，文案海报中的每一个字眼都戳入人心，预告片里的每一帧画面都使人深陷其中，让人仿佛置身于脱离浮躁、远离尘世的乌托邦里，以至于大多数宣传都用"你可以不看《亲爱的客栈》，但一定要看它的文案"为题，让潜在观众打心眼里接受和认可节目本身，满足观众们在正式接收到节目以前对节目形式或节目内容产生的期待值。

图9　宣传海报

四、治愈系的后期动画制作

后期制作总监戴鑫介绍："《亲爱的客栈》中的动画脱离并超越了常规综艺动画插图式的简单描绘制作，而是拿出动画片制作的诚意来赋予动画重要

的叙事性功用，动辄几十秒的逐帧动画也开辟了综艺动画的先河。"这种独特的制作手法赋予了动画重要的叙事功能，少而精的动画画面承载起节目更多的情绪和意义。

每当有特定场景或特殊情感需要宣泄时，《亲爱的客栈》会在传统的剪辑基础上加入可爱有趣、治愈暖心的动画元素，时而配之以画外音来丰富人物形象，增强画面意境。节目中大量运用了拟物化的人物形象、拟人化的动物和故事性的动画制作，使得人物标签和形象的展现更加立体化，这是此前中国电视综艺节目中较少运用或不擅长的一面。如在第二期易烊千玺远离热闹的餐桌继续为客栈墙面标志填色时，用一只只跳跃的小羊加油鼓劲的动画搭配梦幻的场景及俏皮的音乐来展示画面，长达 45 秒的动画展现出易烊千玺内向的性格与做事认真的态度。此后，第三期陈翔一个人坐在院子里孤独、失意时的"陈翔落水"动画，第七期"王珂独白"与"清尘 CP"吵架时，两个发光小人走到一起合成一颗心的动画，第十期"王珂刘涛婚纱照"等动画更是成了当期节目中情绪的最佳表达方式。这些动画赋予了一个又一个静止镜头无限的生命，使观众更具有代入感，深入体会到每一位当事人内心的波动与情感的真实流露，这样新颖少见的剪辑方式与动画制作无疑给《亲爱的客栈》加分。这种想象力与现实性相结合的动画结合长长的镜头，更能展示人物的关联度与节目所蕴含的生活寓意。①

图 10　"易烊千玺填色"动画

---

① 看电视 TVwatching："《亲爱的客栈》成最耐看慢综艺，后期制作功不可没？解密这支王牌后期团队"，载搜狐，http://www.sohu.com/a/212387279_211289，最后访问时间：2018 年 4 月 10 日。

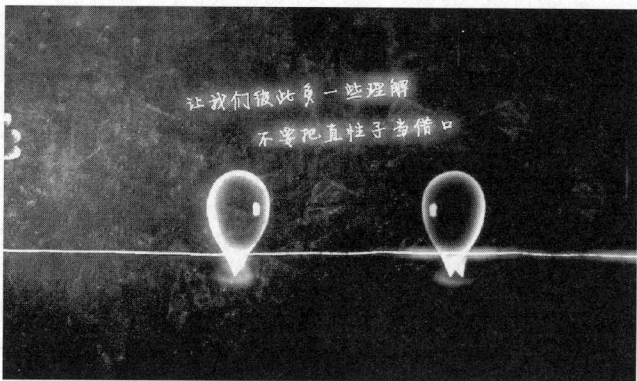

图11　发光小人动画

五、人物采访与书信环节烘托氛围

《亲爱的客栈》在开播前虽然进行了大量暖心的宣传，但开播后并没有在一开始就释放"高甜"信号，而是对嘉宾一一进行采访。在对王珂的开篇采访中，他谈到自己与刘涛的婚姻状态："我觉得我们的婚姻，已经到了需要找到一个新的增进感情的点的时候，大家都比较忙碌，活得比较匆忙。大概想一下，我们去年一起生活的时间不超过15天。"这样的采访和回答一开始就为两人在节目中的表现制造出一丝紧张感，通过把人物采访穿插在节目中，不断为节目发展埋下伏笔、营造氛围，为后期的反差效果做出铺垫，以此来突出慢生活给人物所带来的改变。

除此之外，该节目还为情侣或夫妇嘉宾设置了书信环节，让他们每天为对方写一封信，信上短短的一句或满满的一页看似没有太大的渲染效果，也没有在每一期节目中都特别展示出来，但却在嘉宾间或其他人之间发生小摩擦或情绪不当时起到一种烘托作用，通过在特殊时刻把信件内容展示在屏幕中，将情感瞬间引爆到最高点而又缓缓落下恢复平静，并配之以浪漫的画面、嘉宾真实的朗读声，让观众仿佛置身其中，成为故事的男、女主角。特别是在最后一期节目中，刘涛、王珂夫妇及阚清子、纪凌尘情侣通过朗读书信的方式来相互表达对彼此的感受与爱，共同回忆20天的客栈经营生活，回忆与书信穿插，笑声、泪水与慢生活交映，让观众触景生情，增强对节目本身的记忆。

图 12　书信环节

六、自然式的拍摄与宠物加盟还原拍摄全貌，彰显真实性

《亲爱的客栈》没有激烈的游戏挑战与规则，也没有明显的剧情介入，而是基于慢综艺的特点，通过日常生活的点点滴滴将嘉宾与客人脱离喧嚣与压力的情感缓缓地释放出来。在拍摄过程中，真实生活化的外景营造和细碎的日常生活更容易让观众产生更多的情感共鸣，节目大量通过一顿晚餐、一次举杯、一句关心，甚至情侣、朋友间私下的一个小动作，在细节深处让画面走入人心，彰显节目的无修饰性与真实性。从唠家常的画面可以看出，大量固定镜头的运用看似朴实无味，但也突出了节目独特的风格与动情之处，比如：在刘涛和王珂十周年纪念日之际，一群人在餐桌上聊家常、聊过往，节目组用纪录片式超长"待机"纪实的手法将刘涛对于阚清子、纪凌尘间感情的肺腑之言还原出来。当刘涛对纪凌尘说到"三十岁后说不定女孩就不想嫁了""好女孩等着等着就会没了"及第五期节目里陈翔酒后把压抑已久的情感完全宣泄时，摄影机用长达几分钟的时间拍摄阚清子真情流露的表情和陈翔哭泣的场景，真实地反映出人物的内心变化，让观众心疼动容。

与此同时，相比其他隐居体验经营式综艺节目的固定宠物嘉宾，《亲爱的客栈》没有刻意地设计嘉宾喂养宠物，而是将小动物"拟人化"，在不经意间让观众看到宠物的加盟。比如：母鸡到员工宿舍下蛋，阚清子几乎每天都要表演"赶鸡"节目；隔壁民宿的狗"糊涂"追着航拍飞行器不停叫；"糊涂"经常与陈翔一同玩耍，一同坐船接游客等，这种自然式宠物的加盟为客栈带来了不少惊喜，也最大限度地还原了拍摄场景的全貌，使得民宿生活显得格外真实，而且制造了除单纯的人物交流外的互动接触，带来喜剧效果。

图13　小狗"糊涂"加入

第三部分：可借鉴性

从国内慢综艺启动至今，一直深陷"借鉴韩综"的争议，而《亲爱的客栈》虽然选择更加走心的韩国综艺原生模式，但它摒弃了竞技式、赛制化等综艺节目的紧张、压力感，打破了韩国综艺的原味，增添了大量的中国味道，从节目主题上就融入中国本土元素——客栈，用讲故事的方式替代剧情化设计，在远离社会压力、脱离浮躁的"世外桃源"中寻求更多中国受众的情感共鸣，最终达到感悟生活的目的。在无法借助国外成功的版权模式的情况下，《亲爱的客栈》在节目的自主创新与制作上也有许多借鉴之处。

一、强化星素组合方式，弱化星素组合概念

随着广电总局相关通知要求的发布：要鼓励制作播出星素结合的综艺娱乐和真人秀节目，提高普通群众在节目中的比重，让基层群众成为节目的嘉宾、主持、主角，不能把群众作为明星的陪衬或背景。[①] 国内各大卫视的综艺

---

① 湖南卫视："《亲爱的客栈》实现零距离无间隔打造最自然'星素结合'"，载人民网，http://ent. people. com. cn/n1/2017/1106/c1012 - 29630165. html，最后访问时间：2018 年 4 月 10 日。

节目大量减少全明星阵容的出现，不断生产出明星与素人相辅相成的节目，然而固定化思维与模式在短时间内难以打破，处理好明星、素人与节目时长、节目层次重点之间的关系成了一个难点。《亲爱的客栈》从观众角度出发，用平淡、真实的镜头从明星到素人，再从素人到观众中建立一层又一层的关系链与情感共鸣，让观众对节目中出场的嘉宾或素人产生了一种"熟人"或"朋友"的感觉。恋爱十周年来到"亲爱的客栈"庆祝的年轻夫妇在离开客栈时感叹道："只相处三天两晚的时间，就弄得这么舍不得"；老年夫妻为还未起床的固定嘉宾做早餐的场景仿佛带领我们看到了老人们为睡懒觉的儿女准备早餐的日常，让观众倍感温馨。节目中没有刻意表演的明星，也没有过于热情的素人，有的最多的只是几位明星嘉宾和客人们一起喝茶聊天、喝酒吃饭、谈天说地、玩闹嬉戏的场景，将生活的日常都写入节目中，明星与素人间零距离、无间隔的相处与交流，让节目把握住了客栈中主与客的关系，也弱化了"明星"和"素人"的概念。

图14　嘉宾与客人吃饭、聊天

二、零剧情中添话题、增趣味

相比有着固定板块或剧情设计的竞赛类真人秀、访谈类真人秀等节目而言，《亲爱的客栈》这种"慢综艺"类型的节目最大的障碍就是真人秀剧情化的问题。如果没有剧情设计，这种类型的节目所能带给观众最大的新鲜感来源于空降嘉宾的出现，否则大量的日常琐碎与不温不火的情感碰撞迟早会给观众带来疲惫感；而如果增添剧情设计，又会失去"慢综艺"与众不同的特质，易使得节目走向"伪慢综艺"的趋势。

《亲爱的客栈》总导演陈歆宇在接受采访时曾表示，在实际拍摄过程中，为了不打断嘉宾的情绪，导演组很少涉足客栈区域，跟拍导演只有两三个，大部分人都在机房里观看，尽可能地提供给嘉宾自由发挥的空间，避免人为设置所谓的"突发状况"。和当地的其他客栈一样，"亲爱的客栈"也会有母鸡在房间下蛋或者停电的情况，嘉宾们也会因生活的不便、柴米油盐所困扰，真实的情节让节目自然而然地凸显出嘉宾、空降义工与旅客的趣味性、话题性与故事性，去剧情化的设置带给观众许多看点。

三、倒叙与预告相辅相成，创新主题叙事结构

《亲爱的客栈》在剪辑中将倒叙与预告相结合，打破时间顺序进行内容的完整构建，其中最引人注目的就是王珂、刘涛夫妇结婚十周年纪念日的内容被连续出现在了三期节目中，这种类似于电影式的剪辑方式、创新的真人秀节目的叙事结构，不常见于其他同类综艺节目。而《亲爱的客栈》恰恰大胆地启用创新的主题去建构内容的叙事结构和剪辑手法，使得当期主题的表达更加完整，情节的整合保留让观众对每一期的情感主题产生更加完整、开放的思考。

四、节目主题独立且关联

《亲爱的客栈》仅仅有五位固定嘉宾，如何每期都作出新意，是一个很大的挑战。将单期节目主体化，用"爱"这个大主题将体系拆解，让每一期聚焦"爱"的一个层面，用情节、时间来诠释。比如：讲述刘涛、王珂夫妇情感故事的《亲爱的·我们重新出发》《亲爱的·对不起》《亲爱的·十年》；讲述陈翔分手事件的《亲爱的·你不孤单》；讲述阚清子、纪凌尘求婚的《亲爱的·要等多久》；讲述客栈经营的《亲爱的·请多指教》《亲爱的·一对一》《亲爱的·轮岗继续》；讲述郑佩佩到来的《亲爱的·好久不见》。通过十二期节目的娓娓道来，观众与节目就"爱"的主题，在各个层面有了心灵的交契与情感的碰撞，营造出一个关于"爱"的氛围。①

① 看电视TVwatching："《亲爱的客栈》成最耐看慢综艺，后期制作功不可没？解密这支王牌后期团队"，载搜狐，http://www.sohu.com/a/212387279_211289，最后访问时间：2018年4月10日。

图15　《亲爱的·一对一》

五、定制化音乐与画面结合，增强观众代入感

"慢综艺"节目的成功极度需要情感的持续和心理的维系，气氛渲染、主题烘托、情感传达都少不了在画面与音乐上下功夫，《亲爱的客栈》也不例外。量身定做的音乐《亲爱的你》中歌词唱道："清风，草地，阳光倾泻；你在，身边，夕阳辽远"。歌词搭配唯美的画面，不仅增强了画面与词、曲的黏合度，也增强了节目的叙事张力，为观众描绘出了客栈里美好、安稳的生活。同时，当嘉宾之间的情感积聚到一个点时，空灵细腻的主题曲的响起让观众也沉迷于人与万物的和谐的情感中，这种画面与音乐的无缝结合不仅描绘出景美、人美、心美，更凸显出情美，增强观众的代入感。

图16　陈翔唱歌

六、以小见大的节目形式彰显节目调性

近年来，我国经营体验式综艺节目越来越注重生活方式和文化内涵的传达，特别是具有中国特色的综艺文化。从《向往的生活》开始，慢综艺想要在一定程度上满足观众对于快生活、快节奏、强压力的逃避，节目的表现形式通常会避免过于急切，而持续轻松、缓慢的形式无法满足节目的时长要求，也很难全面、直截了当地将每一个情景、每一个画面呈现在观众眼前。《亲爱的客栈》定位于"慢下来，去生活"的节目调性，为满足观众感受生活、聆听自我的心理需求，节目往往通过挖掘一些小的细节来达到情感渲染的效果，用以小见大的节目形式让观众在小小的客栈里也能看到大大的世界，潜移默化地凸显节目调性。节目中，一种简单的运动器材就能举办一场盛大的运动会，一张长长的方桌就能品尝到人生的百态，当刘涛干活干累了，王珂会来给她按摩；当王珂头痛欲裂时，刘涛来帮他化解疼痛；观众可以看到"清尘CP"为了小事争吵，也可以看到两人在泸沽湖上再现泰坦尼克号的甜蜜时刻。以至于有网友评论说："客栈是一本关于恋爱、生活的教科书。"亲情、爱情、友情都汇聚在这一间小小的客栈里，客栈里的烟火味与人情味告诉我们："慢下来，去生活"不仅仅是一句简单的口号，更多的是可以真正实现的生活方式。

第四部分：存在问题及改进建议

2017年以来，国内各大卫视几乎都被《向往的生活》《中餐厅》《青春旅社》《漂亮的房子》《三个院子》等"慢""生活体验式"综艺所承包，大量同质化节目的出现，使得《亲爱的客栈》不管是在节目的立意、形式，还是在节目的话题讨论、编排剪辑等方面都被无限地类型化，节奏较慢，太过注重情感的渲染抒发，而淡化隐含的紧张点成了一个不可忽视的问题。

"慢综艺"的出现，是对不同层次"快"的一种反射结果，但也不是对"快"这种理念、方式的全面封闭。提升节目的原创能力，让慢理念与快逻辑相互融合，营造现实想象或许能成为一道解药。对比当下已发展成熟的快综艺，与《亲爱的客栈》同类型的慢综艺想要脱颖而出，除了使用小清新后期、

调色、鸡汤旁白等这些"武器"外，最关键在于加强原创能力，增强节目的生命力。同时，有态度、有情怀、有情节的"慢"与有思考、有想象、有细节的"快"相互融合，更容易使节目在观众心目中寻找到一个"平衡点"，不仅可以让观众沉浸在浪漫的想象中，也可以让他们沉淀在真实的生活情景中，避免了"慢"成为节目的一种标签，而被人们快速地遗忘在了大量同质化节目中。最后，要注重文化内涵和情感共鸣的塑造，让节目从容地将体验生活上升到思考与挑战的层面，启发观众更多的生活思考与人生感悟。

亲子互动类真人秀节目

《超人回来了》

——萌娃与星爸们的家庭娱乐真人秀

作者：李　倩　冀　萱　杨　璐

第一部分：节目概况

图1　节目海报

中文名称：《超人回来了》（又称《超人归来》）

英文名称：The Return of Superman

发行时间：2013 年 11 月 3 日

地区：韩国

频道：韩国 KBS 电视台

节目类型：亲子互动类真人秀

节目时长：约 90 分钟/集

　　《超人回来了》是由韩国 KBS 电视台在 2013 年 11 月 3 日制作播出的一档亲子互动类真人秀节目。与其他亲子真人秀节目不同，导演组没有设定亲子互动的游戏或者任务，而是采取纪录片式的拍摄手法记录父子相处的日常。节目主要讲述了在没有妈妈陪伴的情况下，爸爸与孩子在 48 小时内发生的有趣的故事，并通过摄像机 360 度无死角地记录了爸爸在家带孩子的所有过程，比如：给孩子喂奶、做饭、买菜、哄孩子睡觉等。这些非常生活化的场景和细节使得整个节目在温馨、风趣的基础上更加具备了生活的质感。而且每一期节目都有一个主题，爸爸和孩子们 48 小时的互动最后能得出一个结论，可以说达到了寓教于乐的目的。

　　《超人回来了》每周日下午 16 点 55 分（韩国时间）播出，直至 2018 年节目仍然在制作过程中。节目邀请了四对亲子参与录制，现分别为秋成勋与女儿秋小爱，李辉才与双胞胎儿子李书言、李书俊，宋一国与三胞胎儿子大韩、民国和万岁，以及严泰雄与女儿智蕴。从父亲角度来说，有韩国著名主持人李辉才、格斗选手秋成勋、著名演员宋一国和严泰雄，四位爸爸职业不同性格也各有特点，而孩子们有独生子女、有双胞胎还有三胞胎，这样的家庭构成也吸引了一大批受众的关注。在节目中，四组家庭之间基本都是各自生活，彼此之间的交流比较少，不过，随着节目的不断推进，节目组也会安排四组家庭见面，制造更多的看点。

　　《超人回来了》自开播以来，就持续受到大家的关注，随着亲子间互动的不断加深和三胞胎兄弟的加入，节目的收视率在韩国也屡创新高，成功超越韩国其他热门综艺节目，如《爸爸我们去哪》《Running Man》《我们结婚了》等。收视率的提高也说明了节目的火爆程度，到目前为止，其已经连续 33 周占据同时段收视率榜单第一，这使《超人回来了》成为 2015 年韩国最强劲的综艺节目。特别是在 2015 年 1 月 4 日播出的节目中，演员宋一国与三胞胎儿子大韩、民国以及万岁在日本温泉沐浴的场面获得了每分钟最高收视率 24.9% 的好成绩。节目的火爆也让萌娃星爸们再次成为舆论的焦点，宋一国和三胞胎儿子所拍摄的新年台历的销售金额将近 10 亿元韩币（约合 570 万人民币），吸金指数颇高。在高收视、高人气、高品质的带动下，《超人回来了》在韩国也获得了许多奖项。

随着《超人回来了》在韩国的持续火爆，浙江卫视在 2014 年 4 月与韩国 KBS 合作，制作了同类型节目《爸爸回来了》，选择了吴尊家庭、王中磊家庭、贾乃亮家庭、李小鹏家庭作为节目的嘉宾，该节目在我国也获得了不错的收视。

一、版块设计

图 2　爸爸带着宋贝们

《超人回来了》作为一档亲子真人秀节目，在节目版块的设计上其实并不突出，主要是通过纪录片的形式，依次向大家介绍四位爸爸带孩子的情况，四组家庭间的故事是单独进行的，内容主要围绕着各自的家庭生活。

结构是一系列节目要素之间的组织形态，是组成整体的各部分的搭配、衔接和安排。[①] 从结构上来讲，《超人回来了》的主要节目结构是四位来自不同家庭的爸爸带着自己的孩子进行亲子互动，每个家庭分别形成一条线索，

---

① 张绍刚、史芮瑛："纪录形态真人秀中的结构和剧情"，载《现代传播》2014 年第 3 期。

这四条线索平行推进，节目结构分为"片头""上集简要回顾""节目名称"和"正片"。

"正片"的主要内容是四个爸爸分别带孩子的生活，在此基础上，四组家庭也偶有见面，比如：在2015年2月8日这一期，秋成勋就带着女儿来到三胞胎家做客；2014年2月2日这一期，四组家庭相聚。这样的设置丰富了结构。与此同时，每期节目中都会涉及妈妈的离开，表现出妈妈对爸爸带孩子的不放心，而妈妈离开之后，孩子们的反应、与爸爸的冲突，都表现出孩子与爸爸的亲子关系。此外，爸爸不仅仅只是在自己的家中带孩子，也会经常带孩子出入其他的场所，比如：李辉才曾带着自己的双胞胎儿子到体育馆，宋一国与三胞胎儿子去日本温泉沐浴等，这些其他元素的加入，使得节目叙事和结构更加多元，并且使节目充满着悬念。

从内容上来说，《超人回来了》主要表现的是星爸与萌娃之间的亲子互动。星爸们的职业各不相同，萌娃们的性格也各异。公主气质的Haru、可爱甜美的暖宝宝小爱、自由奔放的万岁、呆萌可爱的书俊、细心严谨的严智蕴、情商智商超高的民国、负责体贴的大韩以及焦躁慵懒的书言，这些孩子们在节目中各自有自己的风格，使得节目内容选择的差异化与结构相得益彰，使其更加精彩。

当然，节目虽然构建了多条线索进行叙事，但整体结构略显单一，没有建立实体之外的其他叙事结构，使得节目纵深感较弱，节奏的起伏较小。四组家庭，四条平行的线索，没有特别的高潮点，这就需要更多的元素加入到节目中，丰富结构，这样会使得节目更饱满、更好看。

二、舞美设计

《超人回来了》采用了纪录片式的拍摄手法，真实地记录了爸爸带孩子的48小时内所发生的故事。在拍摄手法上，除了在家中360度无死角安装固定摄像头之外，多机位跟拍的纪录片拍摄方式也是《超人回来了》节目拍摄的一大特点，利用这种方法，最大角度、最大范围地捕捉和表现星爸萌娃的细微表情、动作和行为。

在拍摄方面，《超人回来了》的拍摄场景以家庭为主，同时再加上一些户外活动范围较小的场景。节目充分利用了前后跟拍、多角度拍摄的手法，最

图3　宝贝们在家的状态

全面和真实地记录了星爸萌娃的表现。与此同时，为了不放过任何一个微小的细节，在移动拍摄中，节目组为每对星爸和萌娃配备了不同的摄影师跟拍，这样就对亲子互动的全过程有了真实的记录，比如在2015年2月22日这一期（3分50秒）就记录了智蕴与狗玩耍时智蕴和爸爸的微表情。这样的拍摄手法既保证了节目的品质与连贯性，也不会忽略可能会被遗漏的一些精彩瞬间，能够最大限度地让观众迅速走进情境之中，感同身受，引发共鸣。

　　在剪辑方面，从结构上来说，四组家庭平行剪辑、偶有交叉。与此同时，还使用了不同镜头的拼接和慢镜头的回放，通过这些剪辑手段使节目更具喜剧效果和趣味性。而在音乐和音效的选择上，为推进情节的发展、烘托节目的氛围，节目组也应用了许多音乐和音效。在音效方面使用最多的是笑声，其次是综艺节目中常用的其他音效，这些音效配合着字幕和内容共同发展。

除此之外，节目组也大量应用了背景音乐来辅助节目内容的发展。

除了拍摄手法、剪辑、音乐音效之外，大量字幕的应用也是《超人回来了》的一大特点。从字体来说，节目采用的是卡通字体，颜色鲜艳，与节目亲子互动的主题相契合。从字幕的内容上说，有表现人物内心和情绪的，有进行解释和说明的。大量字幕的运用在进行叙事的同时丰富了节目的可看性。在《超人回来了》节目中，我们会经常看到萌娃可能并没有说话，但是字幕已经把萌娃内心的情感表达了出来，比如在爸爸们辛苦照顾孩子入睡后，就会打出"晚安，么么哒"这样的字幕，再配合着爸爸们深情望着孩子们的眼神，推动了情节的发展，使得字幕也具有了叙事、表现情感、推动情节的作用。

三、人员设计

（一）选手属性小结

节目主要有四对亲子组合，分别是"秋成勋与女儿秋小爱""李辉才与双胞胎儿子李书言、李书俊""宋一国与三胞胎儿子大韩、民国和万岁"以及"严泰雄与女儿智蕴"。

1. 父亲属性小结。

表1　父亲属性小结

父亲		母亲		子女			居住	备注
姓名	职业	姓名	职业	姓名	排行	出生日期（年龄）		
李辉才	主持人	文贞媛	花艺	李书言	长子	2013年3月15日（1岁）	韩国首尔	书言、书俊为双胞胎，自试播出演至今。
				李书俊	次子			
秋成勋	格斗选手	矢野志保	模特	秋山纱兰	独女	2011年10月24日（3岁）	日本东京	自试播出演至今。秋成勋因归化日本国籍姓氏改为秋山。

父亲		母亲		子女			居住	备注
姓名	职业	姓名	职业	姓名	排行	出生日期（年龄）		
宋一国	演员	郑升妍	法官	宋大韩	长子	2012年3月16日（2岁）	韩国仁川	大韩、民国、万岁为三胞胎。自第34期出演至今。
				宋民国	次子	2012年3月16日（2岁）	韩国仁川	大韩、民国、万岁为三胞胎。自第34期出演至今。
				宋万岁	三子	2012年3月16日（2岁）	韩国仁川	大韩、民国、万岁为三胞胎。自第34期出演至今。
严泰雄	演员	尹慧珍	芭蕾舞者	严智蕴	独女	2013年6月18日（1岁）	韩国京畿	自第59期出演至今。
已退出成员								
李铉宇	歌手演员	不详	不详	李东夏	长子	2009年9月	韩国首尔	仅出演3期试播。
				李州夏	次子	2011年4月		
张铉诚	演员	杨慧静	不详	张准佑	长子	2003年7月17日（11岁）	韩国首尔	出演3期试播及第1~33期，因张铉诚工作安排退出。
				张准叙	次子	2007年7月29日（7岁）		
金正泰	演员	全如珍	老师	金智厚	长子	2011年2月	韩国釜山	出演第25~31期，因金正泰在市长选举期间行为激发争议退出。

父亲		母亲		子女			居住	备注
姓名	职业	姓名	职业	姓名	排行	出生日期 （年龄）		
陶京万	主播	张允瀞	歌手	陶延宇	独子	2014 年 6 月 13 日 （0 岁）	韩国 首尔	以特别形式出演第 32 ～ 39 期，第 43 期出演嘉宾。
Tablo	饶舌 歌手 Epik High 成员	姜惠贞	演员	Haru	独女	2010 年 5 月 2 日 （4 岁）	韩国 首尔	出演第 1 ～ 58 期。

2. 萌娃属性小结。

（1）Haru。Haru 的性格色彩是天生的海蓝色，个性不属于外向活泼型，有一种与生俱来的公主气质。Haru 最喜欢的动物是鱼和另类的独角兽，崇尚自由。

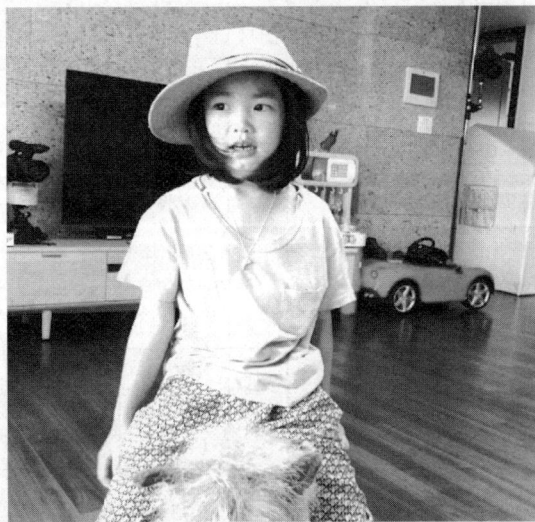

图 4 Haru

（2）秋小爱。小爱的日本名字是秋山纱兰，从名字上可以看出小爱的个性就是纯纯的暖色调，小爱的招牌是她标志性的微笑，是一种春天般扑面而来的温暖。从感觉上来讲，小爱很像宫崎骏早期手绘里的小女孩，给人以温暖和阳光的感觉。小爱妈妈志保的个性就是极其鲜明的暖色系，小爱更是延续了妈妈的性格特征。

图5　秋小爱

（3）严智蕴。智蕴是处女座的女孩，从她细心严谨的细节表现可以看出她是一个极有思考力和原则性的女孩，而且智蕴还是智商和情商发展得很超前的孩子。

图6　严智蕴

（4）宋一国的三胞胎。

第一，大韩。大韩是三胞胎里个性张力最不明显的孩子，负责、懂事、体贴爸爸，明白所有东西必须和弟弟们分享，就连打针也忍着不哭。我们可以明显看出父亲一国对大韩既疼爱又自豪。对于三个孩子的排序，无论外出吃东西还是玩，爸爸先喂的必然是大韩，让孩子们一起手牵手也必定先让大韩牵住弟弟们。大韩的性格很无私，也很隐忍，大韩或许不是三胞胎里观众缘最好的那个，但却是爸爸心里最自豪和骄傲的孩子。

第二，民国。民国是三胞胎中的老二，所谓前有长子受关注，后有老小赢疼爱，老二的位置是比较尴尬的，有趣的是，这家的孩子中偏偏才智与撒娇都显著集中在民国身上，而且情商智商都跃居高峰，未来绝对会是学霸加艺能歌手于一体的才华横溢的美男子。

第三，万岁。万岁是所有孩子当中最有特点的一个。万岁是三胞胎中的老小，往往在三胞胎中，老大是最受器重的，老二老三比较容易形成竞争关系，但是万岁却自成一派，天生带有天真烂漫、亲近人的特点，而且在镜头前收放自如，具有艺人的潜质。

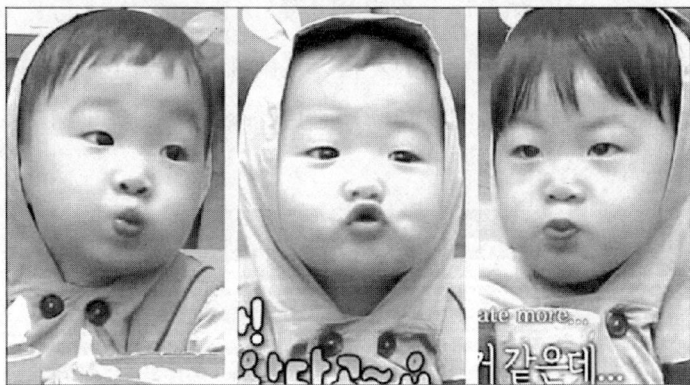

图7　大韩　民国　万岁

（5）李辉才与双胞胎儿子。

第一，书言。焦躁慵懒是书言的性格特点，每每离开爸爸就会产生焦躁的情绪，但是本质上在婴儿时期缺乏安全感的孩子多半性格较为害羞胆小一些。与书俊相比，书言能稳定地和父母进行沟通，而书俊则喜欢和不同的事物打交道。

第二，书俊。天生呆萌的书俊很讨人喜欢，作为双胞胎中的老小，平时非常稳重，具有强烈的探索精神，而且语言表达能力和模仿能力都很强。由于不像哥哥书言一样经常粘着爸爸，因此书俊有着坚强果敢的个性。

图8　书言　书俊

　　总结：不论是萌娃还是星爸，每一个人都有自己的特点，这种差异化的内容设置，满足了不同观众的需求，同时也使得节目的看点更多，戏剧性更强。而随着节目的不断播出，孩子们的特点也渐渐显露，观众在观看的过程中也与孩子们一起成长，从而被节目深深地吸引。

　　（二）配音演员

　　《超人回来了》没有设置专门的节目主持人，而是通过配音演员进行解说和转场。在配音的选择上，节目组采用了一位声音甜美、语气温柔的女性。配音演员的解说，与节目画面完美地结合在了一起。

第二部分：节目成功因素分析

图9　秋成勋与女儿秋小爱

一、萌娃配星爸，亲子新模式

《超人回来了》作为一档明星亲子互动真人秀节目，聚焦于"父爱缺失"这一社会话题，以家庭生活为框架，展现了亲子之间的家庭互动。家庭是情感的纽带和温馨的港湾，与《爸爸去哪儿》不同，《超人回来了》没有去旅行，也没有规定的游戏和任务，而是真实再现了爸爸在家带孩子的情景。整个节目聚焦于家庭场景，将"家"与"亲子"之间的互动，真实地搬上了荧幕。这种形式，在亲子真人秀之中是比较独特和新颖的。如果说《爸爸去哪儿》是爸爸与孩子们的一次亲子旅行，那么《超人回来了》则是爸爸与孩子们享受家庭生活的快乐时光。与此同时，节目的主题也很新颖。《超人回来了》以妈妈不在家为前提，真实地记录48小时内爸爸带孩子的全过程，而这些爸爸们平时远离油盐酱醋茶，带孩子的过程也经常会出现窘态。不同的家庭、不同的生活方式、教育方式以及性格各异的萌娃和星爸们，这些节目元素的设计都为观众带来了全新的亲子真人秀的体验和视听享受。

亲子真人秀的核心在于人物，在人物的选择上要体现真人秀节目"真"和"秀"的特点，这要求人物既是来自日常生活中真实的人，又要具备鲜明的个性符合"秀"的潜质，拥有一定的"观众缘"。[①] 在《超人回来了》四组亲子中，爸爸们分别是韩国著名主持人、演员、体育明星，孩子们普遍年龄偏小，性格各有特点，萌娃配星爸的亲子模式，既能满足"真"，又可形成"秀"，让家庭真人秀升级为家庭娱乐真人秀，极大满足了观众对明星私生活的窥视心理。自娱乐节目兴起以来，明星就一直是人们普遍关注的焦点，"发展到现阶段，观众对影视明星的兴趣可以说已经深入到我们社会生活的各个角落。观众依然热情如故，明星们依然努力地实现自我，应该说热烈的双向性更强了，有了观众和明星的平等交流，投入和给予的尊重和爱实现了相互性。"[②] 而随着明星亲子真人秀节目的发展，明星的私生活也开始出现在大众的视野中。在《超人回来了》节目中，我们就可以看到明星爸爸们的家庭生活、情感、人际关系、真实的性格和生活状态，这些元素的设计，吸引了一

---

① 吴雨蓉："一次真实感与戏剧感交错共生的收视体验"，载《电视研究》2014年第2期。
② 齐世龙："现代影视明星和明星效应"，载《中国电视》1994年第1期。

大批观众的观看。

萌娃配星爸，不仅满足了观众对明星家庭私生活的好奇和窥视心理，更创造了全新的家庭亲子真人秀模式，展现了明星亲子的日常生活，这也是该档节目能够获得较高收视的原因。

二、星爸带萌娃，当爹又当妈

在传统的观念和现实生活中，我们普遍认为"男主外、女主内"，也就是说在家带孩子应该是妈妈的任务，但是《超人回来了》则另辟蹊径，让爸爸与孩子单独相处48小时。这些年龄都很小的孩子们的笑、哭、生气的情绪完全被镜头真实记录，这个时候爸爸与孩子应当如何相处也成了节目的一大看点和亮点。《超人回来了》选择了父子（女）亲子互动的题材，展现的是人世间最为珍贵的"亲情"，并且又将"爸爸"推到了亲子教育的焦点。俗语说："养不教，父之过。"一直以来父亲在家庭教育中都扮演着重要的角色，但是父爱在现实社会中往往是被人忽视的，《超人回来了》采用星爸在家带萌娃的模式，让我们不仅感受到了娱乐，更感受到父爱的温暖和家庭的幸福，引发了受众的强烈共鸣，使节目既具备了观赏性，又表现了亲子间的亲情。

《超人回来了》节目没有华丽的演播厅和绚丽的灯光，也没有煽情和说教，节目选取的孩子普遍为1~3岁的小孩，这一年龄段的孩子本身就特别难照顾。在与孩子单独相处的48小时，爸爸可以说是既当爹又当妈，在这一期间星爸们要完成照顾萌娃们的任务，包括做饭、哄孩子睡觉、喂奶等。最令星爸们头疼的就是孩子的大哭大闹，一个孩子可以在节目中声嘶力竭地痛哭5分钟，而这些场景真实反映了孩子与父亲之间的交流与互动，也让观众看到了平时聚光灯下的明星也有无可奈何和窘态的一面。孩子的不可控制，使得节目戏剧性更强，让节目精彩性大大提高。

真人秀节目最大的一个特点就是"连续剧+系列剧"的方式的采用。《超人回来了》节目从开播至今，四组亲子大部分都是从头参与录制，可以说保留了节目的最初阵容和原汁原味。星爸萌娃的全程参与，也增强了节目的连贯性，与此同时，随着节目的推进，观众也跟着萌娃星爸们一起成长，将自己的生活体验融入了节目当中，产生生活经验和情感的置换。观众在看到孩子成长、爸爸进步的同时，也把自己的感情和节目紧紧地联系到一起，这使得节目更具有人文关怀。孩子们童真的表现，爸爸们无微不至的关怀，这种情感直戳人心，让节目注重娱乐的同时，也体现了人文价值。

三、悬念化设计，推动情节发展

《超人回来了》选择了四组星爸萌娃，与其他亲子类真人秀不同，《超人回来了》并没有选择其中的一组或者两组亲子作为节目叙述的主角，而是采用了无主角的叙事策略和方法。这种无主角的叙事方法是在剪辑、字幕、配音、多种叙事角度的配合下形成的。其中，字幕在《超人回来了》中也承担了内聚焦的叙事功能。在节目中，字幕除了具备解释说明、强调内容的作用之外，也成了叙事的一种手段。通过字幕表达出孩子们内心的想法与情感，是典型的内聚焦的叙事角度。比如在一期节目中，李辉才带着双胞胎儿子去眼科做眼睛检查，眼底、视网膜的检查对书言、书俊这么小的孩子来讲是痛苦的，字幕组精心地把孩子内心的恐惧用字幕的形式表现了出来，从而利用字幕表达了孩子的内心世界和情感，与此同时，节目组在事件行进中也采访了父亲李辉才的感受，这种现场追述的方式也被大量应用到了节目之中。现场追述补充了事件的内容，就以李辉才这次的现场追述为例，他向我们说明了为什么双胞胎孩子要做眼底检查，是因为自己患有眼疾，害怕遗传给自己的孩子，也向观众表达了他对孩子深深的愧疚。另外，为了使整个画面的剪辑更为流畅，《超人回来了》对现场追述的叙事手段采用了声画叠压的方法，即先出现追述者的声音，再出现画面。多种叙事手段和角度的利用，使得四组亲子均成为节目的主角。

《超人回来了》中的生活环境虽然是爸爸和孩子们都熟悉的家，但是节目组也设计了层层的悬念来推进情节的发展，除了日常生活中的洗漱、做饭等情节，爸爸们也可以带孩子出门购物、玩耍。节目中的戏剧冲突大部分也以生活的细节为主，比如每当妈妈们要离开的时候，孩子们会有怎么样的反应？爸爸们又该如何与孩子相处？平时不做家务的星爸们在家中又是怎样状态？爸爸们做的饭菜孩子们是否爱吃？面对孩子的哭闹，爸爸会如何应对？这些生活化的细节都被设计成了节目的悬念，让节目内容增加了很多不确定性和可变性，再加上每期节目的下集预告，使得这些悬念成功推动了情节的发展。

《超人回来了》作为韩国的一档亲子类真人秀，无论是在选题、制作还是内容上都有着自己的特色，在娱乐大众的基础之上更让受众体会到了父爱的伟大。注重细节的呈现和情感的表达也是韩国真人秀的一大特点。通过星爸带萌娃的模式、多角度的叙事手段以及悬念的层层设计，让《超人回来了》成功成为韩国的一档现象级节目，也开始让更多的人关注父爱，讨论亲子教育的重要意义。

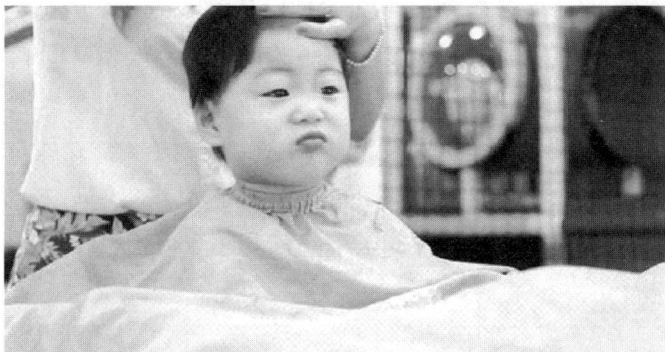

图10 万岁

第三部分：可借鉴性

一、让娱乐更有底线

电视作为重要的传播媒体，承担着新闻传播、社会教育、文化娱乐和信息服务的功能，具有重要的舆论引导作用。与韩国明星亲子类真人秀《超人回来了》相比，我国亲子类真人秀往往更加注重娱乐色彩，淡化节目的审美价值，忽视了道德因素的考量。从韩国引进的明星亲子户外真人秀节目《爸爸去哪儿》，一经播出，火遍大江南北。但是该节目也受到了许多观众的诟病，如为了制造娱乐效果、吸引受众的眼球，不惜用孩子的大哭来制造节目的噱头，违背了节目最初的本真。特别是《爸爸去哪儿》第二季，整个节目变成了游戏与做任务环节，亲子间的互动明显减少，成为节目的附加品。作为亲子类真人秀节目，应该注重保护孩子的童真，表现亲子间的亲情，而不是利用孩子们的单纯，制造节目的爆点，更不能使亲子之间的互动变成"恶搞"。在《爸爸去哪儿》第二季中，所有的任务和游戏与第一季相比有所升级，难度更大，我们看节目的焦点反而变成了"爸爸们是不是能完成这些任务"，亲子间的互动被淡化了，这样就很难感受到亲子之间的温馨和感动。

现在央视和各大卫视的综艺节目制作都朝着"现象级"节目方向努力，在这方面，韩国亲子类真人秀做得就很好，他们不仅仅强调节目的娱乐性，更强调节目引发的社会思考。"一切公众话语日渐以娱乐的方式出现，并成为一种文化精神。"① 这种倾向已经蔓延到了我国亲子真人秀节目中，为了制造娱乐话题，《爸爸去哪儿》第二季导演组让孩子说假话；而《爸爸回来了》当中，吴尊给女儿洗澡的画面也受到了社会的普遍争论。这些现象的出现，已经背离了亲子真人秀节目的最终目的，引起了观众的不满，不利于我国真人秀节目与综艺节目的发展。因此娱乐不仅要遵守道德底线，还要有社会责任感。

二、加强创新，打造本土现象级节目

随着改革开放的深入和经济全球化的不断发展，我国的电视综艺节目有了长足的发展和巨大的进步，出现了一批收视率高又有着广泛影响力的电视综艺节目，比如：中央电视台的《中国好歌曲》《幸运52》，湖南卫视的《快乐大本营》《我是歌手》《爸爸去哪儿》等，但仔细分析这些火爆的电视综艺节目，我们不禁发现属于我们自己原创的节目寥寥无几，大部分都是引进海外版权或者借鉴、模仿外国原版节目而来。比如2014年江苏卫视新节目《一起来笑吧》在收获高收视率的同时也受到了韩国KBS电视台的抗议，对方声称其抄袭了KBS的《Gag Concert》的多个人气单元，并指出从布景、内容到演员姿态都是模仿的，甚至连节目名称都是照搬而来的。一些电视台的制作人直接引进国外的节目，不进行任何的创新和修改，只是奉行"拿来主义"，不与中国的文化背景相联系，导致节目"水土不服"。比如美国福克斯电视台在2008年1月23日创办了一档心理问答类的游戏节目——《The Moment of Truth》(《真心话大冒险》)，选手们得在金钱和隐私之间做出抉择，满足了观众对选手们私生活的好奇心。节目一经播出，火爆美国。而在2011年深圳卫

---

① 吴雨蓉："一次真实感与戏剧感交错共生的收视体验"，载《电视研究》2014年第2期。

视引进了这档心理节目，取名叫《别对我说谎》，由乐嘉做主持，但很可惜的是这档节目对原版没有做任何的创新，直接复制，在中国遭遇了收视率的滑铁卢，究其原因是在节目在引进和制作时并未考虑到中美两国间文化的差异，进而出现了美国与中国收视率冰火两重天的差距。

我们在引进别人先进节目模式时，一定要注重研发自己的原创模式。对我国亲子类真人秀节目而言，从韩国引进的《爸爸回来了》《超人回来了》，在我国的播出都是比较成功的，其一方面保留了韩版节目的原汁原味，另外一方面也进行了本土化的改造，获得了观众的认可。对于当前我国真人秀节目来讲，在引进的同时更要加强创新，结合我国的文化底蕴、社会焦点，打造出中国品牌的现象级节目。

三、强化跨平台合作，打造后期制作团队

前文中已经提到我国各大卫视现在所追求的现象级节目，其实不论是真人秀节目还是其他类型的节目，在这个互联网的时代，跨平台合作与交流是必不可少的，这样才能发掘节目的内在生命力，多平台、多渠道地扩大节目影响力。目前，我国的电视综艺节目已经增强了线上与线下的互动，但这种跨平台的合作只是初步的、低层次的，仍然没有把电视和互联网进行更为深层次的相互结合。不过，目前也有一些电视台在这方面进行着不断的改革和创新，比如青海卫视全新打造的全明星 APP 互动脱口秀节目《应用宝典》。该档节目是青海卫视与腾讯应用宝联合打造的，节目以手机 APP 为核心切入点，传递用"综艺观察互联网，用 APP 影响生活"的观念。节目以明星聚会为形式，推荐手机 APP，观众边看节目边下载 APP 进行互动，达到了台网互动的新形式。与此同时，昌荣传播携手南方卫视和土豆集团联合策划的《广东美食地图》在 2014 年 10 月 12 日正式亮相南方卫视，优酷网—广东美食地图专区在 2014 年 10 月 8 日已经上线，这也是一种台网互动的新体验。对于目前火爆的真人秀节目来说，台网间的互动和跨平台的合作，有助于提升节目的社会影响力，对于观众来讲也是一种新的尝试，同时也能达到台网合作的双赢。

另外，对于真人秀节目，后期制作也显得越来越重要，可以说后期制作的水平直接决定着节目的质量。从《超人回来了》可以看出，节目的整个剪

辑十分流畅，线索清晰，再加上字幕、音乐、音效元素的使用，使节目不论从内容还是画面来看质量都很高。随着我国真人秀节目的火爆，市场上也出现了一批后期制作的公司。据"广电独家"记者报道，目前大部分热播真人秀节目都是由外面的后期制作团队操刀。如 BKW Studio，参与湖南卫视《我是歌手》《爸爸去哪儿》的后期制作，幻维担当东方卫视《中国达人秀》《顶级厨师》《中国梦之声》的后期剪辑，北京中视星驰文化传媒有限公司操刀浙江卫视《人生第一次》《爸爸回来了》的后期制作。这一现象也导致部分后期制作公司盲目要价，并且使电视台逐渐丧失节目的主控权，在这样的背景之下，各大卫视应当打造属于自己的后期制作团队。一档真人秀特别是户外真人秀的精彩与否，往往与后期剪辑有着密不可分的关系。

目前来说，韩国的真人秀节目已经制作得非常娴熟，节目的内容、嘉宾的选择、价值观的传递、后期的包装都值得我们借鉴和学习，但是对于我国来讲，"拿来主义"不能解决我们的根本问题，在学习引进的过程中加强创新才是我国真人秀节目的发展之道。

整容类真人秀节目

《Let 美人》第四季

——见证奇迹的时刻

作者：李　倩　黄书丹　杨　璐

第一部分：节目概况

图1　节目海报

中文名称：Let 美人

英文名称：Let beauty

韩文名称：Let미인

发行时间：2014 年 5 月 29 日~9 月 4 日

地区：韩国、中国

频道：韩国 CJ E&M – Story on 电视台（希杰娱乐）

节目类型：整容类真人秀

节目时长：65 分钟/集

　　《Let 美人》是一档韩国最火爆的整容类真人秀节目，每期节目组都会选拔出一位有外貌缺陷的主人公，这些主人公因为外貌的缺陷而自卑，生活中也会遇到各种歧视和坎坷，节目通过帮他们整容让他们重燃自信，并记录了他们蜕变的过程，充满正能量。

　　《Let 美人》第四季于 2014 年 5 月 29 日播出第一期，此后每周播出一期直至 9 月 4 日完结，共 16 集。《Let 美人》第四季的主持人群依旧由黄薪惠、洪智敏、房哲镛（Mir）担任并加入新艺人全智慧（Lady Jane）。

　　第四季承接前三季节目的风格，每一期节目都会制定一个主题，例如第三期的主题是"老脸"，第四期的主题是"美男"，将有缺陷的选手的问题集中呈现，这也使得节目更具有针对性。另外第四季节目还新加入了"美人选择"环节，每期节目开始都会请出两名变身求助者，主持人、整形医生团、观众分析比较后选出一位成为当期幸运嘉宾接受美人变身手术。另外嘉宾选择上还出现了男嘉宾以及岁数较大的"奶奶"，其整形成功后节目的效果更突出。

　　2014 年，优酷土豆买下《Let 美人》第四季在中国的播出权，点击次数创下韩国综艺类节目下载第一的佳绩。该节目在泰国、菲律宾、法国、美国、日本都收获了超高的人气和关注度。

一、版块设计

　　《Let 美人》第四季的节目板块大体分为演播室内和演播室外，演播室内的节目主要由主持人采访以及选手资料的视频完成；演播室外的节目主要由跟拍的视频完成。节目分为三个部分："选手访谈""华丽蜕变""见证奇迹"。

图 2　室内演播厅

（一）片头

片头约 15 秒钟，由主持人自己以美人形象现身，身着华丽的外衣，在大布的徐徐揭开下呈现出完美的身形。接着节目名称"Let 美人"的标志映入眼帘，配上动感的片头音乐，给观众十足的期待感。整个片头色调为淡紫罗兰色和白色，与演播室的主题色一致，呈现出知性、美丽的气息。

接下来或播放片花或回顾前一期的节目，或呈现节目的报名情况，并引出本期节目的主题。

（二）美人故事

1. 引入主题。演播室四位主持人黄薪惠、洪智敏、房哲镛、全智慧开场并提出主题。第四季开始，每一期节目都会制定一个主题，例如，第一期主题是"像男人一样的女人"；第三期的主题是"老脸"；第四期的主题是"美男"。这些主题将选手的缺陷问题集中呈现，使得节目更具有针对性。相应地，每期节目的两位选手身体的缺陷及程度相似，医生团对二者的身体状况进行分析，选出一位（可能是两位）成为最后的受助者。

2. 闻音识女人。节目演播室申请者在密室述说自己的故事，场外采访和录像穿插其中，并揭露受助人外貌的问题所在。场外采访多是在申请者的生活、工作场所以及公共场所跟拍完成，呈现出申请者的外貌带给他们生活的巨大困扰。

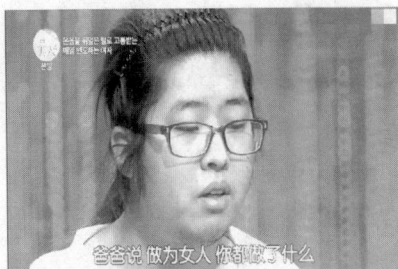

图3　第一期节目中申请者 A 和 B 述说自己的故事

接下来第二现场由医生团分析申请者病情并讨论给出解决方案，其中穿插申请人及其家人对于接受手术的心理状态。

3. 美人最终选择时间。医生团对两位申请者的病情进行分析、检查，根据手术成功的概率以及节目的需求，选出一位可以帮助的申请者。

（三）让美发生

节目请来专家对于选中的申请者进行心理咨询和整形手术，接下来对于申请者在公寓整形后 3 个月的休整生活进行实拍。申请者们在此过程中不仅要定时进行皮肤修复、瘦身运动的训练，还要接受对他们职业技能的培训和援助，使他们全方位地重获积极生活的信心。

图4　美人蜕变的日常生活

（四）见证奇迹

1. 梦想牌。"美人"变身归来，节目大打梦想牌。经过服装造型师、化妆师的精心打造，在演播室现场，选手们在大幕揭开后缓缓走上 T 台，聚光灯曝光容貌之前只给出剪影，在主持人的尖叫声中吊足观众胃口。接下来聚光灯的聚焦见证丑女到美女的大变身和整容前后面貌大对比，并首次让选手在整形后见到自己的容貌，在现场营造出梦想实现的惊喜气氛。

图 5　美人华丽蜕变

2. 亲情牌。在美人变身成功后往往最希望第一时间和父母、爱人分享喜悦。节目组大打亲情牌，从幕后请出选手数月未见的亲人，他们相拥含泪喜悦，为节目画上一个圆满的句号。

图 6　美人的母亲和男友来到现场

（五）节目结束

在节目的最后曝光整容的细节与变身数据，同时对整期节目的花絮一起做精彩的回顾。紧接着是下期节目的预告片，让观众在对本期节目意犹未尽的同时已经成为下期节目的铁杆粉丝。

二、舞美设计

（一）舞台

《Let美人》的舞台贴合节目的各大版块而打造，"机关"重重的舞台对节目情节的推动、悬念气氛的制造起到了重要作用。接下来具体分析：

1. 心灵暗室。心灵暗室是节目的第一个场景。四位主持人在主舞台上呈弧形落座，完成节目的开场并引出节目的主题。申请者A和B在节目的最开始依次落座在离主舞台不远的"暗室"中，与主持人互动。这个暗室实际上是主舞台隔出来的一个较小空间，只有一束光打在申请人的背影上，观众们只能听到申请者与主持人的对话声。

申请者在这个狭小的暗室里陈述自己的遭遇，与节目制作的视频一起，营造申请者因容貌痛苦、自卑、生活状况凄惨的最初印象，也为后面的申请者转身面对聚光灯时的容貌大曝光做足了铺垫。拍摄画面有时同时切到主持人和申请者，使得互动感更为强烈。

图7　心灵暗室

2. 美人选择双重舞台。双重舞台在第四季引进，与节目新增的"美人选择"版块相配合，营造出节目的第一个大悬念。

申请者A和B陈述自己的故事后分别站在"PK"舞台的两边。由于PK

舞台是一个可以左右打开的活动舞台，在医生团对两位申请者的身体状况考量选择之后，节目会对二位申请者做出终极选择，被选中的申请者舞台后侧的"医生团演播室"的大门缓缓打开，聚光灯增强，幸运儿在医生团热切的目光和第二现场观众的掌声中走向第二现场，而另一位落选的申请者所在的舞台则缓缓移动到台侧，灯光暗淡，使节目注意力集中到本期选中的申请者身上。

图 8　申请者等待被选择

3. 第二现场。"美人选择"环节之后，镜头切换到医生团、现场观众所在的第二现场，此环节主要是医生团对申请者的病情进行分析，并提出解决的方案。

图 9　医生分析选手病情

4. 美人变身走秀舞台是环形舞台＋T形舞台。这里是整个节目的最后一个板块，走秀舞台所用的舞台实际上是前两处舞台的叠加和再次利用。美人整形成功华丽归来，先在珠帘和幕布后呈现出一个美丽的剪影，吊足观众胃口，接着美人披着追光走过一个炫彩夺目的T形舞台，来到主持人、观众所在的环形舞台前，和主持人互动，完成美丽大变身。

图10　美人等待华丽转身

图11　环形舞台

申请者走T台的过程就是整个美丽变身过程的戏剧化缩影。最初的丑态和最后的美丽的大反转、大对比，就是整个节目意义的彰显。

（二）灯光

《Let 美人》很注意用光的艺术，在不同的板块和环节中，灯光除了本身的美化作用，还起到了制造悬念、制造反差、烘托节目气氛、推动节目情节发展的作用。以下作详细分析：

1. 节目主题光。紫色、蓝色和白色的舞台灯是主打，在最初引入主题、幸运美人获选、最后的美人变身之夜等环节中，灯光透亮且温馨。每个人对于美丽的追求本来就如同对光亮的追求，这呈现了节目追求真善美的价值取向，节目背景的主题色调也显示出女性节目人文关怀的特征。

2. 追光。"心灵密室"环节以及"美人选择"、美人变身的 T 台秀环节都对节目选手使用了追光。追光将节目选手和周围的环境隔离开来，使其既是问题的焦点，也是美丽的焦点，更是观众目光的焦点，这将观众 80% 以上的注意力都放在选手身上，也将节目的主人公安排为整个故事的主角。

3. 聚光灯。在节目最后的"美人大变身"环节，聚光灯配合珠帘、幕布的使用使手术成功的美人先呈现出一个极具悬念的剪影，在主持人制造的气氛下，整场节目的悬念被推到了顶点，节目组"欲扬先抑"的做法实在吊足了观众的胃口。

变身成功的美人在聚光灯的强烈照射下走上 T 台，并呈现出完美的容貌、自信的微笑，大屏幕上不断回播的美人变身前的状态，加上主持人夸张的表情和观众的惊呼声，节目的气氛已经完全爆棚。

（三）道具

1. 活动舞台。前面的章节已经介绍过，用来选择受助人的可以开合的舞台也是整个节目极为重要的道具。相同的身体缺陷，究竟哪位申请者可以幸运地接受手术成为节目的第一个大悬念，同时这种"幸运降临"的情节也成为整个"获救"叙事中的起点一环。

2. 镜子。在美人接受手术后的修养过程中，工作人员撤去了选手能够接触到的全部镜子，这既能保护美人们的自尊心，避免恢复中不该有的心理状态，让其在静养中全力恢复，又给选手自身设置了悬念，让美丽变身后的选手最后时刻才看到自己的模样，为节目贡献一个饱含感动的真实表情。

3. 珠帘与纱帘。节目第三个环节的最大悬念是由聚光灯下纱帘背后的美丽背影设置的。由于医生团的正面评价、主持人的夸张言辞，观众的期待已经到达顶峰，然而纱帘一隔给观众留下无尽的想象空间，当然此处也是插播广告的绝佳时机。

三、人员设计

（一）评委设计

1. 主持人群。以包括主持人、造型师、艺人等在内的人群作为节目导引人和观察员，第四季主持人由黄薪惠、洪智敏、房哲镛担任并加入新艺人全智慧。四位主持人的角色不同，黄薪惠是《Let 美人》元老级主持人，已经主持了前三季的节目，在第四季节目中也充当话题的引导者的角色；洪智敏是资深的造型设计师，在节目中往往语出惊人，是可爱的大姐形象；房哲镛是新生代男艺人，有着出色的外形及演艺功底，在以女性为主要角色的节目中，担任必不可少的"绿叶"，为节目带来活泼搞笑的元素；80 后歌手全智慧的加入为节目带来清新的气息，她的可爱外形也是选手们努力的目标，她作为女性的柔情和俏皮适当调节了节目的气氛。

最后的美人大变身环节，造型师在打造美人的华丽转身上起到了重要作用。造型师们根据选手不同的外貌条件打造出风格不同的形象，在发型、妆容、服装上都进行了精心设计，向观众展现了韩国造星技术的强大功力。

2. 医生群。其由 8~9 位整形医生和 3~4 位心理医生组成，整形医生们在现场分析申请者的病情，做出专业的评判和手术建议，在"美人选择"环节给出最终的援助选择。心理医生在演播室对申请者的心理状态进行评估并给出治疗建议，在演播室外的治疗环节给申请者做出心理辅导，并在节目最后分享美人成功变身的时刻给出评估。

3. 美人手术后的健身教练等。在美人手术后的恢复阶段由健身教练给出减肥、瘦身的指导建议并协助进行全方位的身形恢复训练。

4. 现场观众。美人变身之夜见证奇迹的现场观众群，起到了增加节目现场人气，烘托节目气氛的作用。

（二）选手设计

1. 《Let 美人》的选手是外貌上、心理上有着严重缺陷的"丑女"或

"丑男"，年龄从10多岁到30多岁不等，他们的问题各有不同，但外貌的缺陷都十分突出且典型，均是外貌已经对生活造成严重的影响、急需帮助的人群。

例如第四季的第一期节目中，申请者裴晓莹在生活中是一个令人混淆性别的"阴阳人"，身为女儿身的她却有着男孩子般凶险的面相，犀利的眼神，同时牙齿先天严重突出，全身布满黑色的文身，有着带有威胁感的耳洞，说话也是凶恶反抗的口气。她从不护肤或者化妆，爱好是拳击，妈妈带她出门时都不愿意和她走在一起。而这一切和晓莹中学时期的经历有关，在一次遭受男孩子的欺负之后，身为女性的她感到了深深的自卑，于是刻意把自己打扮成粗犷强壮的男生。在找工作过程中，也因为形象而很难为大家接受，所以做了只用声音和大家接触的电话接待员。

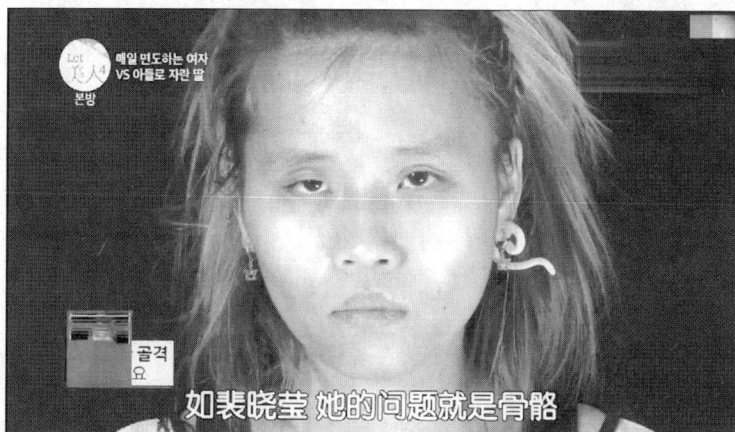

图12 "阴阳人逆天同归女儿身"选手——裴晓莹

裴晓莹在身体机能上与"正常"的女孩差别不大，外貌上最为突出的是突出的下颌、全身的文身。她是许多"性别不明"患者当中的典型，她对世界的躲避、信心的丧失等心理创伤也成了治疗的关键。她用女性化甜美的嗓音进行工作时是自信快乐的，也证明她有"恢复女儿身"的愿望和潜能，希望自己能够得到帮助，做回女人。

在被选定为Let美人后，晓莹甚至跪下来感谢节目组，在手术后她也努力进行恢复，这都证明了她想要改变自己的坚定决心。

图13 "阴阳人逆天回归女儿身"选手——裴晓莹变身后对比

2. 在第四季节目中，选手的选拔条件已经拓宽至"男性和女性"，年龄上也放宽为18~50岁。由于节目的强大影响力，在泰国、日本等国也掀起了报名热潮。节目组在第四季的最后几期专门飞至曼谷，做了一期泰国版特别节目，将三位饱经外貌之苦的泰国女孩变身成美丽的"泰国小姐"，为节目注入了新的元素。

第四季的第三期节目中，两位申请者都是牙齿咬合有严重缺陷的男生，其中一位还有兔唇，导致长时间无法咀嚼、消化和营养不良，因此身形佝偻，身体薄弱。两位男生都因为身体的缺陷而无法获得正常人幸福的爱情：一位总是被喜欢的女孩子拒绝，另一位向未婚妻求婚却惨遭岳父母斥逐。第三期节目同时接受了两位申请者的申请（不过其中一位因为需要长时间的治疗，短时间内不能上节目），并对梁正贤成功进行了手术。节目最后梁正贤的牙齿得以矫正，肠胃的问题得到了救治，体重也增加了，"歪瓜裂枣男成功变身美男"。

图14 "歪瓜裂枣男奇迹变美男选手"——朴成培

每期节目选定两个问题点相近但不同的申请者，通过比较选定其中一位进行帮助，可能的情况下还同时选定两位进行援助。

四、选手属性小结

（一）外貌问题点突出、典型

选手一般外貌问题点突出、典型，节目组安排的手术可以助其变身，变身前后反差大。例如第三期节目中两位男性申请人都是严重的牙齿畸形；第一期节目中两位女性申请者都在身体上、心理上有男性化的特质；第五期的申请者都是年龄小却拥有一张"老人脸"的女孩子。他们的问题典型并且突出，在接受节目组安排的手术之后缺陷部位都有了明显的变化。

（二）选手故事性强

因为男性化特质太明显而自卑不敢正视自己；无法找到心仪的工作的"阴阳人"；产后因身体肥胖而遭丈夫嫌弃甚至虐待的绝望妈妈；因下巴突出屡次向女友求婚失败的伤心准新郎等，《Let 美人》的节目参与者们身上有着这样或那样的遭遇，这样或那样的故事，这些都成了节目挖掘的宝贵素材。变美之后为他们的人生带来的变化，使得他们能够以更美好的姿态生活下去。

（三）变身意愿强，意志力较强

因外貌问题困扰多年却又无力支付高昂手术费用的申请者们在平时的生活中都压力巨大，父母的责备或者疼爱更加坚定了他们变身的决心，于是在变身过程中遇到的困难他们都能克服。

第二部分：节目成功因素分析

一、主题鲜明

这是韩国首档整形类真人秀节目，真人秀的节目形式真实地向观众呈现了普通人变身的过程以及前后的巨大变化，让观众从同情到羡慕，传达了"努力改变就能成功"的正能量。天生容貌不佳确实是人们人生中的巨大困扰，这种隐形的不公平导致了一系列的不公平：就业机会、婚姻感情、人生理想的实现等，严重的还会带来极端的心理障碍。有经济能力的可能不愁生活，但对于那些家境贫寒的人们来说可能就是雪上加霜了。难道人们就该默默忍受吗？有没有通过努力而改变的可能性呢？《Let 美人》就为这样不幸的人提供了另外一种可能性——改变自己的容貌从而改变自己的人生，将社会无法直面的问题直接搬上荧幕。节目中一个个成功的案例让千万电视观众产生期待，更让有着外貌障碍的人们重燃生活的信心。节目的创意本身就已经足够吸引观众的目光。

二、奇观化的视觉营造

选手从被社会边缘化到自信美丽的转变极富视觉冲击力，也是节目的一大看点。"爱美之心，人皆有之"，自古以来，人们对于美好事物的追求就是出自本能的，不带任何理由的。改变自己，变得健康而美丽几乎是人们一生的事业。节目将丑陋的外表变成光鲜的动人的面庞，尤其在节目的最后呈现中，美人们自信满满地走向舞台，在聚光灯和舞台的渲染和烘托下"惊天逆袭"，使观众在接受转变的过程中也消费了美人们变身之后的美丽，这本身已经极具看点。

三、悬念迭起

节目组在"美人选择""美人 T 台秀"以及变身后照镜子、和父母的重逢等环节都设置了重重的悬念。在"丑小鸭变成白天鹅"这个叙事文本中，节目突出了"改变自己""获得成功"时人与目标之间的冲突、选手内心的冲突、人与人之间的冲突等，使得一场场变身手术成为一个人的传奇故事、一段过关斩将的伟大征程。在这样一个个真实的"故事"中，节目牢牢抓住了观众的期待、愿望和渴望变身成功的潜意识。故事题材的大众化、叙事的平民化都使得观众感同身受，深受鼓舞。而对于生活中真正饱受外形折磨之苦的人来说，这个节目更成了救命良药，使他们看到了希望，看到了成功的例子。这也是《Let 美人》风靡美国、日本、中国、泰国等国家的原因。

四、受众群体精准

《Let 美人》节目的主题主要针对女性，涉及"容貌美""整形"这样关注度高并且有争议的话题，而电视受众主要是女性和老年人，受众广泛，目标精确。女性在社会中处于弱势，容貌对于她们来说可能是职业的许可证、婚姻的准入门槛。容貌丑陋意味着不被社会接纳，意味着生活和精神状态都处于社会边缘。因此，改变容貌成了所有改变与希望的起点。无论是女性改变容貌的过程，还是改变容貌后美丽变身的惊艳亮相，都能满足观众猎奇、消费颜值的欲望。女性观众还把对自身的期望投射在选手之上，选手变美的过程也是她们理想实现的过程。

传播学数据表明，这档节目的主要收视群体为女性，专为女性打造，针对女性的收视喜好而制作，目标精准，节目中隐性广告的营销也做得相当成功，因而节目从各方面都获得了成功。

五、细节处展现人文情怀

对于相貌丑陋的申请者来说，上帝在为他们关上一扇门的时候，《Let 美人》却为他们打开了一扇窗。节目的主旨不在于弘扬"虚假的、制作的美丽"，而在于帮助因外貌缺陷而遭遇生活挫败的人们，帮他们重塑美丽的脸庞，重建健康乐观的心灵。在这样一场"拯救"活动中，节目处处展现人文情怀，传递正能量。例如节目组在手术后对选手的细心照顾，主持人对身体恢复中的选手的探视，在变身夜之前对选手的鼓励，节目最后给选手的礼物，变身成功后选手对父母亲人的感恩等，都体现了节目的初衷：塑造美丽，传递温暖。节目也真正实践了自己的口号——跨越争议，走向感动。

六、韩国整形行业在世界的名气是节目制作的坚实基础

虽然韩国的整形行业饱受世界的争议，但是韩国明星们通过整形手术换来的俊美脸庞已经无数次证实了整容的强大魅力，韩国整容行业技术的成熟也为节目的成功提供了强有力的保障。

第三部分：可借鉴性和存在的问题

一、切实结合社会现实问题

爱美之心自古有之，而现代社会越来越重视外貌，很多人都想通过改变

容貌来改变人生，因此美女养成类真人秀的节目创意可以借鉴，但鉴于我国整形行业不发达，整形手术的安全性有待考证，模仿此类节目要绕过这一"雷区"，可行性有待求证。

韩国女性存在的问题中国女性同样存在。人们对于美貌的期待也是人类的普世价值。观众的收视习惯差不多（从中国受众对韩国引进节目的热忱就能看出），观众对此类节目有需求，理论上中国借鉴或者引进版权会取得不错的收视效果。但国内的整形技术能否达到韩国的水准，广电总局能否许可这类节目出现在荧屏上，节目的播出是否会产生不良的导向，都存在巨大的不确定性。尤其是之前新闻报道了中国女子赴韩国整容失败导致毁容的新闻，使得媒体人对于手术安全性的考量不得不加大。

整形是不是可以拯救外貌丑陋的女性的人生，这是普世价值还是消费主义过度消费女性外貌的表现，中国文艺节目在借鉴时，同样需要对此进行考量。对于中国文化来说，内外兼修，注重精神内涵，不以貌取人也是中国几千年文化的内涵所在，如要复制此类节目，需在立意上下功夫。

整形节目的出现是否鼓励人们重视外表而轻视内涵？中国观众对于通过整形手术来改变人的外貌能否接受？节目中牵涉的伦理、道德问题对于能否引进我国来说是必须要论证的问题。

二、节目要多注重人文关怀

该节目更多的是关注了人性和人的生活状态，而不仅仅是"美"与"丑"的对比。中国节目的引进应该具有人性关怀的内核，才能使节目不致流于低俗。这要求节目在编导的过程中更多地关注选手自身的故事，关注他们的痛苦和无奈，带着"传递正能量"、关注弱势群体的价值观走近他们、帮助他们，而不是简单地利用猎奇心理和消费颜值心理来博得关注，这才是抓住了节目成功的内核，这样的借鉴才有可能成功。

烹饪类真人秀节目

《小小厨神》

——典型美式场景真人秀的盛宴

作者：王甦民　杨　璐

第一部分：节目概况

图1　节目海报

中文名称：小小厨神

英文名称：Master Chef Junior

别名：做个小厨神

节目类型：真人秀

导演：Ben Adler

主持人：戈登·拉姆齐

制作公司：Shine America

首播时间：2013 年 9 月 27 日（美国）

播出频道：Fox TV

节目时长：45 分钟/集

　　喜欢厨艺节目的观众一定听说过鼎鼎大名的《厨艺大师》（Master Chef），《小小厨神》（Master Chef Junior）正是该节目的衍生节目，顾名思义，这是一档针对青少年（参赛者都在 8~13 岁）的厨艺节目，同时节目继承了《厨艺大师》这个节目品牌。

　　作为一档老牌厨艺类真人秀的支线产品，《小小厨神》除了能够通过电视画面展现让人叹为观止的厨艺与美食外，主要着眼于这些 8~13 岁的小厨师们，他们对制作美食的热爱并迸发出的执着与激情，令每个成年人佩服，而他们真实的表现又充满了小孩可爱天真的一面，让人喜爱。就是在这种满眼美食、满眼欢笑，又是喜爱、又是感叹的快节奏里，真人秀以其独有的真实与激烈感刺激着观众为自己喜欢的小厨师默默加油打气，整个系列一气呵成，虽然是演绎小朋友的厨艺，却带有美式真人秀大气流畅的视听风格，让人仿如身临其境。

　　从节目品牌的传承上来看，首先《小小厨神》处处体现了《厨艺大师》这个节目的品牌标志，大"M"随处可见，保证了观众对于节目品牌的认知度，让喜欢《厨艺大师》的观众有熟悉可信的代入感，这是节目质量的保证。其次小小厨神的三位评委由戈登·拉姆齐（Gordon Ramsay）、乔·巴斯蒂安尼奇（Joe Bastianich）和埃利奥特·格雷厄姆（Graham Elliot）担任。三位评委在《厨艺大师》中各有特点，《小小厨神》也传承了他们各自的性格，这也是为了增强观众的熟悉感并保证节目质量。再次，赛程的设置中规中矩，比如进入正赛后，每期淘汰两位小选手，冠军奖金 10 万美元等，都与母节目《厨艺大师》极其类似。最后，在形式上，对声音的使用、主厨房的拍摄环境、选手采访环节的设置以及各色道具的使用都与母节目一脉相承。除了保证节目质量、使观众有回归感、增加熟悉感以外，更重要的是这样的拍摄对于剧本的样态、剧组的合作、机位的设置、后期的处理基本都可以做到流水线作业，使节目制作成为一个可规模生产的影像产品。

一、版块设计

《小小厨神》自 2013 年开播以来收视率居高不下，在板块设计上传承了《厨艺大师》的竞赛机制，同时在各个板块的特色上充分考虑了儿童的特点和参与性，设置了诸多与儿童心理息息相关的环节。

（一）淘汰赛机制

作为《厨艺大师》的同系列产品，《小小厨神》在整体结构上采取了淘汰制竞赛的机制，最终的冠军将获得 10 万美元（《厨艺大师》是 25 万美元），以及出版自己的食谱等一系列的奖励。

《小小厨神》的淘汰赛可细分为三个板块，分别为海选、单集淘汰赛和终极对决。《小小厨神》第一季中"海选"的概念传承于《厨艺大师》，海选将 24 名小选手分为 3 组进行对抗，一组准备海鲜料理，一组准备面食，一组准备甜点呈现给评委，最终获得评委赏识的 12 名选手顺利晋级。

"单集淘汰赛"是除了海选和最终决赛以外，在每一集淘汰两名选手。淘汰的权利基本由评委掌控，期间穿插很多板块和游戏环节，比如两人一组交替烹饪共同完成一份惠灵顿牛排；两人的脚绑在一起，一边玩"两人三脚"的游戏，一边完成纸杯蛋糕；神秘盒挑战；餐厅实战；等等。虽然本质上都是淘汰赛，但丰富多彩的环节和内容设计让每一集都与众不同。

"终极对决"由最终晋级的两名小厨师进行三道菜品的对决以决出最终获胜者。板块设计和《厨艺大师》最终对决如出一辙，紧张的气氛蔓延在两个选手对抗的 90 分钟对决之中，在 90 分钟内选手需要完成前菜、主菜和甜品的制作，最终评委将按照西餐的礼仪分别品尝两位选手的三道菜并给出自己的决定。两名选手最终对决的压力很大，90 分钟完成三道菜对于《厨艺大

图2 海选赛中评委与选手的互动

师》中的成人厨师都很难，更何况是 8~13 岁的小孩。在《小小厨神》的第一季中，Dara 在决赛中由于压力太大甚至啜泣、难以呼吸导致无法比赛，最终在休息、饮水后继续比赛，看得 Luca 直呼不可思议小孩怎么能顶得住这种压力。

值得一提的是从 2013 年第一季到 2014 年第二季，节目在淘汰制设置上进行了变化和改进。首先第二季取消了 24 进 12 的海选机制，这主要考虑的是儿童在比赛中被淘汰会产生强烈的挫败感，这对于青少年的成长和发展会造成影响。所以，节目在第二季第一集就树立了全国"16 强"的概念，这样当第一集就要淘汰选手时，小选手作为全国 16 强也可以获得相对的满足感，以冲淡节目的对抗性。

（二）实战环节设计

实战环节是《小小厨神》非常出彩的一个环节，以 3 人一组的形式节目将孩子们分为 2 组在真正的餐厅里进行烹饪。这个环节的选手的表现以及餐厅主厨和来餐厅吃饭的顾客的意见将成为影响评委的最终判断的重要因素。

实战环节所展现的是真人秀节目三大特征中的冲突性，当然其他环节也同样具备冲突性，但实战环节的冲突性表现得更为突出，主要体现在三个方面：

1. 队伍和队伍之间。队伍分为红、蓝两队，任务是根据顾客的订单制作相同的三种菜品，菜品的品质要保持一致，两季实战环节的把关人都是主厨戈登·拉姆齐。由于两队要完成同样的任务，所以上菜的速度、上菜的成功率、配合的程度以及"把关人"的态度存在的差异都会在对抗中有所体现，哪一个队完成得好、配合得更为出色就会显得突出从而得到好评，相对就越可能不会被淘汰，所以在队伍和队伍之间的相互比对中，镜头在两队之间穿插，快节奏的剪辑给本来就凌乱的场面增加了不可抑制的失控感，一队出现的问题刚刚好转，另一队马上灾难临头，每个小队都盯住另一个小队，催促着自己不断加油。戈登·拉姆齐念菜单的极速口吻使这个"后厨"更加热火朝天，对抗的紧张气氛让人窒息。

2. 同队伍选手之间。为了在队伍中表现得更为突出，每个队员都竭力做好自己的任务，但是分配任务的不合理、交流的不顺畅、队友之间的摩擦都导致了很多的对抗，最终在三位评委的调和下，队伍内部的问题逐渐解决，不受信任的队友逐渐为大家信任，分配不合理的任务逐渐变得井井有条，不快乐的气氛也逐渐好转变为动力。

3. 选手和菜品之间。由于三样菜品都是现场示范，很多选手都没有烹饪这三道菜品的经验，难度可想而知，很多选手无法顺畅地制作菜品，出现了大量的问题，比如在第二季中 Onna 出现炸西葫芦花太油、太软的问题，而 logan 则遇到了明虾调味不匀的问题，最后他们都在评委的帮助下完成了比赛。

（三）游戏环节设计

游戏环节是该真人秀的一大特点，它丰富了每集节目内容，在以淡化竞争、强化娱乐性为基调的节目中，游戏环节的设计可谓别出心裁。为了增强这款真人秀的可看性，节目组需要充分照顾儿童的心理，《小小厨神》增强了游戏性，并且弱化了抗争性。比如向评委倒奶油和糖浆、扮演老人、请来评委的母亲出题、用鸡做原材料时抱着活鸡出现等情节，儿童的天真快乐和与世无争充分体现，欢乐的笑声充满了整个厨房，这点与严肃冷酷的《厨艺大师》风格完全不同。

第二季相较第一季做出了很大改变的是采访部分，第一季明显受到了《厨艺大师》的影响，小选手们在采访独白中经常谈及如何消除对手、如何建

图3　主持人与选手在游戏环节充满童趣的互动

立自己的优势等相对成人竞争的话题，虽然这仍然是一个比赛，但是这样的独白多少让人觉得冷酷无情，那些许的童真也会让观者觉得虚伪和不适。

　　第二季多从儿童心理入手，强化儿童的主体性和主体意识，弱化比赛的压力和对抗性，让儿童在比赛中自然地发挥，开心地玩乐，让观众尽量只对他们的厨艺和付出感兴趣，而少去表现负面的抗争性。比如设计两人捆绑单腿进行烘焙蛋糕的测试时，第二季节目与第一季有很大的不同，分组的时候采取了"兴趣"分组的方式，即拿到相同口味蛋糕的选手自动分为一组，这样的分组让小朋友更愿意接受，且快速建立起友谊，削弱了比赛的对抗性，还带来了更多的乐趣。

二、舞美设计

（一）舞台

　　1. 主厨房舞台。《小小厨神》取消了大规模的海选，所以在场景上仅保留了《厨艺大师》的厨房，大部分时间都需要在这个主厨房内完成拍摄。在设计方面，厨房的造型比《厨艺大师》更加精简开放，共分6排，宽敞明亮，有足够的空间供12人同时烹饪。厨房涵盖了储藏室，储藏室应有尽有，所有厨师需要的材料，无论原料还是器具都可以在储藏室找到。

　　在主舞台拍摄时，选手与评委之间产生一条对话的轴线，从始至终摄影机镜头不会越轴，只有一些跟随镜头可能会发生朝向的变化以求增加真实性。主厨房与储藏室之间存在一段距离，在画面中经常会看到选手穿梭来往于厨房和储藏室之间，这样的设计增强了可看性和真实感，选手的奔走和忙碌让观众意识到在这个相对封闭的空间里，一道道精美的菜肴确实是由小选手从筛选原料开始逐渐变为现实的佳肴的。

图 4　灯光绚烂的主厨房舞台

2. 真实厨房。真实厨房一般设置为真正的餐厅厨房，小选手被要求在这里完成真正的烹饪任务，时长为一集，最终表现不好的一组将面临两名队员的淘汰。第一季里真实厨房设在了洛杉矶的 Drago Centro，这是全洛杉矶顶级的意大利餐厅，整洁的餐厅和精致的摆设让小选手不禁梦想未来能拥有一家自己的餐厅。在厨房设计上，节目保留了真实餐厅后厨的全貌，略显狭窄拥簇的环境让两队选手靠得更近，紧张的氛围和对抗性也更为强烈。

第二季里真实餐厅设在了马里布葡萄园里的户外餐厅，炙热的阳光下，不锈钢的厨具发出耀眼的光芒，远处的青草和葡萄藤勾勒了一个野外美景，装满红酒的橡木桶和蔷薇、月季的点缀让人视觉上感到舒服和惬意。橡木桶很好地隔绝了花园餐厅与后厨，相对宽敞的后厨让选手们能更好地发挥，没有第一季的激烈碰撞，有效淡化了竞争，强化了娱乐性，更多地探讨小选手是如何克服与菜品及与团队之间的困难的。

3. 决赛场景设计。决赛场景回归一种紧张的空间关系，最终的两名选手在一个 U 字形的空间里各自操作，在 90 分钟内完成三道菜品。在这个空间里两人背对背，但是由于空间缩减，免不了摩擦和碰撞，一个镜头里也经常出现两个忙碌的身影。这种空间设计很好地增加了紧张的气氛和镜头的效率，试想如果是面对面拍摄则势必需要两边摄影机的正反打，而在 U 型空间，摄影机只需要沿着 U 型操作台"转圈"即可，很好地避免了摄影机入镜、布光等问题。

（二）灯光

《小小厨神》有典型的美国真人秀的基因：明快的节奏和"好莱坞"讲故事的方式，这其中灯光的作用在于如何构建一个立体的、整洁的、让人享受的且绝对自然的厨房环境。由于本片传承自《厨艺大师》，所以通过比较不难看出，两部片子的主要厨房场景是基本一致的，这等于在灯光造型方面省了不少的麻烦，只需要根据主人公的身高对光源高度、远近等因素进行微调即可。仅探讨室内摄影布光来说，这样拍摄的好处有两方面：

第一，室内人工光源可以保证每个镜头的白平衡和曝光的一致性，在后期剪辑过程中不会引起不必要的筛选和坏镜头，并且提供一个更自然、真实的人造场景，给观众的视觉感比较舒服和流畅，让观众全心投入在激烈紧张的厨艺比拼和小厨师可爱天真的样态之中。

第二，营造气氛，在稳定通光量的同时加入不同色温、不同照度的光源来制造一种别样的美感，比如在《小小厨神》中每一道精心制作的菜品完成都会有一组特写镜头专门表现菜肴的精致与质感，这一组镜头是通过在场景中变换光源来实现的。

三、人员设计

（一）评委设计

三位评委来自于《小小厨神》的母节目《厨艺大师》：戈登·拉姆齐、乔·巴斯蒂安尼奇和埃利奥特·格雷厄姆。

在《小小厨神》中评委可以说是主要演员，他们犀利的言辞、苛刻的评判标准以及严肃的面庞让人难以拿捏他们的喜好，只有当真正品尝到完美的菜肴时他们才会露出些许笑容，并不吝惜赞美之词给予选手好评。其实在《厨艺大师》中，三位评委对选手来说可谓恐怖，他们的严苛要求和不留情面的评判方式让很多选手如同置身于"地狱厨房"。而戈登·拉姆齐以一贯的粗鲁和严格被媒体称为"地狱厨师"，他主持的老牌厨艺选秀节目《地狱厨房》也一度占据收视榜，后由美国 FOX 公司购买并重新制作，2005 年美国版正式开播。戈登·拉姆齐拥有米其林三星厨师的头衔，口才很好但性格爆，常在电视节目中爆粗口，对节目中的选手格外严厉，但是在《小小厨神》中戈登·拉姆齐的性格有所收敛，虽然对于精品菜肴的严苛程度依然没有改变，但是面对 8～13 岁的小选手超越年龄的精彩技艺，戈登·拉姆齐也感到欣喜。再者《小小厨神》是一档青少年厨艺类节目，戈登·拉姆齐与小厨师的沟通以鼓励为主。当然也是因为有戈登·拉姆齐的压阵也让这档真人秀有品质保证。

总体来说三位评委的性格会让看过《厨艺大师》的观众相当熟悉，作为《厨艺大师》的系列产品，有三位评委的压阵也给了喜欢《厨艺大师》的观众一个观看的理由。

图5 三位评委在共同商议选手的去留

（二）选手设计

在《小小厨神》第一季中，节目从全美选出 24 位 8～13 岁具备一定厨艺水平的小朋友，他们本身有着高超的厨艺，为了决出一名全美最好的小厨师而参加比赛。而节目第二季在人数上做了更改，在开始时就设定为全美 16 强的小厨师，放弃了海选阶段，这样的好处是不做大规模的淘汰，且给予选手一个荣耀，即"全美 16 强"，相比第一季来说这样的做法更加适合儿童的心理承受能力。

每个小选手都带有个人的标签和性格，这种非常专业的真人秀是紧紧恪

图 6　全美 20 强海报

守剧本要求来创作的。程式化决定了产品生产出来的质量，所以在比较分析《小小厨神》节目时不难发现选手们类同的性格特征，比如第一季的 Sara 和第二季的 Onna，两个小女孩都乐观、要强，是团队最小的选手，喜欢大声说出自己想法，有独立见解并不希望别人把自己当小孩看待，同样她们的性格也让她们走到了节目的最后三集。

第二部分：节目成功因素分析

一、《小小厨神》中的饮食文化

《小小厨神》是一档厨艺类青少年真人秀节目，受众人群跨度很大，选手是来自于全美 8~13 岁的小厨师，在真人秀娱乐化的场景中深植了西方饮食文化，很多家长都会陪在小朋友身边一同观看，在娱乐的同时也对文化的渗透起到了寓教于乐的作用。

西方饮食文化是在悠久的历史中不断创造和累积的物质财富和精神财富，涵盖了一切与西方饮食有关的环节，包括烹饪的技术、艺术、科学性、美食观念、民俗、礼仪等。这其中还包括了各个国家不同的饮食习惯和烹调风格，比如《小小厨神》第一季第一集评委规定的意大利面，第三集团队挑战赛的爱尔兰菜惠灵顿牛肉，第七集最终对决 Dara 做的有泰国风味的椰子酱和咖喱等，这些不同的菜肴来自世界各地，但是汇集起来成为一种饮食礼仪和饮食习惯，终而成为一种文化，节目在展示这些菜肴的同时也展示了西餐文化，甚至西方文化。

文化在《小小厨神》的节目中无处不在，成为一种储存在小厨师、评委、观众以及菜肴、食材甚至厨房装饰之中不言而喻的理解，这使节目有了文化的意味，节目才不至于干瘪乏味。来自不同地域的小厨师也会根据自己所身处的饮食文化氛围创造属于自己的菜品，比如第一季中有亚裔血统的 Dara 在做菜时会用酱油、咖喱等亚洲风味的调味品；第二季中 Mitchell 在做纸杯蛋糕时加入了墨西哥辣椒；埃利奥特·格雷厄姆最爱美式汉堡；而乔·巴斯蒂安尼奇对意大利菜情有独钟，这与他们生长环境所呈现的文化氛围有直接关系，而这些不可言状的文化都融入了节目呈现的一道道菜品之中。

图 7　选手正在制作精致的料理

所以，当把文化作为一个切入口来挖掘《小小厨神》成功的原因时不难看出，饮食已经是一个贯穿古今、身聚多元文化的产物，在确立了饮食节目的文化属性之后，其娱乐属性才会在更为浅显的外部吸引观众的目光。

二、《小小厨神》真人秀的特点

以"真"为特点，用纪实性的手法来塑造一个非虚构的普通人的状态，这是真人秀纪实性的体现，但哪怕是纪实性的特点也不代表真人秀是纪录片，真人秀介于纪录片和剧情片之间，但是本质上还是剧情片，它有一个相对细腻的剧本操控着选手向观众想看的地方前进，包括如何设计游戏、采访选手、设计规则、后期剪辑等，可以说在真人秀节目里，每一个选手和评委都必须是演员，没有表演天赋的选手不可能在真人秀的栏目里撑到最后，这就与纪录片大相径庭了。

在《小小厨神》中，8～13岁的小厨师已经很好地强化了"真"的概念，试想也许《厨艺大师》的业余厨师可以是专业的，也许《地狱厨房》的选手都是各地的厨师学校的学徒，但是一群8～13岁的小孩能是一群什么样的高手？就如第二季中的 Abby 所言："我从两岁就开始下厨。"这样的天真之语只会让观众莞尔，反而更加确信节目的真实性。

图8　参赛小厨神的采访

以"人"为核心，人包括人格、人性和人的具体参与，"人"是真人秀里最具感染性的层面，是节目收视的保障。《小小厨神》里对"人"的诠释非常完整，评委和选手之间一直在互动，节目紧抓儿童的心理特征，营造游戏氛围，同时树立起竞争的关系和竞争的目的。

梦想的期许以及实现梦想的欢愉是人的共性，节目里不断地设置梦想以及构建梦想，大体来说分为多个小目标、一个大目标和一个大梦想，很多选手在节目采访时都说最大的梦想是有一家自己的餐厅；而来参加比赛的目的一方面是锻炼自己，另一方面是为了获得"小小厨神"的称号来证明自己；每个节目的小目标则是通过一个个挑战赛，包括团队挑战、分组挑战、神秘盒挑战赛等来实现的。观众在观看的同时被这些选手的目标、梦想和期许所吸引而期待选手的表现，当目标实现离梦想更进一步的时候，选手那种不可抑制的兴奋的真实状态，同样感染着电视机前的观众，这是一种共同的人性，同理失败也是如此。这种不断树立目标，遭受挫折，磕磕绊绊最终达到目标获得成功，或者没有成功的过程造就了情感上的黏性，让人不自觉地投入情感在节目中，并释放情感，看到喜欢的选手通过重重阻挠最终获得胜利，一方面为他们的精神感佩，一方面为这些小选手感到高兴，这就是情感、共通的人性的力量，也是节目成功的核心和重点。

节目以"秀"为手段，通过编排、制作，按照一定的程式化运作产生虚构、游戏化的效果。真人秀的节目最终还是着眼于"秀"，"秀"是节目是否好看的关键，这包含了节目制作的技巧和规则，只有按照有效的、虚构的规则，前面的真实性、人性、人格的部分才可以得到体现，整个空间才可以变得立体有效。

《小小厨神》"秀"得非常专业，不但脱胎于《厨艺大师》的密集剪辑风格，更传承了美式真人秀的高效风格，整个节奏非常快，主题明确，主体突出，穿插采访画面增加了比赛时选手的心理活动，让整个比赛变得更加立体，通过声音的叠加把凌乱、紧张、对抗等表现得更为突出。可以说《小小厨神》的成功应归结于美国真人秀程式化的制作，甚至选手的性格、语言，评委的话语，每季的游戏环节设置都基本上一样，这样做的好处是能保持节目品质的一致性。

三、保证儿童的主体性

《小小厨神》是一档针对青少年儿童的厨艺类真人秀节目，在设计之初就考虑了儿童的主体性原则，首先参与者是儿童，其次收看者重点是儿童。

从参与者的角度来看，与所有同类厨艺真人秀不同，《小小厨神》的主角不但"另类"而且"非凡"，他们本身就是一种矛盾的结合体，幼小的样貌和麻利的身手、做事的执着和天真的语态、面对困难的勇气和受到委屈就流出的泪水等。同时，他们拥有令大多数成年人都自愧不如的厨艺，自如地穿梭在锅碗瓢盆和食材之间，灵敏地使用自动化的料理器具，这些行为也让观众大呼意外。

《小小厨神》把儿童作为节目的主体，非常尊重儿童的主体性。节目里，成人往往作为陪衬和参考，例如在真实饭店的实战环节，节目组邀请成年人试吃参与评价，而这些成年人起初也不知道做菜的大厨竟是一帮孩子，所以给出的都是相对客观的评价，从这点看，首先就确立了儿童与成人平等对话的姿态。在尊重儿童参与权方面，这个节目定位明确，整个比赛都是在尊重和鼓励中度过的，包括主持人与儿童的交流方式。

图9　选手主动做决定，主持人参与配合

图10　主持人作为成人角色和选手之间始终处于平等的交流态度

从接受者的角度来看，《小小厨神》的受众有很大一部分是未成年人，正确的价值观导向和文化导向是节目成功的必备要素。事实上，《小小厨神》的价值观简单明确、清晰直接，主题上一直宣扬着积极向上的价值观，尤其是在第二季开播以后，摒弃了第一季里过多的抗争性内容和复杂的竞争心理活动，比如，第一季中 Sara 获得了比赛的优势选择夹心蛋糕希望能难倒并淘汰她的竞争对手 Alexander，而在第二季中同样的桥段，却没有这样的引导式采访，反而强调了选择的偶然性，比如只是为了好玩，简化了儿童看世界的视角，增强了游戏性，让整个节目变得更清新自然，让每一个人都能感受到从烹饪、自给自足、分享和友谊中获得最真诚的快乐。

四、后期制作

（一）背景音乐

《小小厨神》的一大亮点是背景音乐的使用，在因快节奏的剪辑已经热火朝天的节奏中，音乐恰到好处地隐藏了自己却极大地推动了情绪的变化，尤其结合小选手的动态，更显得别致有趣。

流畅性是背景音乐能够隐藏自己的一个方式，每集音乐的一起一落与镜头的段落契合紧密、一丝不差，比如从开场的上集回顾到本集开始为一个段落，那么在段落结尾一般用具有结束意味的、辉煌的提琴声。总体来看每一个段落的背景音乐都仿如后期由交响乐团重新配上一样贴合。

最有特点的是在剪辑过程中，由于儿童的好动天性，剪辑师会根据画面的变化巧妙地插入与画面相关的音乐；而在选手遇到困难、沮丧的时候适时插入紧张的音乐；在选手脱出了困境或者菜品被评委表扬的时候音乐则会转向愉快和平稳；而在选手遭到淘汰的时候乐曲变得悠扬、平静、抒情，像是敬意，也像是一种安抚。这种完美的契合技巧简直令观众叹为观止，给予整部节目非凡的流畅度和艺术感染力。

另外音效的应用也独具特色，比如播放钟表的特写时钟表秒针移动时的声音会变得非常大，仿佛一个开始的信号，听到这巨大的"咔嗒"声后选手们都开始快速地忙碌，背景音乐也随着这一声响加快了乐曲的节奏。又比如第二季中乔·巴斯蒂安尼奇拿出美元时，加强了美元拉伸的声音后变得如此明显，给予当时紧张的环境一种诙谐有趣的气氛。

（二）剪辑

《小小厨神》快节奏的剪辑使得整个片子流畅刺激，观众仿如置身于节目现场，看着眼花缭乱的厨艺和令人赞叹的美食，听着评委的赞美之言，佩服小厨师的手艺。可以说节目的成功依赖于流畅的剪辑，这种快速的镜头叠加方式增强了节奏感，而且对于时间的延长和压缩起到了重要的作用，把时间的缓急进行重构，按照选手入场的期待、接受任务的紧张、制作菜品的忙碌、成功后的欢悦的顺序，每一集都跌宕起伏，镜头丝丝入扣，让观众一旦开始就会被这种节奏牵引至难以自拔。

第三部分：可借鉴性

一、讲故事的方法

好的真人秀节目如同一个好的故事片，有优秀的剧本，所有的故事都出自这个剧本的设定，后面的要求就是按照剧本的设置，正确地对应画面组成一套合理的具备程式化标准的影片。《小小厨神》显然继承了这一套良好的基因，并且运用自如，栩栩如生地讲了一个从不凡到超凡的小厨神的奋斗历程。在这段历程中一切困难因素都是影像最需要呈现和把握的，比如评委、赛制、游戏规则、选手之间的对抗、自我压力等。

评委的一丝不苟造成了选手的压力，更何况承担压力的是如此年少的选手，这不禁让观众为他们捏一把汗，然而当选手们通过自己非凡的想象力解决食材等问题并创造出一道道精美绝伦的艺术品时，观众也会满意而充满期待，评委用极其专业的美食评语大赞特赞，这不但让小厨师们充满了希望，也给观众带来了非常复杂的欢愉感。严苛的制度与评委具有一样的作用，都是为了给选手和主题制造更多的困难，并最终再给予能够解决问题顺利通过的选手重重的肯定，这一套思路即是美国好莱坞式讲故事的方法。

值得一提的是在第二季中明显弱化了选手之间对抗的戏份。对比《小小厨神》第一季不难发现，在穿插采访的桥段里，选手无不透露出自己对于对手的策略以及对于比赛将要采取的措施，例如第一季第一次"神秘盒"挑战赛中，Jack 选择使用汉堡这个道菜来难为会在食材选用上考虑很多的 Alexander，他明确认为 Alexander 是他最大的对手。这种心理对抗本身增加了节目的可看性，讲故事的手段是制造困难，选手和选手之间的对抗性也是制造困难的一种途径，这毋庸置疑，在其母节目《厨艺大师》中，选手之间的摩擦、对抗、陷害、暗算屡见不鲜，确实给节目带来了很多话题性和矛盾冲突点。但是作为一档少儿节目，这样的处理方法显然非常不合理，不符合儿童天真无邪的性格特征，所以在第二季中，类似这样的冲突和对抗被彻底净化，反而变为了一种相对友善的模式，比如第二季中 Sean 获得了很大的权利，可以挽救一名对手免于制作柑橘派，他的内心活动是他选择的这名选手很擅长做柑橘派，肯定可以通过，从而对比赛公平性不会影响。这样处理的好处是虽然这个环节有很强的对抗性，但是却不会因为利用这个对抗性设计陷害对手，传达给人们一种友善的思想，比第一季的暗中算计更符合儿童的思维方式。

可见，会讲故事的美国真人秀也在不断根据市场的需要、观众的需要和价值观的需要来调整自己的方式。

二、文化渗透和价值观导向

《小小厨神》是针对青少年的厨艺真人秀节目，它展示了少年人对于生活的热爱、对于自己劳动的渴望以及实现人生理想的努力，虽然是"秀"但也同样是一场真正意义上的成人礼，节目具有的深厚的文化底蕴和正确的价值观，通过一道道精美绝伦的美食呈现并渗透到了观众的心中。

（一）饮食是一种最有滋味的文化

如果论及美食，中国的美食无不让世界惊叹，然而涉及饮食文化、餐桌礼仪、厨艺技巧、民族风俗等却似乎难以一语道尽，甚至会产生模糊不清的意向。西方美食涵盖多个国家地区的风味习俗却可以在文化传承上做到理念文化的交融统一，这依赖于长期以来的文化输出。《小小厨神》就是一个文化输出的窗口，它利用精良的节目制作呈现了一场饮食文化的饕餮盛宴，各国菜色、餐饮礼仪、食材搭配、各地风俗等都通过界面进行呈现，与此同时观众对于西方文化的认同感和亲和力也在加强。很多看过《小小厨神》的中国观众自发地尝试制作节目中的西餐，并且在网络上发帖分享心得，可见这种文化输出的感染力。

通过饮食，我们可以用最活色生香的方式了解一个国家的主流文化和价值观，了解精致的西方美食，认识到他们的生活方式和风土人情，在节目带来欢愉的同时，不自觉地认同了他们的饮食文化、社会文化、沟通方式以及生活方式。

（二）植入正确价值观

《小小厨神》借"厨艺"为话题，实则宣扬一种劳动为美、自给自足的普世价值观。普世价值观最容易被人们接受的原因是符合共通的人性。人性自初有向善、向美的特点，儿童、美食、奋斗、实现梦想这些都是《小小厨神》最基本的要素，通过真人秀的比赛程式，这些意象被组合重新解构：天真烂漫的儿童却能做出餐厅级的美味大餐；通过不断努力，第一季冠军 Alexander 最终实现了梦想；每一道美食的别致与惊艳都来自于儿童的奇思妙想……可见，正确的价值观来源于节目对于人心向善、向美的把控，真人秀的核心就是"人"，符合一个共通的人性善意标准来传达的价值观就一定是可被观众接受理解的价值观。

第四部分：存在的问题及改进建议

一、封闭的结构体系

作为《厨艺大师》的青少年产品，《小小厨神》继承了其明快的叙事节奏，结构严整，条理清晰，每一集甚至每一季，在结构上都没有什么太大的变化，从形式上，该节目处于一个相对封闭的结构体系之中。

这样的结构有一些好处同时也有一些弊病。好处是节目制作成为相对流程化的作业，在品质和成本上有利于把控，在传播和接受方面也不存在风险。除此之外，严格的结构可以保证节目的可看性，就如同观看好莱坞大片一样，美产真人秀的快节奏让观众目不暇接，精彩的画面、跳脱的语音和声画完美的配合都令观者畅快过瘾。另外严格的质量把控也是该节目可以出售海外版权的基础。

同时，专业的量体裁衣，也会存在一些问题。其中最主要的是每一季都缺少"性格"，如果不是特别的观看需求，这样的节目犹如吃快餐，每一季甚至每一集的情况差不多，基本上考核的栏目和菜品也只是"换汤不换药"，来来回回就那么几种。另外，西餐式的礼仪也许对中国观众还有一定吸引力，但对更广泛的西方观众而言，相对没有那么新奇。尤其要指出的是，节目的节奏过于紧凑，不留一点空间给观众喘息，观众疲于跟上节目编排的每一个信息。观众始终处于一种被操控的状态，要么彻底沉浸在一众娱乐符号欢腾的激情热浪之中，要么彻底冷却对内容产生距离。

当然，必须要明确的一点是，世界范围内的真人秀市场在版权方面的重视程度、节目是否可以复制、版权的成功出售是一个节目成功的重要标志。成功典型如《好声音》《美国偶像》《舞林大会》等。所以相对封闭的结构体系可以作为节目套装适合其他国家的价值观形态的基础，也是节目能够不断复制，并且成功的底线。所以如果一定要对这种结构体系做出改进，那么最可能的是引进国家可以在内容层面进行本土化改造，比如最终的奖励、菜品制作的流程、更丰富的菜单、全世界各地的食材以及当地的食材交易市场拍摄等，另外还可以增强游戏环节，来纾解过于紧张热烈的剪辑逻辑，张弛有度，给观众更多的想象空间。

二、竞赛机制的矛盾性

如果是《厨艺大师》，那么这个略显"残酷"的淘汰式竞赛机制与成人世界的某些价值取向更为匹配，因为"优胜劣汰"是当下社会公认的法则之一，类似的节目也很多，如《美国偶像》《学徒》《极限前进》等。但是这样的成人化的价值体系放在一群8～13岁的儿童面前，就略显矛盾了。节目一方面继承了淘汰赛机制和封闭式的结构体系，另一方面这种体系具有的过于明显的残酷性并不适合儿童。无论是挑战者还是儿童观众，这种"残酷青春物语"似乎放在一个娱乐化的儿童题材里并不适合。

尼尔波兹曼也在《娱乐至死》中谈到了童年的消逝，认为过度的信息和娱乐会导致儿童没有童年。到如今儿童与成人共享一个信息化社会显然已经印证了前者的担忧，而当今社会成人努力建构的儿童世界也会随着各种信息媒介的泛滥显得"大厦将倾"，儿童心智早熟已经是一个不可逆转的趋势。虽然如此，从电视传播的角度来看，作为媒体，其身具监督性和自觉性，如何避重就轻地淡化竞争色彩，区别儿童世界和成人世界应该是涉及儿童类话题的重要原则。在这方面，韩国综艺《爸爸我们去哪儿》和《超人回来了》就做得很好，它们所有的游戏虽然也分胜负，但是重过程轻结果，家长既作为看护人也是平等的对话者，在与儿童交流的时候处于一个良性的话语体系之中，易于儿童在价值体系还未成熟之时的接受。

在接受层面，年轻的参赛者也一定会引起同龄受众群体的共鸣，所以在《小小厨神》的节目设定中也一定有针对该人群做出的创新和改变，以区别成人化的《厨艺大师》。实际上，节目经过第一季的摸索也意识到了这些问题，比如第二季中删减了第一季出现过的海选环节，这主要是因为海选是一个大批量筛选并锐减参赛人数的过程，无论是对上电视的儿童，还是对观众群体来说，这样高压式的、不注重儿童心理健康的竞赛环节都让人难以接受。又比如第二季在单季节目的总数上精简为7集，远远少于《厨艺大师》，删减了营造紧张氛围的镜头和对抗性较强的环节，而让观众集中观看小厨师的厨艺和在做饭过程中欢乐的场面，宣扬一种乐观的生活态度。

整体而言，经过调整的《小小厨神》更注重对儿童心理的把握，增加了针对儿童的娱乐性从而淡化竞争机制，比如第一季中出现的向评委头上倒奶油，第二季中同样的"惩罚"向评委倒糖浆等，都是在削减节目对于选手的压力。又比如第二季中将两个选手的脚绑一起做饭，既有童趣又提升了选手间彼此配合的看点。画面中小朋友们天真可爱，却在烧菜时有大将之风，他们努力成长、认真比赛、决不认输、精益求精的正能量也在一道道精美绝伦的菜品的制作中传达出来，感染着成人观众，激发他们对生活的热情，同时还激励着一批又一批同样年龄的小观众们，使他们在最年轻的人生阶段建立起一种对美食、对生活的美好向往和独立自主的精神内核。

音乐选秀类真人秀节目

《中国有嘻哈》

——主流文化与青年亚文化的首次激情碰撞

作者：吴 桐 杨 璐

第一部分：节目概况

图1 宣传海报

中文名称：中国有嘻哈

英文名称：The Rap of China

发行时间：2017 年 6 月 24 日

地区：中国

频道：爱奇艺

节目类型：音乐选秀类

节目时长：90 分钟/集

　　《中国有嘻哈》是由爱奇艺自制的音乐选秀节目，这是爱奇艺推出的中国地区首档嘻哈音乐选秀，节目于 2017 年 6 月 24 日在爱奇艺独家播出。《中国有嘻哈》节目制作组由中国金牌制作人陈伟、《蒙面歌王》系列总导演车澈、《奔跑吧兄弟》三季总编剧岑俊义、《跨界歌王》总导演宫鹏等业界知名人士组成，由吴亦凡、张震岳和热狗、潘玮柏三组嘻哈音乐人担任明星制作人。

　　大多音乐类选秀节目都是从选手的某一方面特长进行选拔探讨的，如《中国新歌声》针对歌手的表演、《中国好歌曲》考验参赛者的创作能力等。这些比赛都依托于多种类型、多种风格的音乐的表演，而《中国有嘻哈》第一次将完全的舶来音乐——嘻哈音乐，作为比赛的唯一音乐表现形式，来全方位考验参赛者的音乐功底。

一、版块设计

　　《中国有嘻哈》在版块设计上，既有自身的独特性，又采用了当下综艺节目普遍使用的晋级淘汰方式。

表 1　版块设计

环节设置	人员变动	环节形式	判定形式
海选	700→70	获得金链	制作人一票否决
60 秒生死战	70→46	失败销毁金链	制作人一票肯定
即兴表演	46→40	离开	制作人分组决定各自队员

环节设置	人员变动	环节形式	判定形式
一对一比拼	40→23	赢得帽子	共同创作，共同表演，制作人共同投票
命运之门互选	23→15	选择制作人队伍	制作人公演，根据观众投票排名获得选择机会
48小时压力创作	15→12→9	淘汰	分组命题创作
大魔王挑战	9→6	获胜者直接晋级	著名说唱歌手选人比拼
团队公演	9→6	团队排名	制作人与自己的战队合作公演，然后待定人选进行比拼
六强公演	6→4	胜者入围	全国六强一对一完整比赛来比拼，知名制作人打分，暂时失利的3人再次进行比赛，决定第四名入围选手
帮唱嘉宾	4→3	胜者晋级	帮唱嘉宾与嘉宾双选，进行公演
败部复活赛外卡站	4	全国四强最后一席	第二现场，投票复活的6人进行车轮大战，守擂攻擂，决出全国四强最后一席
总决赛第一轮	4	决定排名	制作人帮唱全国四强，由100位知名说唱歌手打分
总决赛第二轮	4→3	前三诞生	选手个人秀，根据网络直播时的人气投票，决定总冠军候选人，排名最低的淘汰确定为全国第四名
总决赛第三轮	3→2	第三名诞生	剩余两人争夺最后一个冠军候选人名额

　　《中国有嘻哈》节目组在环节设置上，虽然还是实行淘汰制和复活制，但是在晋级的设置上，形式多样，并邀请了多领域的嘉宾参与到比赛中，既有观众的评判，也有专家的观点，而且采用多种形式共同作为评判标准，以保证比赛的公正性。

图 2　40 强宣传海报

二、舞美设计

《中国有嘻哈》在舞美设计上做了很多准备。首先，rapper 可以分为主流 rapper 和地下 rapper 两种，他们的舞台是存在一定差异的，节目组为了将两种不同的风格流派结合起来，不仅有正式公演的大舞台，还有简单而具有嘻哈风格的类似于地下室风格的现场，让两种不同的 rapper 体验不同的舞台。

主流 rapper 舞台通常是镜框式舞台，将表演者与观众分开，观众位于舞台的一侧，舞台的其余部分被遮挡，以供演员和工作人员做准备工作，舞台以舞台口为界，把表演者和观众席分割成两个不同的区域。

地下 rapper 舞台是开放式舞台，没有明显的界线分开表演者与观众，这里的观众指的是为选手打分的三位评审制作人。开放式舞台的设置模糊了表演者和观众的界线，对于电视机前的观众而言，两者共同组成了表演的一部分。这种舞台设置方式有利于更加直观地评定选手的表现，呈现一种 360°无死角的视角。

《中国有嘻哈》在公演舞台的设置上，有时候是没有观众的单纯进行个人秀的舞台，能够让制作人更加直观、独立地欣赏选手的表演，不受任何干扰地点评选手的表现。有时候舞台下方坐满了各位 rapper 的粉丝应援团和许多热爱嘻哈的年轻人，现场的气氛十分热烈。舞美灯光都会随着选手的演唱风格来进行改变，不管是 Gai 的中国重庆风格、黄旭的走心真性情风

图3　第二现场地下音乐人场所

格，还是艾夫杰尼的舞台张扬风，在舞美上都能够被表现得独具特色而又淋漓尽致。

《中国有嘻哈》的很多环节的舞美设置都独出心裁。在第一轮的海选时，节目不像其他选秀节目由一个一个选手单独表演才艺，而是所有人在一个场地内，没有任何遮挡，就像是一场体育竞技比赛，旁边看台上是其他的参赛者，比赛者就在场内，完全公开公正，一个选手唱得好不好，其他人都是可以听得到的，杜绝了"单人小黑屋"的黑幕机会。

在60秒的生死战时，舞台正中就是一个时钟，倒计时60秒，没有采用时尚的电子LED，而是采用了样式古典的时钟，为嘻哈更添了一丝历史的厚重感和仪式感。然后60秒生死战失败的选手没有失败感言，而是直接被断掉了麦克风，舞台中间沉降下去，舞台周边开始喷火，整个舞台设计呈现出一种地狱场景，与"生死战"的环节设置十分契合。而失败者直接将自己的通关金链丢到火盆里面，视觉的冲击和简单粗暴的方式也无形中让观众在观看时，对嘻哈音乐和rapper的态度有了改变。《中国有嘻哈》摒弃了以往节目中打苦情牌和卖惨的桥段，以一种直接的方式进行比赛结果的判定。

图 4　70 强晋级舞台

图 5　70 强晋级舞台 60 秒时钟倒计时

图 6　生死战的舞台

在9进6的比赛环节，每个出场的选手的名字会被投影在舞台的上方，节目采用了最新的技术，整个舞台的呈现效果很立体饱满，充满侵略性，充满着嘻哈的风格，张扬而又不突兀。

后面的很多环节，包括总决赛，制作人甚至与选手没有距离，混在选手中与大家平等相处，一起做音乐，地位没有高低之分。这也体现了一种做说唱的态度：音乐无高下，只要态度真。真正热爱嘻哈的人有着共同的梦想，因此嘻哈是没有分界和隔阂的。

三、人员设计

（一）常驻嘉宾

作为竞技类的综艺节目，《中国有嘻哈》的常驻嘉宾是三位制作人评委。

《中国有嘻哈》没有采用当下普遍的"导师制"，而是实行了"制作人制"，虽然很多参赛者还会称呼三组制作人为"导师"，但是节目组很明确地将嘉宾和参赛者的关系从"师生关系"转换到了"制作人和歌手的合作关系"。这一关系的转变，可以从两个方面进行分析：

嘻哈是一种完全舶来的概念，中国一直没有所谓的"说唱文化"，有的是类似于京韵大鼓、山东快板、苏州评弹一类的传统戏曲曲艺表演形式，所以在中国并没有真正"嘻哈文化"的始祖，目前的嘻哈都是大家学习之后进行中国化的结果。成名已久的歌手，例如热狗、潘玮柏、蛋堡和陈奂仁等，也只能在某种程度上称为"中国嘻哈界"的前辈，但没有达到那种能力和才华能够完全碾压参赛者的程度。所以，制作人的称号更适合三组嘉宾。

三组嘉宾——张震岳和热狗、潘玮柏、吴亦凡，他们在歌曲唱片的制作方面很有经验，而在说唱的表现上也是可圈可点，所以相对于一些技巧和理念上的教导，他们更能给参赛者一些歌曲内容选择和呈现效果制作方面的意见和建议，他们确确实实地在参赛者的比赛和成长过程中扮演了制作人的身份。

对吴亦凡的邀请，一方面当下电影、电视、综艺节目对于"小鲜肉"的加盟都是十分欢迎的，他们代表着收视率的理论一次次得到验证，强大的粉丝群会扩大节目的收视人群；另一方面，吴亦凡在嘻哈上也有一定的造诣，有一些被广泛承认的作品。

潘玮柏的一部分歌曲的曲风有很明显的说唱风格，不仅早已成名，而且继续活跃在歌坛，是一位活跃时间跨度很大、作品风格很有特色而又经验丰富的歌手。

热狗是台湾嘻哈音乐的著名人物，饶舌风格鲜明，舞台表现力很强。张震岳的风格相对于热狗来说，偏柔和一些，张震岳和热狗同属于滚石唱片公司，而且还曾经作为一个组合出道。单论两个人的人气可能与另外两位制作人相比有些劣势，鉴于两人曾经的组合经历，将两人作为一组制作人很适合。

（二）特邀嘉宾

在比赛的过程中，节目组在不同的环节邀请了不少的嘉宾，既有蛋堡、陈奂仁、王嘉尔等饶舌歌手，还有袁娅维、苏醒、周笔畅等风格不同的歌手，既满足了大家对于说唱歌手的视觉需求，也将其他歌手的风格带上舞台，让观众对嘻哈有了更多的了解的同时，也观看到了更多的著名的嘻哈歌手的作品。一张一弛，安排得当。

（三）参赛选手

《中国有嘻哈》的参赛选手通过海选和不同部门的推荐出赛，有群体组织参赛，也有个人独立参赛，不论什么参赛方式，都通过统一的选拔进入下一轮的比赛。

第二部分：节目成功因素分析

一、首次将嘻哈音乐和主流播出平台结合

嘻哈（Hip-hop）是一种诞生于美国贫民区街头的文化形式，"Hip-hop"一词源于美国黑人，整个嘻哈文化发源于20世纪60年代的美国曼哈顿的布鲁克林区。最初说唱的出现仅仅是为了活跃派对气氛，后来慢慢演变成了一种独特的音乐风格。嘻哈于20世纪80年代传入日本，继而传入韩国，并在这两个国家得到迅速发展。我国香港地区是一个接触国外事物比较快的地方，因此嘻哈文化早在20世纪90年代初就出现，并在90年代中期开始兴盛，

慢慢成为潮流。

　　《中国有嘻哈》独树一帜，选择了一个完全的舶来文化，一个在中国主流社会不被了解的嘻哈文化来吸引眼球。某种程度上来说，从无到有、从不理解到普及一个新音乐是有很大风险的。《中国有嘻哈》这档节目以背水一战的姿态向中国观众推出了"嘻哈"这个概念，十分抓人眼球。

　　从受众的角度来看，喜爱嘻哈的观众为了有这样一个公开的展示平台而感到兴奋，青少年会为了追求时尚和追赶潮流而关注，而部分年长的人会为了想看看"年轻人的不务正业"而有所关注。《中国有嘻哈》节目组设置精巧的部分在于没有用长篇大论来解释嘻哈的种种技巧和名词，但是在比赛过程中，会有评委和嘉宾在第二现场进行解读，同时屏幕上也会出现相关字幕，所以，即便没有专门的解释，几场比赛看下来，很多观众也成了小半个"嘻哈专家"。

二、通过明星效应和网络金句创造热潮

　　2017 年的夏天，微博、微信都被一个词刷屏了——freestyle，"你有 freestyle 吗"也成了时尚用语，这个来源于《中国有嘻哈》的"神句"其实只是嘻哈界一句很寻常的话。在嘻哈中，"freestyle"是指在没有提前准备的情况下，即兴进行说唱表演，但是节目组抓住这个对普通人而言有些陌生的点，再加上吴亦凡有意无意地多次重复，造就了一个霸屏已久的热句，将人们对于《中国有嘻哈》的关注度又推向了一个小高潮。

图7　网络热句出现

在《中国有嘻哈》的比赛中，在选手的比赛视频旁边会有字幕显示"单押＊3""双押＊2"等字眼，这个梗也在微博上被网友或褒或贬地炒热了，许多网友作了很多搞怪的打油诗来戏谑地表明"单押""双押"其实人人都能做到。一次成功的网络营销让人们在搞怪的同时又开始关注《中国有嘻哈》的比赛，虽然网络上对于比赛和选手存在多种声音，但是从营销宣传的角度来说，不管是赞扬还是批评，都是观众对于节目的关注。

三、在国外节目基础上进行本土化创新

近几年中国的综艺节目，大多都是购买国外热播节目的版权进行改编。购买版权进行改编的作品，除了有些"模仿学习"的作品之外，有些做出了中国化、本土化的特色，例如《爸爸去哪儿》《中国好声音》，在尊重节目本身的架构和理念的基础上，进行了本土化的改编，节目环节和嘉宾的表现都充满了中国化的风格和小趣味，深受观众喜爱。传播弘扬中国传统文化的作品也有很多，例如《中国诗词大会》《中国成语大会》《见字如面》《朗读者》，这些节目无一不是精品，在趣味中传播弘扬了中华文化，真正做到了将中国文化世界化、将民族文化国际化，对于建设社会主义文化强国，对新一代的青少年进行民族文化教育具有重要意义，掀起了一波国学热潮。但是近几年的市场上除了这类优秀作品之外，大多都是一些娱乐性较强的真人秀节目，环节设置和嘉宾设置雷同，长此以往，观众产生了审美疲劳，这时候就需要一些从未出现过的类型或者主题，来引起新的关注。

嘻哈这种纯粹的外来文化无疑是给已经疲软的市场注射了一剂强心剂。不管是嘻哈的来源历史，还是嘻哈的表现方式，甚至 rapper 们的穿着打扮和性格风格，都是在传统中国文化中前所未见的，所以，一个"新"字就已经胜过了很多节目。

四、创造"嘻哈文化帝国"，营造"嘻哈文化氛围"

《中国有嘻哈》在比赛伊始，就已经开始了"嘻哈帝国"的创建：节目比赛时字幕上的专业术语的解释，嘉宾的专业点评，参赛者的穿着打扮、行事风格，比赛规则、比赛场地的设置，甚至主持人的主持风格，都展现出与之前的节目的不同，整个节目都被包围在一种嘻哈风格之中。

总决赛之前的主持人一直是《中国有嘻哈》的总导演，但是与以往的总导演主持不同，《中国有嘻哈》的总导演全身上下充满了嘻哈的风格，而且与任何人都不苟言笑，完全没有以往节目中和蔼可亲、平易近人的总导演的样子，也没有西装革履、风趣幽默的主持人的形象。

选手过关的象征是嘻哈风格的金链子和棒球帽，而不是简单而通用的过关卡等，充满了嘻哈风格，细微之处可见准备精心。

嘻哈的态度是"玩"，是"燥"，没有后辈对前辈的相互尊敬和恭维，更多的是各凭本事。嘻哈音乐人在对待音乐的态度上非常理性，不管对方是谁，都想要凭借自己的音乐才华击败对方，因此，《中国有嘻哈》这档节目的设置，完全摒弃了对选手自我性格和经历的陈述表达，取而代之的是对音乐的态度。例如，在选拔赛时，没有其他节目中选手一出场就开始的个人经历陈述，而是直接开始嘻哈音乐的表达，这一设定完美地表现出了嘻哈音乐里的直接，直抒胸臆的音乐表达更加符合比赛的环境。

不同于其他的选秀节目中导师和选手之间的泾渭分明，在《中国有嘻哈》的很多环节，制作人甚至与选手没有距离，混在选手中与大家平等地相处。

五、用灵活多变的舞台组合设计持续营造新鲜感

《中国有嘻哈》的舞美设计别出心裁，不是简单地呈现节目，而是根据不同的环节类型来设置不同的舞台风格。

在最初的海选环节，舞台是全开放式的，选拔者与被选拔者之间没有距离，是完全平等的考核。然后，从海选结束直到划分战队之前，舞台的设置变成了多对一的考核模式，这让考官和选手之间有一定的距离感。划分战队之后，不同战队占据不同的小舞台，但是每个小舞台上的制作人和战队成员都是平等无距离的，一方面表现了战队之间的对抗性，一方面呈现了战队成员和战队制作人的亲密关系。

在舞美设置上，灯光对舞台气氛的烘托起了重要作用。嘻哈音乐很大程度上需要调动现场气氛，好的灯光会营造出"群魔乱舞"的感觉，让观众跟着台上的选手一起律动。不仅表演者的舞台恰如其分，观众席也不同以往，所有的观众无论身份如何，都在舞台下面站着观看节目，在舞池一样的观众席为选手加油。

除了主舞台，节目组在很多第二现场的设置上也颇费心思。全国四强的嘉宾帮唱环节，节目组用第二现场呈现了选手与嘉宾的选择互动与练习的片段，穿插在正式节目表演之间，交代背后的故事，让节目内容更加丰富。在最后的总决赛时，犹如重大活动开幕一样的红毯和签名板，为总决赛的开始增加了仪式感。

图8　第二现场仿照地下嘻哈比赛场地设置

六、广告、付费平台、出版发行、衍生业务

虽然观众可以在爱奇艺上观看全部节目，但是场外复活赛和一些选手的小视频都是只能付费观看的，所以对于爱奇艺来说，VIP的充值热潮又一次重现。而且，给喜欢的选手投票复活和决赛网络直播时的人气投票，都能决定选手的去留，爱奇艺联合其他直播平台，不仅做到了视频客户端和网络直播的结合，还完成了传播——受众——互动的效果。观众的互动和对付费观看的热情高涨，农夫山泉和肯德基的广告都完美融入节目之中。在比赛之余，让选手和制作人们有意无意地进行广告宣传，对观众有一种潜移默化的影响。而且肯德基和农夫山泉也在线下开展了与节目相关的活动和促销，利用节目的热度和粉丝效应，推出了一系列限定产品。

在广告的宣传方面，采用了选手饶舌总结本期节目的方法，有鲜明独特的特色，邀请的rapper都是被淘汰的选手，但是人气很高，在节目的结尾，观众又看到自己喜欢的选手，不仅弥补了选手被淘汰的遗憾，而且还听到了一个官方给出的本期内容总结，同时，也在投资方潜移默化的影响下看完了广告，获得了受众和投资方的双赢。

第三部分：可借鉴价值

一、拓展歌舞选秀类节目的文化边界

（一）中西结合，中外文化融合

嘻哈在美国的黑人文化中最初只是一种生活方式。生活在美国社会底层的黑人用简单的节奏边说边唱，来宣泄自己对社会的不满，久而久之就演变成了一种音乐形式，内容也从血腥暴力演化成了对生活充满思考直抒胸臆的语句。现当代很多嘻哈已经没有最初满满的恶意，取而代之的是希望和梦想。

中国文化是含蓄的、内敛的，与西方文化的开放、外放不同，因此，很多时候，我们会听到一些关于中国文化过于传统和保守的评价，而我们也对于热情奔放的西方文化持有不同的意见。

《中国有嘻哈》将内敛含蓄的中国文化、中国文字、中国的拼音韵脚，与洒脱、充满活力的西方嘻哈形式结合起来，不管是音乐还是歌词，都包含着中国人的骄傲和对西方文化化为己用的熟练运用。

引发巨大讨论的"Hip－hop man"欧阳靖，是一名很优秀的、资历丰富的 rapper，他在一群天生自带 rapper 天赋的黑人中杀出了一条血路，为美国的嘻哈历史添上了浓墨重彩的一笔。而他曾经不止一次说过，听见有这么多的人用中文唱说唱，是一种很难得的经历，是一种充满希望的声音。很多受邀而来的评委嘉宾制作人，也不止一次地赞叹，《中国有嘻哈》的选手，用中文唱出了嘻哈的精神，唱出了嘻哈的精髓，也唱出了中国的文化风采。

（二）引发文化共鸣

嘻哈文化并非孤立的文化现象，而是包涵了美国黑人青年继承黑人文化运动的精髓，面对现实环境对黑人文化的重构，是一场自下而上的草根文化运动。"代表了美国黑人青年界定自我身份，参与城市教育方法构建，理解并重新协商城市社区人群的社会生活。"

嘻哈展示的是一种文化，而不仅仅是一种音乐形式，它的节奏韵律和歌词内容，都是对于一些经历和一些心理状况的展现。而这种文化不是仅仅属于西方的，在中国也有很多年轻人，他们充满活力，对未来充满希望，即便生活辜负了他们的努力，他们依然还在坚持、在努力，所以这种嘻哈文化在中国的传播也是与中国的部分现状契合的。而且在比赛中，很多 rapper 都在自己的说唱中讲述自己的经历、生活，不管是辉子的"别问我的名字，我是贫民窟的艺术家"，Gai 的"仁义礼智信，大碗喝酒的梁山好汉"，还是 VAVA 的《life is a struggle》，都在情真意切地诉说着自己的生活，诉说着对梦想的渴望，对未来的努力。

所以，嘻哈也不仅仅是一种文化，而是一类人，一种社会现状，是一类生活在挣扎和痛苦中而不向生活低头的人，是一种渴望幸福而又被社会打压却一再努力站立向前走的精神。

（三）推动中外嘻哈文化的融合

近年来，越来越多的文化类节目都是关于中国传统文化的，例如《中国诗词大会》《中国成语大会》《朗读者》，但是对于外来文化的融合和研究还没有什么创新。

对于目前的中国综艺市场来说，我们需要弘扬中国传统文化，但是我们更需要中国式文化，真正具有中国特色的兼容并包的文化，要集百家之长，将多样风格流派融于一体，打上中国化的烙印，而不是故步自封、敝帚自珍。中国式的文化是带有中国文化烙印的世界文化，不仅仅民族的，还是国际的。《中国有嘻哈》成功地为我们提供了一个新思路：不仅仅单纯地用中文唱嘻哈，而是将中国文化和嘻哈的曲风、形式结合起来，将中国文化的内核与西方的外壳结合起来，不是简简单单的合并，而是融合、发酵，产生出一种新的中国式文化——中国式嘻哈。在《中国有嘻哈》的舞台上，rapper 们虽然说着英文的各种名词，也演唱着不同的英文说唱，但是都会以中文为核心来做说唱，如 Gai 的重庆山歌说唱，将中国风发挥得淋漓尽致，但是又带有嘻哈的风格，自成一派，是对中国式嘻哈最好的诠释。

图9　Gai 的重庆说唱

二、聚焦青年亚文化，精准定位年轻受众

节目采用当下流行的方式，吸引青年人的兴趣。嘻哈在现在已经与以往有了很大的改变，但有几点是没有变也不能改变的，而这些都是嘻哈的精神。一是它的题材，嘻哈是属于底层人民的文化，所以它真正关注的是作者真实经历的喜怒哀乐。二是它的表现，嘻哈的表现力也是突出直率、感性和一种被压抑了的力度，这是同下层人民生活当中时常经历的矛盾、紧张和反抗的心理所关联的。三是它的信仰，嘻哈文化对公平、自由的追求，对生活本真的关注，对人，特别是属于生活的普通人的敬重是革命性的，是属于后现代范畴的，所以也是那些迎合主流社会与主流义化的人所不能理解的。

《中国有嘻哈》在最初就定下了以青年人为主的受众群，将"嘻哈"这一青年人喜爱的音乐形式以选秀节目的形式表达出来。而且，在环节设置和嘉宾的邀请上，都考虑到了青年人的口味和快节奏的生活方式，摒弃了以往音乐选秀节目中的抒情部分，将音乐的环节纯粹地表现出来，符合青年人的心理预期和喜爱的方式。

三、潮范十足的舞美设置

《中国有嘻哈》的舞美设置独出心裁。无论是海选、淘汰赛，还是最后的半决赛和决赛，舞美方面都有着自己独特的处理方式，不随波逐流，也不过于突兀。

在以往的大多数音乐选秀节目中，舞美都是一个容易被忽视的环节。通常来说，在海选和淘汰赛部分，节目组的舞美设置是不会改变的，采用的都是节目原有的、适应场地的舞美设置，只有在半决赛或者决赛中，才会针对选手的特点进行一些道具摆放和灯光上的改变，但也只是稍稍区别而已。

在《中国有嘻哈》中，不仅海选独树一帜，让所有人集中在一个场地内，没有任何遮挡，而且允许旁边看台上其他的参赛者旁观，简单直接，符合嘻哈单刀直入的音乐风格。节目还准备了不同形式的淘汰赛，比如即兴表演淘汰赛、60秒生死战、一对一比拼等。这些不同的淘汰环节，都有相对应的舞台风格设置。不管是地下风格的现场，还是充满倒计时紧张感的舞台，都不落俗套而又充满个性，充分表现了这个节目的独特性。

图10　决赛之夜欧阳靖的开场

《中国有嘻哈》在最后的决赛之夜更是准备了大手笔，不仅将地点设置成类似于颁奖典礼的红毯，还出现了"战车"，在一个类似废旧工厂的环境中，开始了王者之战，充斥着嘻哈音乐的张扬和个性。除此之外，对于前四强的每一首歌曲都有相对应的舞台风格，让现场尖叫连连，嘻哈风味浓厚。

图 11　决赛之夜的舞台环境设置

第四部分：尚待改进的空间

一、去芜存菁，合理吸收"嘻哈文化"的精华去其糟粕

众所周知，嘻哈文化来源于美国的街头黑人，内容也大多与赤裸裸的暴力血腥和糜乱生活相关，这与中国传统文化中的内敛、平和、中正格格不入，中西文化思想上的不同在很多方面都所有体现。

（一）嘻哈歌手的个人定位

每一首歌都有音乐人的影子，反之，音乐人身上也会有自己创作的作品的痕迹，嘻哈音乐是完全的舶来品，虽然发源于美国充满暴力血腥的街头，但是却在美国逐渐发展成为一种独特的音乐形式，以至于受到了全世界音乐人的认可。在不同地区，嘻哈音乐的发展都带有当地的特色，但是也有很多的嘻哈音乐人认为，最纯正的嘻哈音乐就应该像美国街头那样，充满暴力和混乱，但是由于美国和中国的国情相差太大，导致很多人在追求音乐的路途中迷失了自己。嘻哈音乐人在追求嘻哈音乐极致的路上，忘记了音乐的本质不在于"形"的相似和放纵，而在于"神"的韵味和内涵。

（二）嘻哈音乐内容的过度模仿

美国黑人的嘻哈音乐中充斥着枪、暴力、性和毒品，由于美国的国情是合法持械，甚至某些州对于某些毒品采取放任合法的态度，从而导致了美国黑人嘻哈带有一定的限制性；而中国对于相关内容的监管十分严格，以保障社会的安定和人民的身心健康，很多的中国嘻哈歌手对于歌曲内容的创作是盲目而又过度模仿，歌曲的限制级内容在没有限制性的网络上传播是十分不恰当的。

二、用正确的价值观引领节目的设计与创作

任何综艺节目作为大众传播的一种表现形式都会对观众的思想观念产生一定的导向性影响，所以即便是娱乐类的电视节目也要有正确的思想理念。

关于《中国有嘻哈》的版权问题众说纷纭，其在环节和内容的设计上，很大一部分借鉴了韩国综艺《Show Me the Money》，同时也有一部分带有中国特色的改编，但是更多是对黑人街头嘻哈的模仿和崇拜。

比赛中很多歌曲的格调和内容虽然进行了改编，但是还是没有完全脱离低级趣味，更有的 rapper 的未参赛作品充斥着暴力血腥和低俗性爱，这些作品一旦被呈现在公众面前，对于青少年成长的影响不可谓不大，更有甚者，对于成年人世界也会造成不好的思想导向，对社会的健康发展造成了重大的阻碍。

后 记

2013 年，在昆明理工大学的资助下，年轻的"数字媒体创意和产业"学科团队得以成立。5 年来，在"学科交叉""视界融合"的时代背景与社会趋势下，团队充分结合数字媒体艺术和数字传播的优势与特长，取得了较为丰硕的成果。《全球热播综艺节目解析》一书亦为本学科团队的重要研究成果之一。

为了圆满完成此项工作，自 3 年前始，课题组便通过各种途径查找了相关影像、专著、期刊、报纸、网络评论文章等大量资料。几经修改，最终在 2018 年上半年完成了本课题。本书是一项集体劳动的成果。主要参与者所完成的具体工作如下：

主编杨璐承担的工作有：全书结构和大纲的搭建，资料的收集、整理，全书的写作和修改等。

副主编李倩、王云东和李昆蔓，负责全书的统稿、校对，并且参与了部分章节的写作。李倩参与了视觉竞技类真人秀节目《特效化妆师大对决》第一季、亲子互动类真人秀节目《超人回来了》、整容类真人秀节目《Let 美人》第四季的资料收集与撰写的工作；王云东参与了明星"婚姻"生活真人秀节目《我们结婚了》、视觉竞技类真人秀节目《天桥骄子》、经营类真人秀节目《厨房噩梦》的资料收集与撰写的工作；李昆蔓参与了明星"婚姻"生活真人秀节目《新婚日记》的资料收集与撰写的工作。

此外，夏添参与了明星"婚姻"生活真人秀节目《我们结婚了》的资料收集与撰写的工作；王甦民参与了实境生活体验型真人秀节目《三时三餐》和烹饪类真人秀节目《小小厨神》的资料收集与撰写的工作；王舒参与了实境生活体验型真人秀节目《向往的生活》第一季的资料收集与撰写的工作；曹斌贤参与了视觉竞技类真人秀节目《天桥骄子》的资料收集与撰写的工作；张天箫参与了户外竞技真人秀节目《Running Man》的资料收集与撰写的工作；李奇参与了科学竞技真人秀节目《最强大脑》的资料收集与撰写的工作；甘清参与了经营类真人秀节目《亲爱的客栈》的资料收集与撰写的工作；冀萱参与了亲子互动类真人秀节目《超人回来了》的资料收集与撰写的工作；黄书丹参与了整容类真人秀节目《Let 美人》第四季的资料收集与撰写的工作；吴桐参与了音乐选秀类真人秀节目《中国有嘻哈》的资料收集与撰写的工作；袁璐负责后期书稿校对工作。

在此，我作为本课题负责人，对以上所有人员的努力致以诚挚的谢意。

由于本书研究的对象较为庞杂，更由于研究人员的新老交替，本书在研究的深度和资料搜集的全面性等方面还不够充分。除文责自负，还恳请各位领导、专家、业界学界同仁提出批评、意见和建议，以便我们将来不断修改和完善本书。

杨　璐

2018 年夏，于 407 工作室